Diogenes Taschenbuch 24601

Fahrt ins Blaue

Kleine große Reisen

Ausgewählt von
Marie Hesse und Karin Labhart

Diogenes

Originalausgabe
Alle Rechte vorbehalten
Copyright © 2021
Diogenes Verlag AG Zürich
www.diogenes.ch
60/21/36/1
ISBN 978 3 257 24601 8

Inhalt

Lily Brett
Das Auto 7

Arnon Grünberg
»Er neu. Ich muss alles beibringen!« 10

Monika Helfer
Wie bei einer Zugfahrt 28

Horst Evers
*Zelten – ein Abenteuer in drei
Triumphen* 36

Ilma Rakusa
Aufgerissene Blicke. Berlin-Journal 45

Lauren Groff
Geister und Leerstände 64

Mark Twain
Die Besteigung der Rigi 80

T. C. Boyle
Guten Flug 96

Hansjörg Schneider
Unterwegs (Mattensalat; Schwimmen im Fluss) 120

Henry David Thoreau
Vom Spazieren   124

Sibylle Lewitscharoff
Unterwegs mit Rumen   130

Klaus Modick
Das geht ja gut los   141

Cheryl Strayed
Ohne Stiefel unterwegs   147

Alex Capus
Fremde im Zug   154

Jörg Fauser
Geh nicht allein durch die Kasbah   171

Doris Dörrie
Japan   184

Alfred Andersch
Wanderung im Norden   192

Peter Stamm
Der Lauf der Dinge   233

Simone Lappert
Goldkopfnymphen   248

Philipp Laage
Nach Hause, hinaus in die Welt   258

Nachweis   270

LILY BRETT

Das Auto

Im Sommer, als ich nach Monaten zum erstenmal wieder in Shelter Island war, gab mein Auto auf dem Supermarkt-Parkplatz den Geist auf.

Shelter Island ist ein ruhiger Flecken, zwei Stunden Fahrzeit von Manhattan entfernt. Jedes Jahr verbringe ich einen Teil des Sommers dort. Der Puls der Insel spiegelt sich im Polizeibericht, der einmal wöchentlich im *Shelter Island Reporter* veröffentlicht wird.

Letzte Woche meldete der Polizeibericht drei verschiedene Unfälle, bei denen ein Wildtier von einem Automobil angefahren worden war. Und es wurde berichtet, daß jemand sich über Hundegebell beschwert hatte und daß ein Arbeiter der Telefongesellschaft von einem Truthahn angefallen worden war. »Der Besitzer des Aggressors konnte den Vogel einfangen. Schadenersatz wurde nicht geltend gemacht«, schloß der Bericht.

Daß mein Auto den Geist aufgab, ärgerte mich maßlos. Ich hatte mich auf Ruhe und Einsamkeit gefreut. Immer wieder drehte ich den Zündschlüssel in der Hoffnung, den Wagen doch noch zu starten. Der Motor gab keinen Mucks von sich. Meine Bemühungen waren aussichtslos.

Ich mag mein Auto nur, wenn es funktioniert. Jedes wärmere Gefühl, das ich einmal für diesen Wagen empfunden haben mag, hat sich rapide abgekühlt, seit er begonnen hat auseinanderzufallen.

Es ist ein Lincoln Continental, Baujahr 1986. Er soll viele Dinge können. Er soll einem die Außentemperatur und die Fahrtrichtung mitteilen können.

Aber die Temperatur, die die Elektronik des Wagens meldet, paßt nie zum Wetter. Und der Orientierungssinn dieses Autos ist mehr als fragwürdig.

Ich bin schon im Kreis gefahren, bis mir schwindlig wurde, um zu sehen, ob der Wagen angeben konnte, daß wir nach Süden oder Südwesten fuhren. Er konnte es nicht.

Als er auf dem Supermarkt-Parkplatz den Geist aufgab, war ich erbost. Das war der letzte Tropfen.

Ich starrte das Auto zornig an. Nichts geschah. Ein Auto einzuschüchtern ist ähnlich schwer, wie die eigenen erwachsenen Kinder einzuschüchtern. Ich stieg aus und trat gegen einen der Reifen. Es brachte mir keine Erleichterung.

Ich versuchte mich zu beruhigen. Mich daran zu erinnern, daß ich hergekommen war, um Ruhe zu finden. Um gewöhnliche Dinge zu tun. Zum Beispiel einen Automechaniker anzurufen und auf ihn zu warten.

»Wagen defekt?« fragte ein Mann, der an mir vorbeikam. Ich nickte finster. »Ich glaube, die Batterie ist leer«, sagte ich. Er ging zu seinem Wagen, um ein Starthilfekabel zu holen.

Als er fünf Minuten später wiederkam, hatten mittlerweile drei Leute angeboten, einen Automechaniker für mich zu holen. Aber das Starthilfekabel genügte. Der Wagen sprang an.

Ich fuhr rückwärts aus meiner Parklücke. Ich hatte gerade genug Zeit, ein Gefühl des Triumphs zu empfinden, bevor der Wagen stehenblieb. Ich befand mich noch immer auf dem Parkplatz. Ich stieg aus.

Die allgemeine Meinung auf dem Parkplatz war die, daß ich eine neue Batterie benötigte. Die Stimmung rings um mein streikendes Auto war munter und ausgelassen.

Ich merkte, daß es mir Spaß machte. Alle waren so fröhlich und so hilfsbereit. Auf diesem Supermarkt-Parkplatz herrschte eine bessere Stimmung als bei den meisten Essenseinladungen.

Eine Stunde nachdem mein Auto zum erstenmal den Geist aufgegeben hatte, besaß ich einige neue Freunde.

Schließlich bekamen wir den Wagen wieder in Gang. Ich fuhr in die Werkstatt. Unterwegs blieb er drei weitere Male stehen.

Jedesmal hielten Leute neben mir an und boten ihre Hilfe an. Alle waren hilfsbereit. Männer und Frauen beugten sich über den Motor.

Als die neue Batterie eingebaut war, war es später Nachmittag. Ich war nicht am Strand gewesen, wo ich zu sitzen pflege und wachsamen Auges nach Kriebelmücken und Stechmücken Ausschau halte, weil ich Insektenstiche nicht vertrage.

Ich hatte nicht im Teich geschwommen und dabei versucht, nicht an die bissige Schildkröte zu denken, die dort lebt. Ich hatte den schönsten Tag seit Jahren auf dem Land verbracht.

»Er neu. Ich muss alles beibringen!«
Bedienen in Schweizer Zügen

(Juli 2008)

In seinen *Memoiren eines Antisemiten* beschreibt Gregor von Rezzori die Kunst, der Realität immer wieder andere Facetten der eigenen Person abzugewinnen, immer neue Erfindungen.

Die Realität mit Erfundenem im weitesten Sinne des Wortes zu konfrontieren ist die ideale Umschreibung dafür, wie ich meine Aufgabe als Romanschriftsteller verstehe.

Im Sommer 2007 arbeitete ich knapp drei Wochen als Zimmerjunge in einem bayrischen Hotel. Ich war glücklich.

Doch muss man das Glück auch an anderen Orten suchen. Ich habe das im Irak, in Afghanistan, auf Guantánamo Bay und im Libanon getan.

Der Traum vom Glück im Zug jedoch ließ mich nicht los, und von allen Zügen am lautesten lockten mich die der Schweizer Bahn.

Wer einmal auf der Strecke Chur–St. Moritz im Speisewagen gesessen hat, träumt davon, irgendwann einmal in diesem Speisewagen Gäste bedienen zu dürfen.

Leider wollte Rail Gourmino Swiss Alps von der Rhätischen Bahn meine Dienste nicht in Anspruch nehmen.

Die Schweizer Speisewagengesellschaft Elvetino, die auf den meisten anderen Linien aktiv ist, dagegen schon.

»Der Kunde im Speisewagen ist Egoist«, sagt mir der Elvetino-Chef. »Er will nichts Gesundes essen, er will etwas Fettes. Er will keinen frisch gepressten Orangensaft, er möchte ein Bier oder einen Wein, ohne dass seine Frau zu ihm sagt: ›Lass das doch!‹«

Zehn Tage lang werde ich für Elvetino arbeiten.

Es gibt eine Geschichte des niederländischen Dichters Nico Slothouwer, in der das romantische Abenteuer mit einem »Nachtzug nach Mailand« beginnt.

Für die Geschäftsleitung bin ich ein Romancier auf Recherche in der Welt des Speisewagens, mich selbst lockt zudem noch die Möglichkeit des Nachtzugs nach Mailand.

»Vor fünf Jahren habe ich meinen Posten hier angetreten«, erklärt der Chef. »Ich habe der Schweizer Bahn versprochen, dass die Minibars Espressomaschinen bekommen, und das ist mir gelungen.«

Die Minibar ist eine Bar nebst Kiosk auf Rädern. Auch ich werde solch einen Wagen hinter mir herziehen und dabei rufen: »Wein, Mineralwasser, Kaffee!«

Die technische Umsetzung von Lochers Idee ist einem indischen Angestellten zu verdanken. Er fand einen Weg, wie die Espressomaschinen in der fahrenden Bar funktionieren konnten.

»Er ist ein Genie«, sagt der Chef, als er mich dem Herrn

vorstellt. »Das Geheimnis sind die Batterien: In jeder Espressomaschine stecken gut dreißig Notebook-Batterien, denn unterwegs durch den Zug hat man auf dem Wagen natürlich keinen Strom. Selbst wenn man mit dem Messer daran herumfummelt, kann nichts passieren!«

Die Sekretärin des Chefs bringt mich zur Kleiderkammer, wo ich meine Uniform bekomme. »Und immer den Schlips umlassen!«, sagt sie.

Eine Uniform bietet eine unhinterfragte, fix und fertige Identität. Darum habe ich solch eine Vorliebe dafür.

Als ich wieder in seinem Büro bin, zeigt mein Chef auf einen Busbahnhof vor dem Gebäude. »Die Zukunft gehört der Bahn«, sagt er. »Aber die Busse da fahren auf den Balkan. Während der Kriege dort haben die Schweizer Jugoslawen sich jeden Freitag damit auf den Weg nach Hause gemacht, um ein bisschen Krieg zu spielen. Am Montagmorgen waren sie wieder zurück, und eine Stunde später standen sie an der Arbeit.«

Für den Krieg gibt es offenbar Rückfahrkarten, der romantische Reiz des Nachtzugs nach Mailand jedoch liegt in der einfachen Fahrt.

LUZERN – INTERLAKEN – LUZERN

Morgens um sieben Uhr dreißig melde ich mich auf Gleis 12 des Bahnhofs Luzern, wo der Zug nach Interlaken bereitsteht.

Die kommenden zwei Tage werde ich im Speisewagen dieses Zuges wohnen.

Im Inneren wartet laut mir ausgehändigtem Dienstplan Herr Konstantin K. auf mich *(Namen wurden geändert)*.

Auf meiner Weste trage ich ein Schild mit der Aufschrift »Trainee«.

Trotzdem hat man mich schon in der Bahnhofshalle viermal angesprochen, mit Fragen wie: »Wo gehen hier die Boote ab?«, oder: »Hat der Zug nach Lugano Verspätung?«

Weil ich eine Uniform trage, antworte ich auf alle Fragen, auch wenn ich die Antwort nicht weiß.

»Fährst du bloß ein Stück mit, Kollege?«, fragt Konstantin, als ich schließlich im Speisewagen vor ihm stehe.

Auch daran muss ich mich gewöhnen: Jeder, der die gleiche Uniform trägt wie ich, begrüßt mich mit den Worten: »Hoi, Kollege!«

»Nein«, antworte ich, »ich komme mit anpacken.«

In einigen Schweizer Zügen arbeitet im Speisewagen nur eine einzige Person. Die muss auch die Minibar durch den Zug schieben, so dass der Speisewagen einen Teil der Reise unbemannt ist. Man vertraut darauf, dass die Gäste in der Zwischenzeit die Vorräte nicht stehlen.

Zwischen Sarnen und Brünig-Hasliberg führt die Strecke steil bergauf, danach geht es ebenso steil wieder bergab bis Meiringen. Großes Gefälle überfordert die Bremse der Minibar, und es kann vorkommen, dass der Wagen sich von allein in Bewegung setzt.

Alle Mahlzeiten, die wir servieren – zum Beispiel Paella, Bratwürste, Käsefondue, Tomatensuppe und Tortellini –, sind in Plastik verpackt. Die Tüten müssen zusammen mit dem Teller erhitzt werden.

Das Essen sieht aus wie Astronautennahrung, doch nach

Aussagen der Geschäftsleitung schmeckt nicht einmal ein Küchenchef den Unterschied zwischen unseren und frisch zubereiteten Mahlzeiten.

»Hältst du hier kurz die Stellung?«, fragt Konstantin. »Dann mache ich solange eine Runde mit dem Wagen.«

Konstantin stammt aus Sri Lanka, wohnt aber schon seit neunzehn Jahren in der Schweiz, davon arbeitet er seit fünfzehn auf dieser Strecke.

Er kommt nicht mehr zurück. Vielleicht macht er ein Nickerchen oder hat Sex auf der Toilette.

Eine indische Familie möchte Paella. Ich schmeiße die Paella-Tüte in die Mikrowelle.

Endlich kommt mein Kollege zurück. Er holt die Tüte wieder heraus, schneidet sie auf und rührt mit der Schere fachkundig durch den Reis.

»Sag ihnen, sie sollen schnell essen«, sagt er. »Wir sind gleich in Interlaken.«

»Ich möchte nicht unhöflich sein, aber Sie sollten schnell essen«, gebe ich Konstantins Information an die indische Familie weiter. »Gleich sind wir in Interlaken, und da müssen Sie aussteigen.«

Es ist mein zweiter Tag auf dieser Strecke, und heute arbeite ich mit Milena aus Serbien. Sie hat fünf Kinder, das jüngste ist elf. Die Kinder leben noch in Serbien.

»Fehlst du deinen Kindern denn gar nicht?«

»Wir doch oft telefonieren«, sagt Milena. Offensichtlich findet sie meine Frage sehr dumm.

Mit einem Lappen wischt sie über die Fensterrahmen. »Du gestern mit Konstantin gearbeitet?«, fragt sie.

Ich schweige.

Ihr Deutsch ist alles andere als perfekt. »Er gar nicht saubermachen«, ruft sie vom anderen Ende des Speisewagens.

Es regnet, die Berge sind hinter den Wolken verborgen.

Im Speisewagen sind keine Gäste.

»Jetzt wird wenigstens nicht dreckig«, sagt Milena.

Wir gehen mit der Minibar durch den Zug.

Die Espressomaschine auf dem Wagen ist kaputt. Es gibt nur Instant-Cappuccino. Nachdem wir mit der ersten Klasse fertig sind, sagt sie: »Jetzt du.«

Die Minibar ist schwerer zu ziehen, als ich gedacht hatte.

»Du musst bemerkbar machen«, zischt Milena.

Nicht nur das Putzen, auch das Einarbeiten neuer Kollegen nimmt sie offenbar sehr ernst.

»Die Minibar!«, rufe ich.

Viele Passagiere tun, als sei ich Luft. Eine arabische Familie reagiert hocherfreut auf mein Kommen. Sie möchten Cappuccino und Kakao.

»Erst Servietten, Zucker und Milch auf Tisch legen«, zischt Milena.

Mein erster Cappuccino kommt nicht durch die Qualitätskontrolle.

»Er neu«, sagt sie wie entschuldigend zu der arabischen Familie. »Ich muss alles beibringen!«

Man darf die Becher mit dem Pulver nicht direkt unter die Thermoskanne halten, sonst schäumt der Cappuccino nicht. Ich unternehme einen zweiten Versuch. Der Zug nimmt unerwartet eine Kurve. Das heiße Wasser läuft mir über die Hand. Vor Schreck lasse ich den Becher fallen.

»Wirst nie guter Elvetino-Mitarbeiter«, erklärt Milena.

Zurück im Speisewagen, sind immer noch keine Gäste da.

Milena stellt ein »Reserviert«-Schild auf einen Tisch. Sie nimmt eine Zeitung, einen roten Bleistiftstummel und einen Radiergummi. Sie beginnt ein Sudoku.

»Komm sitzen«, sagt sie. Ich setze mich ihr gegenüber.

Sie radiert heftig.

»Konstantin gar nicht saubermachen«, sagt sie.

Der Speisewagen bleibt leer. Am Tisch nur Milena und ich: in Erwartung eines Kunden, der alles wieder unordentlich macht.

ZÜRICH

Heute soll ich im Elvetino-Hauptquartier eine Einführung bekommen.

Mit vier anderen neuen Mitarbeitern sitze ich in einem kleinen Raum: einer portugiesischen Dame namens Diaz, einem türkischen jungen Mann, dessen Namen ich nicht richtig verstanden habe, und zwei Studentinnen, Hanna und Andrea. Frau J. leitet die Einführung.

»Wenn eine Kneipe mal eine Minute später aufmacht, ist das nicht schlimm«, sagt sie. »Aber wenn *ihr* eine Minute zu spät kommt, könnt ihr eurer Arbeitsstelle nur noch hinterherlaufen.«

Wir nicken.

Wir erhalten eine Übersicht über die verschiedenen Zugtypen, danach gehen wir zum wichtigsten Teil unserer Einführung über: der Kasse.

»Wer mit der Kasse zurechtkommt, kommt mit dem meisten anderen auch zurecht«, sagt Frau J. und sieht mich eindringlich an. »Wie lautet eigentlich deine Personalnummer? Du stehst nicht auf der Liste.«

»Ich muss meine Nummer noch bekommen«, murmle ich.

Für heute darf ich Frau J.s Personalnummer benutzen. Ihr Code ist 1974.

»Der Code ist immer das Geburtsjahr«, erklärt sie.

Wir bekommen Übungsaufgaben. »An Tisch sieben, Platz zwei bestellt ein Gast ein Express-Frühstück. Dann will er noch einen Espresso, aber er überlegt es sich anders und nimmt lieber einen Tee. Storniere den Espresso und erledige den Rest der Bestellung.«

Frau J. beugt sich über mich. Das Eingeben von Stornos macht mir gewisse Probleme.

»Mit der Kasse kannst du noch nicht so gut umgehen, was?«, sagt Frau J. »Aber bis jetzt hat das noch jeder geschafft, das kriegst du schon hin.«

Dann fügt sie hinzu: »Wer auf einer bestimmten Strecke den höchsten Umsatz macht, bekommt am Monatsende hundert Franken extra.«

Dabei schaut sie, als erzähle sie von ihrem Leibgericht.

Ich storniere, als sei der Teufel hinter mir her. Doch gleichzeitig denke ich: Draußen ist herrliches Wetter, und ich sitze hier und übe Stornieren. Ich muss völlig bekloppt sein.

Zum Glück hat Diaz mit der Kasse noch mehr Schwierigkeiten. Sie schaut unglücklich drein.

Der junge Türke erzählt: »Meine Schwester arbeitet in

einem Speisewagen. Da dachte ich: Was die kann, kann ich auch.«

In der Mittagspause sagt die Sekretärin zu mir: »Wir haben niemandem erzählt, wer Sie sind. Das erschien uns besser.«

Früher hatte ich noch ab und zu Angst vor dem Wahnsinnigwerden und davor, mit meinem Wahnsinn allein zu bleiben. Diese Angst hat sich jedoch als unbegründet erwiesen. Alle unterstützen mich darin. Oft, ohne es zu wissen.

ZÜRICH – ST. GALLEN – GENÈVE AÉROPORT – ZÜRICH

Auf dieser Strecke fährt der Doppelstockzug. Das Restaurant befindet sich im Oberdeck, das Bistro und die Küche darunter. Die Preise in Restaurant und Bistro sind gleich, aber im Restaurant wird man bedient. Ein Speiseaufzug verbindet Restaurant und Bistro. Im Unterdeck arbeitet eine Frau vom Balkan.

Ich arbeite mit L. im Restaurant. L. ist Chinesin und Ende zwanzig. Sie hat einen sieben Monate alten Sohn; ihr Mann ist Koch in einem China-Restaurant in Zürich. Mit sieben ist sie in die Schweiz gekommen. Ihre leiblichen Eltern wohnen in China, aber ihre Pflegeeltern sind Schweizer. Warum sie mit sieben Jahren allein in die Schweiz gekommen ist, wage ich nicht zu fragen.

»Nimm ein Croissant«, sagt L.

Um sechs Uhr dreißig hat unser Dienst angefangen. Wirklich viel zu tun gibt es erst, als wir von St. Gallen aus wieder durch Zürich kommen und auf dem Weg nach Bern sind.

Jemandem in einem fahrenden Zug etwas einzuschenken ist keine einfache Sache. Wir gehen ziemlich schnell in eine Kurve, und ich lande einem Herrn auf dem Schoß.

Kurz hinter Bern meldet die Kollegin aus dem Bistro, dass sich zwei Herren, ohne zu zahlen, aus dem Staub gemacht haben. Sie haben ordentlich verzehrt, unter anderem eine Käseplatte. Wenn Gäste verschwinden, ohne zu zahlen, müssen die Angestellten das in der Regel aus der eigenen Tasche begleichen.

Wir organisieren eine Treibjagd durch den Zug, doch die beiden Herren bleiben verschwunden.

»Dann hat man umsonst gearbeitet«, sagt L.

Ab Fribourg wird es ruhiger. L. und ich setzen uns an Tisch 1. »Was möchtest du essen?«, fragt sie.

Ich studiere die Speisekarte.

»Indischen Curry«, antworte ich.

Arbeitendes Personal bekommt das Essen sechzig Prozent billiger.

L. nimmt eine Tomatensuppe. »In Tomatensuppe könnte ich mich reinsetzen«, sagt sie.

Am Genfer Flughafen haben wir theoretisch eine Viertelstunde Pause, aber die ersten Gäste drängen sofort in den Wagen: eine amerikanische Familie mit Schwiegertochter oder Schwiegersohn.

Kurz hinter Lausanne hört L. mich französisch radebrechen. Sie rät mir: »Du brauchst nicht im Speisewagen zu arbeiten. Du könntest Schaffner werden. Da verdient man besser.«

»Ich werd drüber nachdenken«, verspreche ich.

L. sammelt Kronkorken von Cola-Flaschen, denn mit denen kann man etwas gewinnen. Bei Bern drücke ich ihr eine Handvoll Kronkorken in die Hand. Sie strahlt.

Ab Tag zwei beginnt man, seine Stammkunden zu kennen. Zwei Herren, die zwischen Zürich und Winterthur jedes Mal zwei Kaffee und vier Croissants bestellen. In Winterthur steigt der eine aus, der andere fährt bis St. Gallen.

Oder ein Mann im Anzug, der bis Wil mitreist und jedes Mal einen Espresso und ein Vollkorncroissant nimmt. »Sie sind so froh«, sagt L., »dass sie nicht zu bestellen brauchen, dass wir wissen, was sie wollen.«

Das Glück steckt in den kleinen Details.

Ungefähr zwanzigmal im Monat durchquert L. die Schweiz hin und zurück. Daran, wann wir in die verschiedenen Tunnels einfahren, merkt sie, ob wir Verspätung haben.

Weil der Speisewagen nur einmal pro Tag beliefert wird, müssen wir mit den Vorräten haushalten.

»Wir haben nur noch drei Croissants!«, ruft L.

Manchmal lassen Gäste Croissants übrig. So auch heute. Eines ist allerdings angebissen.

L. reibt mit dem Zeigefinger über die Bissstelle.

»Wenn jemand unbedingt ein Croissant möchte, können wir dies hier auch noch verkaufen«, sagt sie.

In Fribourg steigt eine Dame von Ende vierzig, Anfang fünfzig zu. Sie setzt sich an einen Tisch für vier Personen, zieht ihre Strickjacke aus, darunter trägt sie ein weißes Shirt, und bestellt auf Französisch eine Cola light.

»Das haben wir nicht«, sage ich. »Wir haben nur Cola Zero.«

Ich bringe ihr eine Cola Zero.

Ich sehe, dass sie sich die Schuhe ausgezogen hat. Welche mit ziemlich hohen Absätzen. Aus ihrer Handtasche holt sie Pflaster hervor.

Ich setze mich ans andere Ende des Speisewagens, an Tisch Nummer 1.

Sie klebt die Pflaster auf diverse Stellen an ihren Füßen, ab und zu schaut sie mich an.

Kurz vor Lausanne setzt ein Pärchen sich zu ihr.

Es entwickelt sich ein Gespräch.

Die Dame sagt: »Ich hasse Fribourg. Ich wohne da mit meinem Mann.« Mit einer Leidenschaft, die mich für sie einnimmt.

Bevor ich hier zu arbeiten begann, stellte ich mir oft vor, dass ich irgendwann zu einer Kundin sage: »Folgen Sie mir.«

Ich würde Richtung Toilette gehen. Die der ersten Klasse natürlich, die sind in der Regel sauberer.

Die Dame beginnt, sich zu schminken. Sie benutzt das Fenster als Spiegel.

In Genf steigt sie aus. Unterwegs zu einem Liebhaber, wie ich vermute.

Auf ihrem Tisch liegen leere Pflasterstreifen.

Wenn ich ihr wiederbegegne, werde ich es wagen. Ich werde zu ihr sagen: »Folgen Sie mir.« Und ohne Zögern Richtung Toilette der ersten Klasse gehen.

Wer auf internationalen Strecken arbeiten darf, genießt ein gewisses Renommee in der Zunft der Speisewagenkollegen. Manchmal springt sogar eine Übernachtung heraus.

»Wie sind die Hotels?«, frage ich Pedro M., meinen Kollegen für heute. Er stammt aus der Gegend von Salerno, arbeitet aber schon seit vierzig Jahren als Steward in Schweizer Speisewagen.

Auf internationalen Strecken arbeitet man in der Regel zu zweit. Ich bin der Dritte, denn ich werde noch ausgebildet.

Der zweite Mann arbeitet in der Küche, die bei Elvetino »Office« genannt wird. Ein guter Name für diese Küche, denn gekocht wird dort nicht. Höchstens werden Tüten aufgeschnitten, Mahlzeiten aufgewärmt und wird geputzt.

Der zweite Mann ist eine Frau und heißt Dalia.

Heute gebe ich mich als bemoosten Studenten der Politologie aus, wohnhaft in Zürich.

»Kriegst du auch 22 Franken die Stunde?«, fragt Dalia.

Ich habe keine Ahnung.

»Mehr wird's jedenfalls nicht«, erklärt sie. »Wie lange du hier auch arbeitest, dein Einkommen wird sich nicht ändern. Merk dir das.«

Ich verspreche es.

»Und noch was«, sagt Dalia. »Wir sind keine Sklaven der Firma.«

Eine Gruppe, die einen Junggesellenabschied feiert, fährt

bis München. Die Männer trinken all unser Weißbier. Pedro sagt: »Nimm keine Bestellungen für Weißbier mehr an.«

Der junge Mann, für den der Abschied organisiert wird, ist mit seiner Sonnenbrille auf der Nase eingeschlafen.

Inzwischen haben wir eine Stunde Verspätung. Das bedeutet: keine Pause in München.

Eine Frau, die für sich allein zwei Prosecco bestellt hat, bekommt ohne ersichtlichen Grund einen Lachanfall.

»Was ist denn so lustig?«, frage ich.

»Schon wieder Verspätung«, antwortet sie.

Im Office schiebt Pedro Kollegin Dalia ein leeres Orangensaftfläschchen zwischen die Beine. Natürlich trägt Dalia immer noch Uniform.

Dalia kichert, und Pedro sagt: »Kleine Frauen sind gefährlich!«

»Ach«, antworte ich, »große Frauen können auch ganz schön gefährlich sein.«

Dalia macht sich von Pedro los.

»Wie groß ist deine Freundin?«, fragt sie.

»So mittel«, antworte ich.

»Auf dem Rückweg wirst du was von mir lernen.«

Schnell begreife ich, was sie meint.

Als es so weit ist, sagt sie: »Manche hier in der Firma sind echt Schweine!« Unter ihrer Anleitung schrubbe ich das Office von oben bis unten.

Sie nimmt ein Tischtuch. Ich kann ihren Atem spüren. Sie sagt: »Offiziell dürfen wir die Tischtücher zum Putzen nicht nehmen, aber wir haben nichts anderes, und wir sind keine Schweine, also nehmen wir ein Tischtuch, oder? Wir sind doch keine Schweine?«

Heute Nachmittag ist der Zug nach München überfüllt. Passagiere blockieren den Gang. Der Minibar-Kollege beklagt sich, dass er mit seinem Wagen nicht durchkommt.

Ich arbeite mit Herrn B. aus Kroatien, einem Mann mit düsterer, fast filmreifer Miene, der wie die meisten meiner Kollegen schon seit Jahren im Speisewagen-Service arbeitet.

Ich könnte das nicht. Nach ungefähr einer Woche ist die ganze Welt ein fahrender Zug. Jeder Schritt eine enge Kurve.

Das Speisewagenpersonal hat drei Gesprächsthemen: Kollegen, die nicht richtig putzen, Trinkgelder und Frauen. Über Trinkgelder und Kollegen schweigt Herr B. sich aus, nur ab und zu kommt ihm das Thema Frau über die Lippen und selbst dann bloß im Telegrammstil. »Heiße Frau an Tisch drei«, flüstert er, als verlese er Börsennotierungen.

Heute sitzt eine Freundin von mir im Speisewagen. Leider galt Herr B.s Bemerkung nicht ihr.

Herr B. macht am liebsten alles selbst, meine Aufgabe besteht für ihn in Konversation.

Ein gepflegtes, älteres Paar liest abwechselnd in *Liebeswahn* von Ian McEwan. Ich frage, ob sie auch frühere Werke von ihm kennen.

Wie sich herausstellt, handelt es sich bei den beiden um einen pensionierten italienischen Diplomaten und seine Frau. Sie sind unterwegs nach München zu einer Testamentseröffnung.

Herr B. sagt: »Setz du dich zu ihnen und rede. Ich arbeite.«

Je länger ich sitze, desto weniger Trinkgeld braucht er

mit mir zu teilen. Auch Güte kann ökonomischen Motiven entspringen.

Eine allein reisende Dame klagt über die Hitze. »Ich habe Asthma, ich krieg hier fast keine Luft«, sagt sie. Sie stammt aus Starnberg. Sie befeuchtet sich die Kehle mit einem Spray.

»Ich kann nichts daran ändern«, antworte ich. »Jetzt können Sie sich vorstellen, wie es für uns ist, Tag und Nacht hier zu arbeiten.«

Ich komme mir vor wie ein Gigolo, doch es ist kein unangenehmes Gefühl.

Meine Freundin geht Richtung Toilette der ersten Klasse. »Komm in zwei Minuten hinter mir her«, sagt sie. Im Leben dreht sich alles darum, die eigenen Phantasien auf eine Weise zu verwirklichen, dass man relativ ungeschoren davonkommt. Natürlich ist es auch schön, wenn das genauso für den anderen gilt.

Als ich zurückkomme, meine Uniform sitzt tipptopp, räume ich den Tisch des Diplomatenehepaars ab.

Der Mann ist schon gegangen, die Frau sitzt noch da und liest die *Herald Tribune*.

»Sie sind ein fixer Bursche«, sagt sie mit einem Lächeln.

Lange werde ich mich an Pedro M. erinnern. Er hatte einmal zwei Kinder, jetzt hat er nur noch eins.

»Unfall?«, frage ich.

»Krankheit«, sagt er.

Sein Gesicht verdüstert sich nur kurz. Schnell geht er zur Tagesordnung über: den Melonen, die er von zu Hause mitgebracht hat – für sich und die Kollegen, aber auch für die Stammgäste, die in München eingestiegen sind. Denen serviert er Melonen mit Prosciutto. Obwohl das nicht auf der Speisekarte steht. Auberginen, ebenfalls von zu Hause und sorgfältig zubereitet, werden aufgewärmt und serviert.

Er verschenkt sein eigenes Essen. Ihm geht es um Höheres.

Seine Wohnung sieht in meiner Vorstellung aus wie ein Speisewagen. Die gleichen Stühle, die gleichen Tische. Wenn Gäste kommen, sagt er: »Setz dich an Tisch Nummer vier.«

In St. Gallen steigt ein Mann ein, den er überschwenglich begrüßt.

»Woher kennt er mich?«, fragt der Mann, als ich ihm sein Bier bringe. »Ich bin schon seit zwei Jahren nicht mehr mit diesem Zug gefahren.«

»Der Mann will wissen, woher du ihn kennst«, gebe ich Pedro die Frage weiter.

»Sag ihm einfach, dass ich ein gutes Gedächtnis für Gesichter habe«, erklärt mein Kollege.

Die selbstgemachten Spezialitäten sind alle. Wir nähern uns Zürich.

Meine letzten Minuten in dieser Uniform, meine letzten Minuten als Pedros Kollege.

Morgen fährt er wieder dieselbe Strecke.

Er sagt: »Für gute Menschen muss man sich etwas mehr Mühe geben.«

Was wird er morgen für die guten Menschen wohl mitnehmen? Selbstgemachte Pasta? Ein paar Häppchen Vitello tonnato? Feigen?

Noch einmal zeigt Pedro mir, wie man die Espressomaschine saubermacht. Er ist davon überzeugt, dass meine Zukunft in der Schienengastronomie liegt und dass ich es bald allein schaffen muss.

Wir fahren in Zürich Hauptbahnhof ein. Ich räume die letzten Gläser ab. Zwei Damen haben sich zwischen Flughafen und Zürich einen Sekt genehmigt, um auf einen Geburtstag anzustoßen.

»Hat es geschmeckt?«, frage ich.

Ich bin ein Anthropologe in meinem eigenen Leben und ein Zigeuner im Leben der anderen.

Manchmal sage ich zu jemandem: »Wollen wir für immer zusammenbleiben?«

Nie jedoch bin ich für immer bei jemandem geblieben. Es gibt aber einen Ort, wo meine Elvetino-Kollegen und ich für immer vereint sein werden: in einem Buch. In dieser Geschichte.

MONIKA HELFER
Wie bei einer Zugfahrt

Was ist«, sagte der Mann zu seiner Frau, »kommst du jetzt?«

Beide standen am Perron, der Mann trug zwei Koffer und wollte seiner Frau den Vortritt lassen.

»Ich fahre nicht mit«, sagte die Frau.

»Wie bitte? Du fährst nicht mit? Wir haben bis Neapel reserviert, soll das jetzt wegen einer Laune verfallen?«

»Du weißt, das ist keine Laune.«

Da sagte er das Wort wieder, bei dem sie in den letzten Tagen immer die Augen verdreht hatte. »Es ist unser Versöhnungsurlaub.« Und sie verdrehte die Augen. »Also komm, steig schon ein«, sagte er und lachte, als wäre die Versöhnung schon vollzogen und das Wort nur mehr eine ironische Erinnerung an die Zeit, als sie sich trennen wollten, »wir bereden alles Weitere auf der Fahrt.«

Sie wollten sich trennen, nach zwanzig Ehejahren, sie waren einander müde, es gab nichts Aktuelles, Seitensprünge bei ihr, Seitensprünge bei ihm, das alles lag Jahre zurück. Die Kinder sollten erst nach der Scheidung informiert werden. Da hatte der Mann die Idee mit dem Versöhnungsurlaub. »Wir dürfen«, hatte er gesagt, »unsere schöne Zeit nicht einfach wegschmeißen, das wäre nicht gerecht.« Die Frau sah das ein. Sie liebte ihren Mann nicht mehr, und ob er sie noch liebte, bezweifelte sie, allein der Gedanke an diese Frage war anstrengend. Er war einfach der bessere Schwindler und Schmeichler. Was er sich wünschte, war eine lockere Ehe mit einem fixen Essenstermin einmal am Tag. Die übrige Zeit sollten sie beide nach Lust verbringen.

»Lust wozu, Lust worauf?«, hatte die Frau gefragt.

»Darüber«, hatte er geantwortet, »brauchen wir uns gegenseitig keine Rechenschaft abzulegen.«

Jetzt war sie eingestiegen, hatte sich auf den reservierten Platz gesetzt. In Fahrtrichtung, ihm gegenüber. Er nahm ihr den Mantel ab und küsste sie auf die Stirn. Das war wieder so herablassend, fand sie. Ein Kind küsst man auf die Stirn. Sie wusste, dass er es nicht herablassend meinte. Dass er nicht spürte, wie herablassend es war, ärgerte sie noch mehr und kränkte sie noch mehr. Es war einer der Gipfel im Gebirge seiner Lieblosigkeit, dass er in zwanzig Jahren nicht gelernt hatte, in ihrem Herzen zu lesen.

Der Mann bestellte das beste Frühstück, schmierte seiner Frau zwei Brote, eines mit Marmelade, eines mit Honig. »Kein Ei?«, fragte er. »Schmeckt ganz passabel hier.«

»Woher weißt du das?«, fragte sie. »Wann hast du jemals im Zug ein Ei gegessen?«

»Ich hab das nur so gesagt«, sagte er.

»Bitte«, sagte sie, »sag während dieses Urlaubs, oder wie du das nennen willst, was wir im Begriff sind zu tun, nie mehr etwas nur so, bitte!«

»Gut«, sagte er. »Versprochen.«

Sie wollte kein Ei. Sie wusste, wie Ei schmeckte. Sie setzte ihre Brille auf und öffnete das Buch beim Lesebändchen. Sie las nicht, schaute aber ins Buch. Er beobachtete sie.

»Wir machen uns einen richtig gemütlichen Urlaub, es liegt nur an uns, wie es sein wird«, sagte er.

»Du meinst an mir«, sagte sie, ohne ihn anzusehen. »Du meinst, es liegt an mir. Bitte, nimm mich ernst!«

»Das will ich«, sagte er.

Sie hatte einen Knoten im Hals und wusste: Jetzt noch ein Wort von ihm, und sie würde weinen. Er setzte sich ihr zur Seite, klappte die Armlehnen zwischen ihnen hoch, neigte seinen Oberkörper zu ihr herüber, eine unbequeme Haltung sicher, sie roch sein Rasierwasser, *Pour Monsieur* von Chanel, sie kaufte es ihm regelmäßig. Sachte hob sie ihre Hand und streichelte über seine dünnen Haare. Könnte sein, dass er diese Geste von ihr erwartete. Gerade fuhren sie an grünen Wiesen vorbei. In Venedig mussten sie umsteigen. Es war Nachmittag und lau, er sah einer jungen Frau in einem knappen roten Kleid nach. Sie ärgerte sich, sagte aber nichts. Er träumte zwei Minuten von einer Kaffeepause mit dieser jungen Frau. Warum kann ich nicht weiterträumen?, fragte er sich. Nach der Kaffeepause könnte es doch weitergehen.

Sie stiegen in den Zug nach Rom. Sie: Fahrtrichtung. Er: Höflichkeit.

Und dann, ohne Vorwarnung, begann er: »Weißt du, wie ich das hasse, immer dieses dich mit Goldhandschuhen angreifen? Können wir, bitte, nicht einfach wie erwachsene Menschen gemeinsam in den Urlaub fahren, bitte? Wenn es dann wieder klappen soll mit uns. Willst du das nicht?«

»Wenn du es willst, werde ich es auch wollen«, sagte sie. »Aber es heißt Glacéhandschuhe, nicht Goldhandschuhe. Und sag bitte nicht in jedem Satz zweimal bitte, einmal in der Mitte und dann noch einmal am Ende.«

»So will ich es aber gerade nicht«, sagte der Mann, »so nicht«, stand auf und setzte sich in ein anderes Abteil.

Mann und Frau erhofften sich einen Neuanfang. Die Ehe sollte weitergehen, aber irgendwie anders, liebevoller. Beide wollten sich bemühen. Aber wie das so ist, man sitzt im Zug, schaut aus dem Fenster, sieht eine Laufmasche am Knie der Frau, einen Fleck auf dem Sakko des Mannes, und schon ist der Unfriede wieder da. Das Steak ist inwendig noch blutig, und vom Salat rinnt zu viel Essig. *Warum ziehst du immer diese dünnen Strümpfe an* und *gib nicht mir das Fleisch auf den Teller, wenn du es nicht mehr magst.* Das dachten sie, sagten aber nichts, lächelten sich an. Dieses bemühte Lächeln glaubte keiner dem anderen.

»Darf ich deine drei Punkte hören?«, fragte er.

Er war nur zehn Minuten, oder weniger sogar, in dem anderen Abteil gesessen, dann war er zurückgekehrt, im Gesicht eine absichtlich plump gespielte Reue, hatte vorgeschlagen, dass jeder von ihnen drei Punkte aufschreibt, wovon er sich wünscht, dass der andere es lassen soll. So hatte er es formuliert, absichtlich plump gespielt.

»Meine drei Punkte sind«, sagte sie.

»Du hast sie ja nicht aufgeschrieben«, sagte er.

»Ich kann bis drei zählen«, sagte sie.

»Ich habe doch nicht gesagt, dass du nicht bis drei zählen kannst«, sagte er.

»Was ich mir wünsche, dass du lassen sollst«, sagte sie, »kann ich auswendig.«

»Dann also«, sagte er.

»Nicht ironisch sein. Zweitens: Mich nicht kritisieren. Drittens: Nicht freundlich tun, wenn du nicht freundlich fühlst.«

Er dachte lang nach, machte ein absichtlich plump gespieltes Gesicht. Dann fragte er: »Hab ich dich recht verstanden: Das alles soll ich lassen?«

»Ja.«

»Zu Punkt eins. Ich soll es lassen, nicht ironisch zu sein?«

»Du weißt genau, was ich meine.«

»Wir haben uns vorgenommen, einander ernst zu nehmen«, sagte er, »und genau das will ich. Du wünschst dir also, ich soll es lassen, nicht ironisch zu sein. Das ist eine doppelte Verneinung. Das heißt, du willst, dass ich ironisch bin. Und dass ich dich kritisiere. Und dass ich freundlich tue, wenn ich nicht freundlich fühle.«

Da stand sie auf und ging in ein anderes Abteil. Sie blieb erheblich länger als zehn Minuten.

»Wir könnten eine Vespa mieten und durch die engen Gassen fahren«, sagte der Mann.

»Meinst du, so tun, als wären wir gerade siebzehn?«

»Zum Beispiel«, sagte der Mann. »Ohne Helm und barfuß.«

Die Frau schloss die Augen und sah sich auf der Vespa sitzen, sie umfing seinen Bauch und wollte den Fahrtwind spüren. Das Gefühl stellte sich nicht ein.

Kaum waren sie in Napoli ausgestiegen, rannte ein

schwarzlockiges Mädchen auf sie zu, so um die fünf Jahre, man weiß es bei denen nie so genau, und zupfte die Frau am Ärmel. Es sah mit leuchtenden Augen zu ihr auf und hinauf zum Mann. Die Frau öffnete ihre Geldbörse und gab dem Kind einen Fünfeuroschein. Das Mädchen bückte sich und steckte den Schein in den Schuh. Dann riss es eine Spange aus dem Haar und drückte sie der Frau in die Hand. Die Spange war ein wenig feucht und klebte. Die Frau hielt sie in ihrer Faust. Das Mädchen folgte ihnen durch die Bahnhofshalle, folgte ihnen zum Taxi. Die Frau drehte sich nach dem Kind um, sagte aber nichts. Der Taxifahrer legte das Gepäck in den Kofferraum, machte »Schtsch!«, als verscheuche er ein Tier, und schüttelte den Finger gegen das Kind. Der Mann nun griff in sein Sakko und gab dem Mädchen einen Zwanziger.

Beide saßen sie im Taxi, die Frau beugte sich zu ihrem Mann hinüber und drückte seine Hand. Kein Wort wie üblich, etwa: Das Geld wird sie nicht lange behalten, gleich kommen ihre Bandenmitglieder und nehmen es ihr ab. Nicht ein Gedanke daran. Die Frau öffnete ihre Faust und steckte die Spange in ihre Haare. Was war mit ihnen geschehen? Sie rückten näher zueinander. Sie küssten sich. Nicht er küsste sie oder sie küsste ihn, es war für den Augenblick eine »Gleichförmigkeit ihrer Gedanken«. – Mit diesen Worten erinnerten sie sich später daran.

Später – irgendwann zu Hause – wird er sagen: »Es war eine Gleichförmigkeit unserer Gedanken.«

»Diese Formulierung kommt mir bekannt vor«, wird sie sagen. »Warum kommt mir diese Formulierung bekannt vor? Habe ich so etwas irgendwo gelesen? Dann müsstest du es auch gelesen haben. Hast du diese Formulierung irgendwo gelesen? Wo? Oder habe ich dir davon erzählt? Sicher habe ich dir davon erzählt.«

Er wird gekränkt sein. »Ich habe diese Formulierung nirgends gelesen, und du hast mir nicht davon erzählt«, wird er sagen. »Sie stammt von mir.«

»Von dir?«, wird sie sagen. »Wirklich von dir?« Sie wird übertrieben staunen. »Tatsächlich von dir? Sapperlot!«

»Du traust mir so eine Formulierung nicht zu, hab ich recht?«, wird er sagen.

»Doch, doch«, wird sie sagen.

Und so wird das Gespräch weitergehen:

Er: »Also, jetzt hör einmal zu! Das ist bei Gott keine besonders intelligente Formulierung. Gleichförmigkeit unserer Gedanken. Da blitzt es nicht besonders. Es ist keine dumme Formulierung, aber auch keine allzu intelligente. Eine ganz durchschnittliche Formulierung.«

Sie: »Was möchtest du mir mitteilen?«

Er: »Dass du mir nicht einmal so eine durchschnittliche Formulierung zutraust. Jetzt weiß ich wenigstens, was du von mir hältst.«

Sie: »Es ist bereits alles wieder wie vorher.«

Er: »Und wessen Schuld ist es? Wessen Schuld?«

Sie: »Es ist alles wie vorher. Nicht schlimmer, nicht weniger schlimm. Alles gleich wie vorher. Wenn es wenigstens schlimmer wäre. Aber es ist gleich. Es ist bereits alles wieder, wie es vorher war.«

Er: »Was heißt ›bereits‹? Was heißt ›wie es vorher war‹? Es war nie anders. Meine drei Punkte, erinnerst du dich?

Nein, du erinnerst dich nicht. Du kannst dich gar nicht erinnern. Und warum nicht? Weil ich meine drei Punkte gar nicht vorgetragen habe. Du hast mich nicht zu Wort kommen lassen.«

Das Hotel hieß *Pausilypon* – »Ende des Leidens«. Es sah nicht aus wie im Prospekt, war eben Napoli, da muss man großzügig sein. Das Fenster im Zimmer stand weit offen. Ein dünner Vorhang wehte. Der Blick hinaus auf den Golf und die Bucht von Pozzuoli war ein Versprechen.

Zelten – ein Abenteuer in drei Triumphen

I. DIE GUTE IDEE

Die Freundin meint, das Kind solle mal zelten gehen. Zu einer richtigen Kindheit gehöre das einfach dazu. Die Freunde, bei denen wir zum Essen sind, stimmen sofort mit ein. Ja genau, zelten sei für jedes Kind eine ganz wunderbare Erfahrung.

Ich sage nichts. Natürlich war ich als Kind, Jugendlicher und junger Erwachsener mehrfach zelten. Als Kind, Jugendlicher und junger Erwachsener fand ich das sogar toll. Doch heute beunruhigt mich allein schon die Vorstellung, eine Nacht auf einer Isomatte oder Luftmatratze verbringen zu müssen. Die Luftmatratzen sind in den letzten dreißig Jahren schon extrem unbequem geworden. Vermutlich, weil die Qualität der Luft wegen des Klimawandels einfach extrem nachgelassen hat.

Dennoch, als gewiefter Stratege stimme ich grundsätzlich zu: »Ich finde das eine ganz großartige Idee. Ihr geht mit allen Kindern zelten, während ich in Berlin bleibe und mich um alles kümmere, euch den Rücken freihalte, Blumen gieße und so weiter.«

Die Freunde meinen, sie hätten praktisch keine Blumen. Erkläre mich bereit, ihnen welche zu besorgen.

Die Freundin unterbricht mich. Sie findet, ich müsse unbedingt mit zelten gehen. Das sei so eine typische Vater-Kind-Sache und ganz, ganz wichtig für die spätere Entwicklung.

Erkläre: »Mein Vater ist auch niemals mit mir zelten gegangen, und ich habe mich trotzdem später entwickelt. Kinder finden ihren Weg auch so.«

Sie schüttelt den Kopf. Um das Kind mache sie sich da gar keine Gedanken. Es sei meine Entwicklung, um die sie sich sorge. Sie wolle später keinen pubertierenden Senior im Hause haben, der eine Leere in sich fühlt, weil er niemals mit dem Kind zelten war, und sich womöglich Vorwürfe macht.

Verspreche, mir niemals Vorwürfe zu machen. Erkenne allerdings am Gesicht der Freundin, dass sie meine Entscheidung bereits getroffen hat. Sie gerät ins Schwärmen, was für ein tolles Erlebnis das für mich werde, mit dem Kind in der Natur. Wie lange wir dann noch davon zehren könnten, das Kind und ich. Sie werde uns im Stillen beneiden und in der Zeit, in der wir zelten, einfach den Gutschein für das Luxus-Wellness-Hotel einlösen, den sie zum Geburtstag geschenkt bekommen hat.

Ihr Geburtstag sei doch erst in vier Wochen, gebe ich zu bedenken. Nun wird ihr Gesicht vorwurfsvoll. Jetzt hätte ich ihr die Überraschung verdorben. Quasi mein Geschenk schon verraten. Na ja, da man es nun nicht mehr ändern könne, werde sie diesen Gutschein, den ich da offensichtlich zu ihrem Geburtstag plane, eben jetzt schon einlösen. Dann hätte ich auch noch mal vier Wochen Zeit, mir eine neue Überraschung zu überlegen.

Sie strahlt. Ich gebe auf. Frage, ob ich den Gutschein auch noch selber basteln solle.

»Nein, nicht notwendig, ich habe ohnehin schon gebucht. Danke, das ist ein tolles Geschenk. Genau, was ich mir gewünscht habe.«

Die Freunde möchten, dass ihre Kinder mitzelten, dann mache es ja noch mehr Spaß. Sie selbst hätten leider keine Zeit. Dafür könnten sie mir ihr Auto und das Zelt leihen. Das Ganze stehe übrigens schon fix und fertig gepackt unten. Morgen früh, um 7.30 Uhr, gehe es los. Die Kinder würden sich wahnsinnig freuen. Nachdem sie am Ostseestrand so viel Spaß mit mir hatten, seien die Erwartungen diesmal natürlich nicht geringer. Ehe ich noch irgendwas einwenden kann, bekomme ich den Autoschlüssel und die Papiere in die Hand gedrückt. Alle sind glücklich, also fast alle.

Gehe kurze Zeit später in den Flur und rufe Peter an. »Hallo, Peter, hier ist Horst. Ich bitte dich dringend um einen Gefallen. Du musst aus einem geparkten Auto ein Zelt mit Zubehör klauen. Sichere Sache, das. Ich simse dir gleich die Adresse. Sobald du hier bist, öffne ich dir mit der Funkverbindung des Autoschlüssels vom Balkon aus die Zentralverriegelung. Du nimmst Zelt und Zubehör aus dem Kofferraum, ich verriegele die Türen wieder, und alles ist gut.« Ich bitte ihn noch, auch wirklich nur die Campingsachen zu klauen. Schließlich fahre ich gern mit den Kindern weg, allerdings möglichst irgendwohin, wo es Betten, ein Badezimmer und richtige Wände mit echtem Dach gibt.

Bin stolz auf mich. Andere hätten wegen dieser Zelterei wahrscheinlich die halbe Nacht gestritten, mit Vorwürfen und langem Beleidigtsein. Ich hingegen löse so einen Konflikt einfach ganz lautlos mit Liebe, Umsicht und schierer Intelligenz.

Als ich in die Küche zurückkomme, herrscht betretenes Schweigen. Erst nach einer gefühlten Ewigkeit platzt die Freundin heraus: »Peter hat mir eine SMS geschickt. Ich hatte ihm gestern gesagt, falls du ihn anrufst und bittest, ein Zelt aus einem Auto zu klauen, soll er sich sofort bei mir melden, wenn er nicht wegen Beihilfe angeklagt werden will.«

Begreife und bereue meinen Fehler. Gebe ihn direkt zu: »Es tut mir leid. Wirklich. Ich hätte besser Micha anrufen sollen.«

»Den habe ich auch benachrichtigt. Und Holger und Jochen auch. Außerdem ist gar kein Auto gepackt. Es gibt nicht einmal ein Zelt. Das Ganze war nur ein Test.«

»Verstehe. Habe ich bestanden?«

»Eher nicht.«

»Schade. Kann ich es irgendwie wiedergutmachen?«

»Ich wüsste nicht, wie.« Sie grinst, und nun gebe ich wirklich auf.

»Na ja, ich könnte vielleicht mit den Kindern zelten gehen. Nächstes Wochenende oder so.«

Alle stimmen zu. Zelten! Ich ganz allein mit den Kindern. Das sei mal ein toller Vorschlag.

Finde ich auch. Am Ende habe dann eben doch ich immer wieder die allerbesten Ideen.

Nachdem ich nun alle mit der schönen Idee überraschen konnte, mal mit meinem und drei weiteren Kindern von Freunden zelten zu gehen, fehlt nur noch ein gutes Zelt. Die Freunde raten mir dringend zum Fachhandel. Schon am nächsten Tag spreche ich beim Outdoorspezialisten vor.

»Guten Tag, ich suche ein Zelt. Können Sie mir da was empfehlen?«

Der Verkäufer schaut mich lange und abschätzend an, sagt dann: »Klar, was wollen Sie denn mit dem Zelt machen?«

Hm, mit dieser Frage hatte ich, offen gestanden, nicht gerechnet.

»Tja, was will ich mit dem Zelt machen? Na ja, erst mal kennenlernen, es langsam angehen, aber bei gegenseitiger Sympathie könnte ich mir vielleicht auch etwas Festes vorstellen.«

»Ach? Kein Problem. Kaufen können Sie das Zelt natürlich hier. Heiraten geht dann zwar in Deutschland noch nicht, aber in Las Vegas sind Hochzeiten zwischen Mann und Zelt ohne weiteres möglich.«

»Echt?«

»Nein, aber wir sind psychologisch geschult, auf den Käufer einzugehen. Wie man blöde Witze in den Laden reinruft, so kommen sie auch wieder raus.«

»Ach so. Ich will zelten gehen. Möglichst mit dem Zelt zusammen.«

»Gut, und was soll das Zelt können?«

Also wie kann jemand von mir verlangen, keine blöden Witze zu machen, und dann solche Fragen stellen? Was soll das Zelt schon können? Vielleicht Handstand? Da ich den Verkäufer nicht völlig verärgern will, antworte ich gemäßigt.

»Kochen. Wäre schön, wenn es kochen könnte.«

»Verstehe, das wird oft verlangt. Haben wir hier vorne.«

»Sie haben tatsächlich ein Zelt, das kochen kann?«

»Selbstverständlich, wir haben ein Zelt, das sehr gut zu Ihnen passt. Hier, gucken Sie doch mal rein.«

Er geleitet mich in das Kochzelt. Ich bin kaum drin, als der Reißverschluss hinter mir zuzurrt und ein Vorhängeschloss klickt.

»He, Sie, hier ist gar nichts! Das Zelt kann überhaupt nicht kochen!«

»Natürlich nicht. Es gibt kein kochendes Zelt. Das hier ist das Lustige-Kunden-Zelt, in das wir lustige Kunden einsperren, bis sie aufhören, lustige Witze zu machen.«

»Sie haben ein spezielles Gefängniszelt?«

»Erst seit kurzer Zeit. Extra für Sie habe ich dieses Lustige-Kunden-Zelt gerade erfunden.«

»Ich will doch nur ein Zelt kaufen, das praktisch keine Arbeit macht. Also ein Zelt, das nicht nervt.«

»Gut, dann sagen Sie mir einfach, was Ihr Zelt können soll.«

Es gibt Situationen, da weiß man, man sollte einen Satz nicht sagen, und doch, obwohl alle Logik, alle Vernunft dagegenspricht, purzelt er einem einfach so aus dem Mund:

»Das Zelt soll sich von alleine auf- und wieder abbauen können!«

Verdammt, ich werde auf Jahre hinaus nicht mehr aus diesem Lustige-Kunden-Zelt rauskommen. Denke ich. Stattdessen geschieht ein Wunder. Der Reißverschluss fährt auf, und der Verkäufer knurrt: »Sagen Sie das doch gleich!« Dann zeigt er mir die erstaunlichste Erfindung seit den beidseitigen Getränkehaltern auf Partyhelmen. Das Wurfzelt. Ein Zelt, das sich in der Tat von alleine aufbaut. Man wirft es in die Luft, es macht »Wuff!«, und das fertige Zelt steht da. Man muss es nur noch mit den Heringen befestigen, und es ist aufgebaut. Später reichen erneut zwei, drei Handgriffe und: zack!, ist es auch wieder abgebaut. Also wenn man es kann. Überraschenderweise kann ich es.

3. DIE TOLLE ERFAHRUNG

Als wir eine Woche später auf dem Zeltplatz am See ankommen, sage ich den Kindern, sie brauchten sich um gar nichts zu kümmern. Ich würde ganz alleine die beiden neuen Zelte aufbauen. Allerdings erst später, zuerst sollten wir noch in Ruhe Eis essen. Sie bewundern mich, wie cool ich bin, und sie haben recht damit. Nach dem Eis werden sie langsam unruhig. Sie würden nun schon gern mal die Zelte aufbauen. Ich beruhige: »Keine Panik, lasst uns erst noch Fußball spielen!«

Ich weiß natürlich, je länger ich den spektakulären Zeltaufbau rauszögere, je mehr Spannung ich aufbaue, desto nachhaltiger kann ich sie beeindrucken. Desto größer wird mein Triumph sein. Nach dem Fußballspielen wollen sie aber wirklich die Zelte ..., ich sage: »Erst noch Baden.« Nach dem Baden drängen sie schon sehr, ich verkünde gelassen: »Wir gehen erst noch abendessen.« Während des Essens wächst langsam ihre Panik, ich ordere noch einmal Eis zum Nachtisch.

Dann, nachdem sie in wilder Hektik zum Auto zurückgerannt sind, sind sie fraglos reif. Nun ist es an der Zeit, zum Helden zu werden. Während ich den Kofferraum öffne und die Zelte raushole, ziehen dunkle Wolken auf. Ein Gewitter naht. Wunderbar, jetzt wird es sogar noch richtig dramatisch, besser könnte es gar nicht laufen.

Als die Kinder schon völlig mit den Nerven am Ende sind, habe ich meinen großen Auftritt. Ich nehme das erste Zelt, werfe es in die Luft, es macht »Wuff!« und baut sich wunderbar von alleine auf. Da steht es! Die Kinder machen »Ah!«, jubeln, klatschen, bewundern mich, so wie es sein soll. Ich nehme das zweite Zelt, es macht wieder »Wuff!«, und auch dieses steht perfekt da.

Der Wind vom nahenden Gewitter wird langsam heftiger. Wir sollten die Zelte jetzt zügig feststecken. Bitte die Kinder, rasch die blaue Tasche mit den Schnüren und Heringen aus dem Wagen zu holen. Die Kinder finden nichts. Rufe die Freundin an. Die bestätigt, in der Tat habe nach unserer Abreise noch eine blaue Tasche im Flur gestanden. Fragt, ob die wichtig sei. Dann setzt der Regen ein.

Es ist ein tolles, unvergessliches Erlebnis, gemeinsam mit Kindern in heftigem Sturm, bei strömendem Regen, zwei äußerst widerspenstige Wurfzelte irgendwie wieder auseinanderzubauen, ohne dass eines der Kinder mehr als zwei Meter weggeweht wird. Dazu das restliche Equipment so schnell es geht ins Auto zu stopfen, wohl wissend, dass alles ohnehin schon durchgeregnet ist, um dann klitschnass und dampfend zu fünft im Auto nach einer schönen Brandenburger Landpension zu suchen.

Irgendwann haben wir sie gefunden. Mit richtigen Betten, Heizung und fließend warmem Wasser, das man auf- und zudrehen kann, wie man will. Später, bei Chips und extrem zuckerhaltigen Brausegetränken vor dem Fernseher, waren die Kinder und ich uns einig. Schöner und erlebnisreicher kann ein perfekter Campingtag eigentlich gar nicht sein.

Aufgerissene Blicke. Berlin-Journal

Herbst. Ich schlurfe durch das dürre Laub, die Füße kleine Schaufeln, und höre dem trockenen Geräusch zu. Manchmal klingt es wässrig. Die Bäume: Ahorn, Eiche, Linde. Sie zittern im Wind. Und die himmlischen Gärten, naja, welken.

Im langen Tunnel des S-Bahnhofs Grunewald muss man auf das Licht zugehen. Es ist weiß, eine weiße Öffnung. Davor steht in großen Lettern: Gleis 17. Von diesem Gleis des einstmaligen Güterbahnhofs wurden 50000 Juden in Todeslager deportiert. Ein Mahnmal erinnert daran. Aber nichts ist rückgängig zu machen. Es gibt die Sonne dieses Tags und die Sprachlosigkeit. Keine Namen.

In der Winklerstraße Villen, Villen. Mit Säulen und ohne, mit Reliefs und Balkonen. Die Botschaft der Vereinigten Arabischen Emirate ist mit Spitzbogenfenstern und Kuppeln verziert, die norwegische Botschaft feiert die Schlichtheit: klare Formen, viel Holz. Keine Protzlimousinen. Nummer 10 ist ein düsterer Bau. Über dem Eingang eine Bahnhofsuhr, die genau vier Stunden nachgeht. Welche Uhrzeit wird hier angezeigt, die von Atlantis? Menschen keine, nur Gitter und Einzäunungen. Etwas weiter plötzlich dieser Mann. Steht lachend neben einem alten weiß-roten Deux-Chevaux (ich lese: Vivi Lenz. Der Couture-Discount), fragt: Wollen Sie mitfahren? Ich antworte: Ein hübsches Auto. Er: Ich habe Sie schon gesehen. Aha, sage ich. Und dass ich zum Wissenschaftskolleg gehe. Er, verstimmt: Das hab ich befürchtet, dass Sie Schriftstellerin sind.

Tisch, Stuhl, Computer, Fenster, Bett. Alles da, also los, arbeite. Da lese ich bei Andrej Bitow: »Zeit war damit kaum verstrichen. Er empfand sie wie vordem als windstilles Meer, das er unbedingt zu durchschwimmen hatte, aber das Schwimmen musste in diesem Falle erst noch erlernt werden.« Während das Licht in der Baumkrone spielt, überlege ich, ob ich gegen einen Überschuss oder einen Mangel an Zeit ankämpfe. Viel Berlin liegt vor mir, aber die vielen Vorhaben lassen die Zeit schrumpfen. Ebenso die Entfernungen, die nur mit Transportmitteln zu überwinden sind.

In »**Bötzow-Privat**« (meiner Hauskneipe) gehe ich als erstes zum Tresen und nehme mir zwei Zeitungen. Der rote Giftschlamm von Kolontár überschwemmt auch die Presse. Ganze Dörfer und Landstriche sind verwüstet, was das Gift in Raab und Donau anrichtet, wird sich zeigen. Und schon wieder droht ein Dammbruch. Das veraltete Aluminiumwerk scheint auf Menschen und Umwelt zu pfeifen. Ich versuche mir vorzustellen, was es heißt, Haus, Hof, Vieh, Felder zurückzulassen, also den ganzen Besitz, um nicht zu sagen die Existenz. Eine Frau rettet rührend eine Topfpflanze (Foto), die Hilflosigkeit grenzt ans Absurde.

In den »Kunstwerken« eine Ausstellung des israelischen Arabers Dor Guez über das Schicksal seiner palästinensisch-christlichen Familie aus Al-Lydd (Lod). Die Stadt wurde am 13. Juli 1948 von der jüdischen paramilitärischen Organisation Haganah besetzt, viele Menschen flüchteten in die örtliche Kirche, die später zum Zentrum des Ghettos wurde. Großvater Jacob Moyaner heiratet hier Samira aus Jaffa. Er ist einer der wenigen, die in Lod verbleiben, nachdem 95 % der Bevölkerung weggezogen sind. Heute ist vom arabischen Al-Lydd so gut wie nichts mehr übrig. Die historische Hauptstraße wurde in IDF Ave. (Israel Defence Forces Avenue) umbenannt. Die Ruinen arabischer Häuser erinnern an Mahnmale. But life goes on. Die Familie lebt schon in dritter Generation in Israel, als eine Minderheit innerhalb einer Minderheit. Und versucht, mit ihrer hybriden Identität fertigzuwerden. Die filmischen Interviews zeigen heitere, nachdenkliche Gesichter, zeigen Großvater Jacob, wie er die Qualität einer Wassermelone prüft, und einen Enkel, wie er den Weihnachtsbaum schmückt. In Armut leben sie nicht.

Zuerst erfahre ich es per Mail aus Mohiljow: Die chilenischen Bergleute sind gerettet! Alle dreiunddreißig, aus 700 Meter Tiefe, nach mehr als zwei Monaten Gefangenschaft im Stollen. Die ganze Welt jubelt. Noch gibt es Wunder.

Zumindest erstaunlich, wenn nicht wunderbar, dass neue Sprachen auftauchen. So schreibt die Neue Zürcher Zeitung (15. Oktober), am Fuß des Himalaya sei ein Idiom namens Karo entdeckt worden, das zur Familie der tibetisch-burmesischen Sprachen gehöre. Man zählt nun 6909

Sprachen, viele sind schon ausgestorben, andere im Begriff auszusterben. Einige, wer weiß, noch verborgen.

16. Oktober. In der Galerie Ochs neue Arbeiten des Chinesen Ai Weiwei. Der Augenfang: das Teehaus. Ein kleines Haus nicht zum Teetrinken, sondern aus Tee. Aus gepressten Teewürfeln, sorgfältig gestapelt, mit Satteldach. Und statt eines Rasens: Tee. Das Braun hat viele Schattierungen, spielt ins Gräuliche und Grünliche, lebendige Materie. Die riecht. Schauen genügt, von allen Seiten. Wenn Begriffe Wirkichkeit werden, sind nur die Sinne gefragt. Und während ich schaue, tritt jemand zu mir. Erst als er sich vorstellt, weiß ich Bescheid: Verleger Andreas Rötzer. Seit Monaten sind wir telefonisch in Verbindung, jetzt das Gesicht zur Stimme. An diesem Ort. Zufall oder nicht? Sagen wir: eine glückliche Koinzidenz. In Zeit und Raum dieser winzige Schnittpunkt, in Wahrscheinlichkeitszahlen ausgedrückt: Null. Ich hatte noch gezögert, in den Regen hinauszugehen. Da stehen wir nun, neben dem Teehaus. Und hinten die Fotos vom Schädel-CT des Künstlers, mit Hämatom. Chinesische Polizisten haben ihn brutal getreten, nachdem er Listen von Erdbebenopfern veröffentlicht hatte. Rötzer verabschiedet sich, ich sehe mir Gefäße mit Tonstaub an, zu einer vielreihigen Arbeit komponiert. Bedenke, Mensch, dass du Staub bist und zum Staub zurückkehren wirst (Aschermittwochsmemento). Hier: aus dem Christlichen ins Chinesische gewendet.

Die Straßen des ehemaligen Scheunenviertels haben sich boutiquisiert: Läden, Galerien, Cafés. Glanz hat Einzug gehalten, hier und dort Mondänes. Da wirkt die Melancholie eines kleinen Hofes fast wohltuend. Oder der stille Friedhof der Sophienkirche. Auch das unebene Pflaster beruhigt. Stolpere. Fass mit den Augen an die Einschusslöcher des Gemeindegebäudes in der Großen Hamburger Straße. So zeigt die Stadt ihre Wunden, abseits teurer Mahnmalarchitektur. Das Morbide tut weh – und auch wieder nicht. Die Melancholie verschattet – und schafft zugleich Raum. Ganz kalkülfrei bringt sie die Dinge zum Sprechen, offenbart ihre Imperfektion.

Abends bei Esterházys (Auguststraße 83), Gitti lädt zu einem ungarischen Essen ein. Auch Imre Kertész und seine Frau Magda sind da. Das Wiedersehen mit der Wohnung, in der ich 2001 ein halbes Stipendienjahr verbracht habe, berührt. Der weißgekachelte Ofen, der Blick vom Balkon auf Postfuhramt und Fernsehturm, die große Küche. Hier sitzen wir nun, um den schön gedeckten Küchentisch, und die Gulaschsuppe schmeckt köstlich. Imre, anfänglich etwas wortkarg, wird mit jedem Löffel und jedem Schluck Rotwein gesprächiger. Gegen Mitternacht erzählt er unentwegt Anekdoten, bricht selber in schallendes Gelächter aus. Aber zum Lachen ist nur weniges, der Witz entspringt bissiger Bitterkeit. (K. pariert Anwürfe der neuen ungarischen Antisemiten.) Während die Männer pointenscharf reden, als wetzten sie (spielerisch) ihre Wortdegen, greift die Hausfrau immer wieder beschwichtigend ein: Nein, sagt sie in gedehntem Ungarisch, aber nein! Und wer möchte noch

Kuchen, Obst, einen Schnaps? Es wird spät, als wir das Haus verlassen. Mühsam erreicht Kertész, von Magda gestützt, das Taxi. Die Straße ist zur Hälfte aufgerissen. Péter scherzt ins Dunkel hinein, nun schon dissonant.

»It is good. The bed is empty, / The curtains are stiff and prim and still.« (Wallace Stevens)

17. Oktober. Carmen Tartarottis Film *Das Schreiben & das Schweigen* über Friederike Mayröcker. Sonntagsvorstellung um 13.30 im Kino der Hackeschen Höfe, sechs Besucher. F. M. erzählt mehr, als sie sich vorgenommen hat. Über ihre Liebe zur Hermes Baby, zur Magie des Wortes, zu Ernst Jandl, zur Natur. Den Rest erzählen die Bilder. Die poetisch ihre wilde Schreibklause scannen (mit Wäschekörben voll Notizen, mit Medikamentenpyramiden, mit Papier- und Bücherbergen, mit Ausblicken auf eine Dächerlandschaft), die durchs Haus streifen, dann hinaus auf die Straße. Und da geht sie, die großgewachsene, dunkelhaarige Friederike, geht leicht gebückt durch die Zentagasse, sitzt in der Straßenbahn, strebt zum Restaurant im Südbahnhof, das sie mit Jandl sonntags zu frequentieren pflegte, sieht sich im Österreichischen Literaturarchiv die Jandlsche Hinterlassenschaft an. Oder sie liest vor andächtig lauschendem Publikum, signiert Bücher, gibt kurze Interviews. Durchlässig und doch ganz bei sich, immer dem Wort verpflichtet. Wie das Schreiben geht? Sie weiß es selber nicht. Beim Schreiben sei sie selbst zu viel, »einer zu viel«. Es müsste von alleine geschehen. Doch die Sammel- und Zettelarbeit ist unumgänglich. Das Exzerpieren (bevorzugt von Derrida und den Surrealisten). Und ist es soweit, braucht sie Musik. Um in »jenen« Zustand zu geraten. Denn ohne Magie, ohne Geheimnis, taugt alles nichts. Wobei sie den Alltag mehr und mehr in ihr Schreiben einbezieht. Am Fenster beobachtet sie, was sich im Fenster gegenüber abspielt. Rote Gießkanne, Topfpflanze, heute dies, morgen anderes. Alles will ins Buch. »Ich liebe das Leben!« Das Ende macht ihr Angst. (Vorbei die jugendliche Poetisierung des Todes.) In ihren grüngrauen, kajalumrandeten Augen etwas wie Fernweh.

18. Oktober. Ein Licht, das an Petersburg denken lässt. An Puschkins goldenen Herbst *(solotaja osen)*. Nichts Grelles, das Blau wirkt transparent, zieht himmelan. Und so stehe ich einfach da, in der lichtdurchfluteten Oranienburgerstraße, und warte auf nichts. Genug Berührung. Glück.

Dussmann öffnet gerade, pünktlich um zehn. In der riesigen CD-Abteilung bin ich die einzige Kundin. Greife, schwindlig vom Angebot, zum Bewährten: Gesualdo, Monteverdi. *Sabbato sancto, Lamento della ninfa.* Da sind sie, die Engelsstimmen und schneidenden Harmonien. Ich zahle und will schon gehen, als mein Blick auf eine Sphinx fällt, hinten im Lichthof. Dort ist kein Eingang, kein Ausgang, sondern ein helles Atrium, und mittendrin: sie. Die Sphinx der Königin Hatschepsut, 18. Dynastie, um 1475 v. Chr., aus Rosengranit. Eine Leihgabe des Ägyptischen Museums bis zum Jahr 2015. »Damit die Leute Freude haben«, sagt der Mann an der Information. Kaum zu glauben, diese Großzügigkeit. Die Rosengranitene – she made my day.

Und Regen und Kopfweh, auch ein Tag (19. Oktober). Vor Gleis 17 steht eine Gruppe von Israelis, die sich das Mahnmal anschauen. In wattierte Jacken gepackt, fröstelnd, lauschen sie den Erklärungen des Guides. Ihre Gesichtszüge verraten wenig. Der junge Guide spricht schnell und mit Verve, fast anfeuernd (auf Ivrit). Aber es ist kalt und das Erinnerte grauenvoll. Nicht einmal Neugier scheint angemessen. Angemessen ist nur das stumme Hiersein. Später werden sie sagen können, sie seien da gewesen, an einem grauen Dienstagmorgen.

Allerseelen, doch keiner spricht davon. Beklemmend genug die Lebenden: ich begegne überall Obdachlosen. Am Vormittag im Bahnhof Friedrichstraße. Der Mann trägt vier riesige Lidl-Tüten, wahrscheinlich sein ganzes Hab und Gut. Ansonsten sieht er unauffällig aus, als hätte ihn die Armut erst vor kurzem heimgesucht. Wohin jetzt? Später in der S-Bahn ein zweiter, mit nur einer Tasche, aus der leere Bierflaschen und ein Stofftier ragen. Er ist sichtlich angetrunken und quasselt energisch auf die gegenüber sitzende junge Frau ein. Als zwei russische Musikanten zu spielen beginnen, schlägt er sich gutgelaunt aufs Knie und trommelt den Rhythmus. Ein Heiterling am Rande des Abgrunds. In derselben Bahn torkelt eine völlig abgerissene Gestalt durch den Wagen, bettelt um Geld für Essen. Der

Mann verbreitet einen bestialischen Gestank, alle halten sich die Nase zu. Beim S-Bahnhof Oranienburgerstraße, es ist neun Uhr abends, steht ein Bärtiger mit zwei Tüten und schreit in voller Lautstärke sein Elend in die Welt – als Schimpftirade. Ich frage mich, wohin sie unterwegs sind, diese und die andern. Bald kommt der Winter.

In Berlin leben 370 000 Hartz IV-Empfänger, eine erschreckend hohe Zahl. Viele Gesichter erzählen davon. Nur erstaunlich, wer alles im Café sitzt. Ausgegrenzt will sich keiner fühlen.

Streben oder sterben
Sie liegen, sie stehen. Manchmal schwanken
sie auch. Etwas unwillig, mit ausgestreckter
Hand. Hamsienichwasübrig, murmelt ein
trockener Mund. Jeder Cent ist willkommen,
wenn der Bart ins Struppige wächst. Und die
Haut wie Leder. Und die Knie es kaum noch
schaffen die U-Bahn-Treppe hoch. Bitte.
Ein Recht auf Recht. Sagt ihr fiebriger, fahriger
Blick. Bevor der Fuß einknickt. Schon wieder
ein Tag. Wir stranden nicht. Wir streben aufwärts.
Das sagt sich so, wenn aufwärts gestorben wird.

4. November. Eine Gruppe von Kita-Kindern, zwischen vier und fünf Jahre alt, in der S-Bahn. Die Betreuerin übt mit ihnen »links« und »rechts«. Ein Junge, der es eben noch falsch gemacht hat, reckt jetzt energisch zuerst die linke, dann die rechte Hand hoch, gerät aber sofort in Verwirrung, als die Betreuerin, die ihm gegenüber steht, wissen will, welches ihre linke und rechte Hand sei. Er bleibt bei seiner Optik. Ein Mädchen korrigiert ihn.

Kindliche Sturheit hat ihren Reiz. Der unerfindliche Starrsinn eines kleinen marokkanischen Krauskopfes, der unermüdlich Auerbach sagt, obwohl die Mutter beteuert, sie seien nicht in Auerbach. Und schon wieder: Auerbach. Er muss an diesem Wort einen Narren gefressen haben. Trotz ist auch im Spiel.

Ein anderer Kleiner zur Großmutter: »Und wenn das Knie kaputt ist, wird dann ein neues angenäht?«

Das im Laufe eines einzigen Tages Aufgeschnappte (Gesehene) ist von überwältigender (bedrückender) Fülle. Mich in Zukunft mit Gleichmut wappnen, wie ein Bekannter rät? Abstumpfung ist keine Option, aber Vergessen (ab und zu) lebenswichtig. (Lass die Dinge durch dich hindurchfließen und aus dir heraus.)

Grunewalds Unaufgeregtheit – propere Fassaden, menschenleere Gehsteige. Gedankenverloren gehe ich den gewohnten Weg. Neu die Tafel, dass Sotheby's ein Luxusappartement zum Verkauf anbietet (Winklerstraße 7), vor ein paar Tagen war sie noch nicht da.

Wind, böiger Wind, der Regen ankündigt. Wenige Stunden später trommelt er ans Dachfenster.

Das Gefühl pausenloser Beanspruchung. Jetzt tu das und das und das, sagt eine innere Stimme. Und wenn ich mich (mit Bartleby) verweigerte? Keine Lust, Füße hoch, durchatmen. Dann könnte ich vielleicht (wieder) in *pulsierendes Staunen* geraten.

Spät abends in der Tucholskystraße kommt mir unverhofft M. entgegen. Hätte ich nicht den Schlenker in die Heckmannhöfe gemacht, um das Gold der Synagogenkuppel zu sehen, wäre ich ihr nicht begegnet. Der Zufall bringt uns zum Lachen. In der Eckkneipe erzählt mir M. von einer neuen Beziehung, die, kaum begonnen, schon stagniert. Die Wiederholung, die Wiederholung, immer dieselben Muster (Freud). Und einmal mehr entzündet sich Erotik an der Unmöglichkeit. Ich wünschte ihr einen Pas de deux statt dieser vermurksten Warterei, einen Tangotänzer, der sie in die Luft wirft (mitsamt ihrer giftgrünen Tasche). Aber wenn es aufhört, ist schon wieder ein Traum ausgeträumt. Und statt der Obsession droht Erstarrung. Sie sagt: Ich will meine Neugierde nicht unterdrücken. Das soll sie auch nicht, bei Tageslicht. Nur die Schritte nicht in die falsche Richtung lenken. Wir trennen uns vor dem Schaufenster einer Galerie, in der mit Plastikflaschen, -gläsern, -trichtern verwobene farbige Schnüre von der Decke hängen (»Vorhanginstallation« eines Koreaners). Gute Nacht.

Nur nicht schrullig werden. Vielmehr *in wildester Anmut* durch die Tage, frisiert. Dann in Schlummer fallen. (Schlaf: gedämpftes Schnauben, Heilung.)

»Gesundheitspause« nannte ein höflicher iranischer Reiseleiter die notwendigen Halte, die wir auf unserer langen Busfahrt durch Zentralpersien einlegen mussten. Berlin ist groß, und manchmal sehe ich mich gezwungen, in Restaurants, Cafés, Museen zu flüchten. Mein Auge ist mittlerweile geübt im Erkennen der rettenden Tür. Doch dass es ausgerechnet der »Floh« sein muss, das Hotel Meliá oder »Simon«, steht nicht in meiner Macht. Hauptsache, wir kommen über die Runden.

Abends halb acht: Vor dem »Floh« sitzt ein Mann mit seinem Bier und stiert in die Dunkelheit. Plötzlich schreit er: »Ich verkaufe das Objekt, für 486 000 verkaufe ich es, stell dir vor!« Keiner hört zu, seine Phantasien blühen laut weiter.

In den Villenstraßen vollkommene Stille. Ich sehe beleuchtete Interieurs, herrschaftlich, einladend, als stünde ein Familienfest à la Bergman bevor (gedeckter Tisch, frisierte Kinder, Kerzenlicht). Und bin in Gedanken schon dort, ungesehene Zeugin spektakulärer, unspektakulärer Szenen. In Wirklichkeit aber stehe ich draußen, unzugehörig. Mein Lebensgefühl.

Überraschend: die Vernissage von Fred Herzog im C/O. Mit Tüten und Taschen folge ich der Menge, nichts ahnend. Dann die Bilder: Farbfotos in Pastelltönen, von Straßen, Menschen, Vitrinen (Vancouver, 60er Jahre). Zeitungsleser, die Köpfe zum Schaufenster gereckt. Ein Schwarzer mit Töchterchen, farbenfroh bis auf seinen dunklen Schatten. Ein zigarettenrauchender Mann hinter vergittertem Fenster. Und unnachahmlich: eine hohe Männergestalt in bloßem Unterhemd, mit blutendem Kinn (Rasierwunde) und eingebundener linker Hand, hinter ihm, auf dem Gehsteig, eine dünne Alte (Handtasche, Stock, weiße Handschuhe), die ihn skeptisch beobachtet. Solche Momente – nicht konstruiert, sondern reinste Koinzidenz – haben das Zeug zu einem Epos. – Und immer wieder diese suggestive Leere, eine Bühne für die Phantasie: Brücken, Straßen ohne Autos, ein schäbiger Hinterhof, Häuserwände, als wären sie aus der Zeit gefallen. Keine Hektik, nirgends. Umso mehr Poesie.

»Falling Walls« – ein Symposium zur Erinnerung an den Mauerfall. Der Eröffnungsempfang am 7. November findet im Atelier von Olafur Eliasson statt, einer ehemaligen Brauerei (Pfefferberg). Ein Prachtbau aus Backstein, innen weiß gekachelt, riesig. Eliasson arbeitet hier mit seiner vierzigköpfigen Mannschaft – und unterrichtet. Der Ort ist Think-tank, Labor, Werkstatt, vielerlei Objekte stehen herum (Licht-, Holz- und Drahtobjekte), Maschinen etc. Auffallend die zentral installierte Küche: Essen als Kunstakt. Auch wir werden verpflegt, mit feinen Häppchen. Ich unterhalte mich mit Herrn L. aus Bonn, sitzend, da er sein linkes Bein hochlagern muss. Am Flughafen hat einer einen vollbepackten Gepäckwagen in seinen Fuß gerammt, der große Zeh ist gebrochen. Trotz Schmerzen erzählt er lebhaft von seinen China-Reisen vor über dreißig Jahren und wie er sich mit der Sprache herumschlug. »Alles vergessen!«, lautet das melancholische Fazit. Dann humpelt er davon, um sich ein Taxi zu bestellen.

Und wieder gerate ich an einen Verletzten: w. h. steht zwar gerade, kann mir aber kaum die Hand geben. Er habe eine Ausstellung im Gropius-Bau besucht, da sei er auf der Treppe von einem ohnmächtig Gewordenen umgestoßen und mitgerissen worden. (Doppelter Armbruch, wie sich anderntags herausstellt.) Falling walls – falling people.

Auf dem Heimweg setze ich meine Schritte vorsichtig, prüfe das nächtliche Kopfsteinpflaster.

10. November. Auf der Weidendammbrücke eine junge Roma, die meine »Aura lesen« will. Auch wenn ich nicht in Eile wäre, würde ich solches Ansinnen weit von mir weisen. Jeder noch so schnoddrig hingesagte Satz kann sich festsetzen und im Unbewussten faule Blüten treiben. Die Wahrsagerei ist ein gefährlicher Schabernack.

Sonne, das große Blätterkehren. Überall braungelbe Haufen, die Gärtner in Aktion. Es raschelt (keine Motorgeräusche). Grüne Rasenflächen kommen zum Vorschein.

Abends gehe ich durch die schwach beleuchteten Straßen Grunewalds, magnetisch angezogen von der Lampion-Helligkeit der Innenräume. Am Bahnhof Friedrichstraße das Gegenprogramm: Lichtüberflutung in allen Farben und Schattierungen. Das Licht zuckt, tobt, kreischt (auch das), erst in der Linienstraße verblasst das Spektakel.

Mayröcker: »nachts 1 kalter kretischer Stein in meinem Bett.«

Keine Chance, in Berlin zum Kirchgänger zu werden, zu spärlich sind die Kirchen gesät. Während ich in Wien oder Rom an jeder Ecke ein Kreuz schlage, suche ich hier Geborgenheit in Kneipen, ohne mein metaphysisches Bedürfnis stillen zu können. Zeitungslektüre bei Latte Macchiato oder das Sonntagsfrühstück in der Eckkneipe sind kein Ersatz für einen Gottesdienst. Eine pagane Stadt mit ihren eigenen Tugenden, Untugenden. Keiner sagt: »Dein Engel beschützt dich.« (Und vom »hl. Geist« fehlt jede Spur.) Wo also weinen, wenn *abandoned*? Nicht in der Marienkapelle, nicht am Honigtisch. Flüchte dich in ein Kino.

Erst jetzt erfahre ich, dass Swetlana, die wunderbare Swetlana Geier, am 7. November in Freiburg gestorben ist, 87 Jahre alt. Glasklare, mädchenhafte Stimme. Ein heller Blick, wenn sie dich von unten (aus ihrer Gebücktheit) ansah. Und ein gestochen scharfes Urteil. »Rakúschetschka«, höre ich sie rufen, »vergessen Sie nie, dass Verzeihen das Wichtigste ist!« Sie war streng, sie tröstete. Einmal, als es mir schlecht ging, bettete sie mich auf ihre Couch und kochte mir Tee, mütterlich. Sie war weise. Sie buk Brot und heizte die Öfen, fast bis zuletzt. Sie kümmerte sich um die Familie (Kinder, Enkel, Urenkel) und die vielen Freunde. Immer gab es ein Zusatzgedeck für einen unerwarteten Gast. In der Küche hütete sie die Kochlöffel ihrer Mutter. In ihrer Dachklause übersetzte sie Dostojewskijs »Fünf Elefanten« und Dutzende Bücher mehr. Zuletzt sah ich sie im Dezember 2009, sie kam zu meiner Lesung im Alten Wiehrebahnhof, makellos gekleidet wie immer: weiße Bluse, dunkelblaues Kostüm. Wir wollten danach zu ihr, aber sie fühlte sich fiebrig und entschuldigte sich. Es hat nicht sollen sein. Die Erde sei ihr leicht!

Plötzlich diese Sätze: Als es noch hieß, Bobi ist satt. Als Bobi noch eine Bezugsgröße war. Der Anfang einer Erzählung? Wie aus dem Nichts fallen die Worte ein, und ich warte auf eine Fortsetzung. Eine triestinische.

Wind, Wolken, Sonne, Blau, alles vermischt. Es ist November, doch wir rasen auf Weihnachten zu.

Die Großstadt zerrt an der Aufmerksamkeit, stößt und piekt. Impulse von allen Seiten, permanentes *floating*. Das Auge scannt, das Ohr nimmt ungeschützt alle Reize auf. Sich verschließen bedarf einer eingeübten Technik. Ich beherrsche sie nur momentweise, wenn die Gedanken mich völlig in Anspruch nehmen. Dann gibt es diese schützende Verlorenheit (Versunkenheit), die gegen das Außen immunisiert. Wobei ein wachsamer Instinkt am Werk bleibt: beim Überqueren der Straße, beim normalen Gehen, denn die Gehsteige sind längst zu Fahrradwegen verkommen. Jeder unachtsame Schritt nach links oder rechts kann Gefahr bedeuten.

Abendlektüre: Sándor Márais Erinnerungsbuch *Bekenntnisse eines Bürgers.* Kindheit in Kaschau (ungarisch Kassa) vor dem Ersten Weltkrieg, in einer wohlhabenden Familie. Man bewohnt eine riesige Wohnung in einem modernen Mietshaus, mit Salon, Herrenzimmer usw. Manche Räume dienen nur zu Repräsentationszwecken, werden kaum je benutzt (Sessel mit Schonbezügen), während das Kinderzimmer, wo sich alles tummelt, fensterlos ist. Diese ungerechte Logik (Scheinlogik) macht auch vor den Dienstboten nicht halt: sie schuften in der Küche und schlafen in der Küche, arme slowakische Landmädchen, die winters in Bastschuhen um eine Anstellung gebettelt haben. Hat die Herrschaft sie satt, werden sie innerhalb von vierzehn Tagen entlassen. Das Menschenleben zählt weniger als die Gegenstände: Mahagonimöbel, Spiegel, Bronzekraniche, in Leder gefasste Wandstickereien mit Hirschmotiven, dieser ganze viktorianisch-geschmacklose Firlefanz, der ständig abgestaubt und gehätschelt wird – von den nämlichen, nach Küchendunst riechenden Dienstmädchen.

Im Mietshaus wohnt außerdem eine reiche jüdische Familie, ist eine Bank untergebracht und im Erdgeschoß ein Lokal, wo nachts Cancan getanzt wird. Hofwärts lebt eine kinderreiche, jüdisch-orthodoxe Großfamilie. Diese »Fremden« sind beliebter als die hochnäsig-herablassenden assimilierten Juden. Mit den einen hat man Mitleid, den anderen gönnt man ihren Reichtum nicht.

Kaschaus 40000 Einwohner bestehen aus Ungarn, Deutschen, Slowaken, Juden, Zigeunern. Die Stadt hält auf sich, verfügt über glänzende Buchhandlungen (»Bücher wurden hier mehr verkauft als in Pest-Buda«), über Hotels, in denen Kaiser Franz Joseph logiert hatte, über Schulen, Tanzschulen, Kirchen, ein Bischofspalais, über Schenken, Bordelle, Bimmelbahnen. Wer Glück hat, kann hier glücklich werden. Doch Márais Blick diagnostiziert schon früh die Lügen (Krankheiten) einer bürgerlichen Existenz. Zu dieser Diagnose gehört der lapidare Satz: »Die meisten Ehen sind Mesalliancen.«

Das Abenteuer der Jugend erlebt Márai in Berlin. »Dieses Berliner Jahr hatte etwas Schwebendes und Dandyhaftes; es war die Zeit des ›Spleen de Berlin‹. Wir lebten in der großen Stadt unbesonnen und selbstvergessen; es knisterte in ihr von künstlichem Leben. Sie war sympathisch auch in ihrer Hässlichkeit und architektonischen Trostlosigkeit; und wenn ich jetzt an diese Zeit zurückdenke, bemerke ich tief verwundert, dass ich später nie und nirgends in der Fremde, und vielleicht auch zu Hause nicht, mich so sorglos, leicht und verantwortungsfrei jung gefühlt habe, wie anderthalb Jahre nach dem Waffenstillstand in Berlin.« Von Zeit zu Zeit bricht eine Revolution aus, die Arbeiterschaft versucht, »der Katastrophe mit komplizierten Lohnaktionen vorzubeugen«, »aber die Mittelklasse sah wie vom Schlag gelähmt zu, wie die kleinbürgerlichen Götzenbilder zusammenbrachen, wie dieser Papiertaifun sie aus dem Schutz der Renten, sicheren Einkünfte, Spargelder und Pensionen hinaustrieb.« Berlin bedeutet: Alles ist verkäuflich und mietbar. Márai zieht ständig um, von der Blücherstraße an den Kurfürstendamm, in »sorgsam gehütete, hochmütige, herrschaftliche Appartements in *Berlin-West*«. Mit den Generalswitwen teilt er seinen »lächerlichen« Reichtum, dem Hausbesitzer bringt er Margarine als Geschenk mit, den preußischen Ministerpräsidenten »stopft« er mit Zigarren. »Und dazu spielte Musik, den ganzen Tag, Jazzmusik.« Jenseits der Katastrophenstimmung, jenseits von Scham und Schuld erlebt Márai Freiheit. Im Romanischen Café, beim Debattieren über Ledergeschäfte und Péguy, in der »benzingeschwängerten Ruhelosigkeit Unter den Linden«, in Nachtcafés, in Liebschaften mit vornehm-mysteriösen Schauspielerinnen. »Im Zittern vor der Pest, in den irrwitzigen Lustbarkeiten, in dem unheilvollen Karneval wurde Berlin schön.«

Berlin und Schönheit: das ist zweierlei. Aber erstaunlich, mit wieviel Phantasie und Witz aus dem Unschönen, Faden, Verwahrlosten Freundlichkeit hervorgezaubert wird. Ich denke an Hinterhöfe, Fabrikareale, fensterlose Häuserwände, Brachen. Überall kleinere oder größere Zeichen der Zuwendung, Belebung. Berlin verschließt sich nicht, es laboriert an seiner Stadtwerdung, immerzu.

Geister und Leerstände

Irgendwie ist aus mir eine Frau geworden, die herumschreit, und weil ich keine Frau sein will, die herumschreit, deren Kinder mit starren und wachsamen Mienen durchs Haus schleichen, habe ich mir angewöhnt, nach dem Abendessen die Laufschuhe anzuziehen, raus auf die dämmrigen Straßen zu gehen und das Ausziehen, Waschen, Vorlesen, Vorsingen und Einmummeln der Jungen meinem Mann zu überlassen, jemandem, der nicht herumschreit.

Während ich meine Runde drehe, wird es allmählich dunkel, und ein zweites Viertel entfaltet sich über dem von tagsüber. Es gibt nicht viele Straßenlaternen, und die, unter denen ich entlanggehe, lassen meinen Schatten Streiche spielen; er trödelt mir hinterher, galoppiert mir vor die Füße und rennt übermütig voran. Die einzigen weiteren Lichtquellen sind die Häuser, an denen ich vorbeigehe, und der Mond, der mir befiehlt: Sieh hoch! Streunende Katzen huschen vorbei, Strelizien strecken die Köpfe aus dem Dunkel, Gerüche durchströmen die Luft: Eichenholzstaub, Schleimpilze und Kampfer.

Im Norden Floridas ist es kühl im Januar, und ich gehe schnell, um warm zu werden, aber auch, weil das Viertel trotz seiner altehrwürdigen Ausstrahlung – riesige viktorianische Häuser, die Zwanziger-Jahre-Bungalows überstrahlen, gerahmt von funktionalen Ranchen aus den Fünfzigern – kein ganz sicheres Pflaster ist. Vor einem Monat hat es eine Vergewaltigung gegeben, eine Joggerin um die fünfzig wurde in die Azaleen gezerrt, und vor einer Woche sind mehrere unangeleinte Pitbulls über eine Mutter und ihr kleines Kind im Buggy hergefallen und haben beide zerfleischt; immerhin leben sie noch. Die Hunde können nichts dafür!, haben sich Tierfreunde in der Nachbarschafts-E-Mail-Liste ereifert, aber diese Hunde waren Soziopathen. Als die Vororte in den Siebzigern gebaut wurden, überließ man die historischen Bauten im Zentrum Studenten, die auf den Kiefernkernholzböden mit Bunsenbrennern Dosenbohnen aufwärmten und die Ballsäle in Apartments zerlegten. Als die Häuser durch Feuchtigkeit und Vernachlässigung irgendwann moderten, zusammenzusacken begannen und rostige Schuppen bekamen, überließ man sie wiederum den Armen und Hausbesetzern. Wir sind vor zehn Jahren hierhergezogen, weil unser Haus billig war und ein Skelett aus gutem Holz hatte, und wenn es schon der Süden mit gekochten Erdnüssen und dem wie Achselhaar von den Bäumen hängenden Louisianamoos sein musste, dann würde ich mich mit meinem Weißsein wenigstens nicht in einer geschlossenen Wohnanlage verbarrikadieren, hatte ich beschlossen. Ist es dort nicht etwas … prekär?, fragten Leute aus der Generation unserer Eltern und verzogen das Gesicht, wenn wir ihnen erzählten, wo wir wohnten, und ich musste mir auf die Zunge beißen, um nicht zu entgegnen: Meinen Sie schwarz oder einfach nur arm? Denn es war beides.

Inzwischen breitet sich im Viertel der Virus Weiße Mittelschicht aus, und überall wird wie wild renoviert. Die Schwarzen sind in den letzten Jahren fast alle weggezogen. Die Obdachlosen blieben noch eine Weile, weil unser Viertel an die Bo Diddley Plaza angrenzt, auf der mehrere Kirchen bis vor Kurzem Essen und Gottes Segen verteilten und über die gleich einer Flutwelle die Leute von Occupy hereinbrachen, die das Recht einforderten, dort zu zelten, bis sie irgendwann keine Lust mehr hatten, ungewaschen und wie gerädert zu sein, und menschliches Treibgut in Form von Obdachlosen in Schlafsäcken zurückließen. Während der ersten Monate in unserem Haus hatten wir ein obdachloses Paar zu Gast, aber wir sahen die beiden nur, wenn sie sich im Morgengrauen davonschlichen: Wenn es abends dunkel wurde, nahmen sie leise das Gitter ab, das zu dem niedrigen Raum unter unserem Haus führte, um dort zu übernachten; unser Schlafzimmerboden war ihre Decke, und wenn wir nachts aufstanden, gingen wir so leise wie möglich, denn es kam uns unhöflich vor, die Füße nur ein paar Handbreit über dem Gesicht eines träumenden Menschen aufzusetzen.

Auf meinen abendlichen Runden offenbart sich das Leben der Nachbarn in erleuchteten Fenstern, die Aquarien ähneln. Manchmal werde ich stille Zeugin von Streitereien, die wie ein langsamer Tanz ohne Musik aussehen. Man kann nur staunen, wie die Menschen leben, über das Chaos, das sie unterhalten, die köstlichen Kochdünste, die auf die Straße wehen, und die Weihnachtsdeko, die allmählich in der Alltagskulisse versickert. Den ganzen Januar über habe ich einem Weihnachtsstrauß auf einem Kaminsims beim Welken zugesehen, bis die Rosen gelbbraun und dürr waren und das Wasser nur noch grüner Schaum, während ein dicker Santa an seinem Deko-Stab immer noch fröhlich aus den Ruinen strahlte. Fenster für Fenster kommt näher, erstarrt mit seinem blauen Fernsehlichtschleier oder dem über eine Pizza gebeugten Paar für einen Augenblick zum Standbild, bis ich vorbei bin, und gleitet dann in die Vergessenheit. Ich muss an Wasser denken, das einen Eiszapfen herunterläuft, kurz innehält und einen glänzenden Tropfen bildet, der schließlich zu schwer wird und abfällt.

Es gibt ein nahezu fensterloses Haus im Viertel, das ich trotzdem sehr mag, weil darin Nonnen leben. Früher waren es sechs, aber wie es bei sehr betagten Damen nun einmal ist, gab es Schwund, und jetzt quietschen nur noch drei gütige Schwestern auf ihren Gesundheitsschuhen durch die palastähnlichen Räume. Ein befreundeter Immobilienmakler hat erzählt, beim Bau des Hauses in den Fünfzigern sei in den bröseligen Kalkstein auf dem Hof ein Luftschutzbunker eingelassen worden, und in schlaflosen Nächten, wenn mein Körper im Bett liegt, aber mein Kopf noch durchs Dunkel wandert, stelle ich mir gern vor, wie die Nonnen in vollem Ornat in ihrem Bunker Kirchenlieder singen und abwechselnd auf einem Heimtrainer strampeln, damit die flackernde Glühbirne nicht ausgeht, während oberirdisch alles verkohlt ist und der Wind sich an rostigen Türangeln reibt.

Weil es abends so kalt ist, sind außer mir nur wenige Menschen unterwegs. Ein Joggerpärchen, etwas langsamer als ich in schnellem Gehtempo. Meist bleibe ich hinter ihnen, höre zu, wie sie über Hochzeitspläne und Streitigkeiten mit

Freunden plappern. Einmal lachte ich selbstvergessen über irgendetwas, das sie gesagt hatten, und sie drehten sich mit Eulengesichtern ärgerlich zu mir um, trabten dann schneller und bogen bei der erstbesten Gelegenheit ab, und ich ließ sie im Dunkel verschwinden.

Dann gibt es die elegante, hochgewachsene Frau mit ihrer Deutschen Dogge, deren Fell die Farbe der Flusen im Trocknersieb hat; ich fürchte, der Frau geht es nicht gut, denn sie bewegt sich sehr steif, und manchmal zuckt ihr Gesicht, als würde sie von stromstoßartigen Schmerzen geplagt. Manchmal stelle ich mir vor, ich schieße um eine Ecke und finde sie leblos auf dem Boden; dann würde ich sie über ihren Hund legen, ihm einen Klaps auf den Widerrist geben und zusehen, wie er sie mit seinem höchst würdevollen Gang heimträgt.

Da ist der unglaublich dicke Junge um die fünfzehn, der nie ein Hemd anhat und in seinem Wintergarten auf dem Laufband trainiert. Egal wie oft ich an seinem Fenster vorbeigehe, immer ist er da, und er stampft so laut, dass ich seine Schritte noch ein paar Häuser weiter höre. Weil im Haus alle Lichter brennen, kann er hinter dem schwarzen Fenster nichts sehen, und ich frage mich, ob er sein Spiegelbild so beobachtet, wie ich ihn beobachte, ob er sieht, wie bei jedem Schritt kleine Wellen über seinen Bauch laufen wie über einen Teich, in den jemand einen faustgroßen Stein geworfen hat.

Dann gibt es die scheue, stets vor sich hin murmelnde Dame, eine Dosensammlerin, die ihre klappernden Tüten hinten auf ihr Fahrrad hievt und die alten Betonschwellen vor den größeren Häusern nutzt, um in den Sattel zu kommen; ihr Geruch lässt mich an die wohlhabenden Südladys in dunkler Seide denken, die von diesen Trittsteinen aus früher in ihre Kutschen stiegen und sicher einen ähnlich intimen Gestank verbreiteten. Die Körperpflege mag sich im Laufe der Zeit verändert haben; der menschliche Körper nicht.

Vor einer Bodega mit Fenstergittern steht unter der Laterne oft ein Mann, der fiese Sachen zischt. Ich wappne mich, mache mein Komm-mir-ja-nicht-blöd-Gesicht, und er müsste schon einiges mehr tun als nur zischen, aber ein Teil von mir ist mehr als bereit und will rauslassen, was in mir hochkocht.

Manchmal glaube ich das verstohlene Paar zu sehen, das unter unserem Haus gewohnt hat, die Hand des Mannes auf ihrem Rücken, den ganz bestimmten Winkel seiner Fürsorge, aber wenn ich näher komme, ist es nur ein Papayabaum, der sich über eine Regentonne neigt, oder zwei Jungen, die im Gebüsch rauchen und misstrauisch werden, wenn ich vorbeigehe.

Und dann ist da der Therapeut, der jeden Abend am Schreibtisch im Arbeitszimmer seines viktorianischen Hauses sitzt, das an eine moderne Galeere erinnert. Einer seiner Patienten hat ihn in flagranti mit seiner Frau erwischt; der Patient hatte eine geladene Waffe im Auto. Die Frau starb beim Koitus, der Therapeut überlebte, hat aber immer noch eine Kugel in der Hüfte, die ihn humpeln lässt, wenn er aufsteht, um sich Scotch nachzuschenken. Es heißt, er besuche den gehörnten Mörder einmal pro Woche im Krankenhaus, aber ob aus Freundlichkeit oder um seinen Triumph auszukosten, bleibt unklar, wobei Motive ja nie ganz rein sind. Mein Mann und ich waren gerade erst eingezogen, als der Mord passierte; wir kratzten gerade die alte Farbe von den Eichenleisten in unserem Esszimmer ab, da sprenkelten Schüsse die Luft, aber wir glaubten natürlich, die Kinder ein paar Häuser weiter hätten Böller gezündet.

Auf meiner Runde begegnen mir Fremde, aber auch bekannte Gesichter. Als ich einmal Anfang Februar hochsehe, entdecke ich eine gute Freundin in einem rosa Gymnastikanzug beim Stretching in ihrem Fenster, aber dann macht es klick und mir wird klar, dass sie sich nicht dehnt, sondern die Beine abtrocknet, und dass der Gymnastikanzug ihre Haut ist, gerötet von der heißen Dusche. Obwohl ich sie kurz nach der Geburt ihrer Söhne im Krankenhaus besucht habe, die Neugeborenen, die noch nach ihr rochen, in den Armen gehalten und die frische Kaiserschnittwunde gesehen habe, begreife ich erst jetzt, als ich ihr beim Abtrocknen zusehe, dass sie ein sexuelles Wesen ist, und als ich das nächste Mal mit ihr spreche, werde ich etwas rot und habe andauernd Bilder von ihr in extremen Sexstellungen vor Augen. Aber meistens bekomme ich die Mütter aus meinem Bekanntenkreis nur flüchtig zu Gesicht, wenn sie krumm wie Schäferhaken den Boden nach winzigen Legosteinen, halb zerkauten Weintrauben oder den Menschen, die sie einmal waren, absuchen, zusammengesackt in einer Ecke.

Ich krieg zu viel, ich krieg zu viel, schreie ich meinen Mann an manchen Abenden an, wenn ich nach Hause komme, und er sieht mich ängstlich an, dieser sanfte Hüne, setzt sich mit dem Laptop im Bett auf und sagt leise: Ich glaube, es ist noch nicht ganz weg, Liebling, vielleicht drehst du besser noch eine Runde. Dann zische ich wieder ab, stinksauer, denn je später es ist, desto gefährlicher wird es auf den Straßen; was fällt ihm eigentlich ein, mich diesem Risiko auszusetzen, wo ich doch gerade ohnehin in keiner guten Verfassung bin, aber vielleicht ist auch mein warmes Haus gefährlicher geworden. Tagsüber, wenn meine Söhne in der Schule sind, verschlinge ich wie eine Besessene alles über die Katastrophen der Welt, die Gletscher, die sterben wie lebende Wesen, den Großen Pazifikmüllfleck und das hundertfache, nicht protokollierte Artensterben – Jahrtausende, einfach so ausgelöscht, als wären sie nichts wert. Von unbändiger Trauer erfüllt, lese ich, als könnte Lesen dieser Trauer irgendwie den Rachen stopfen, statt ihre Gier zu befeuern, denn genau das passiert.

Obwohl es mir mittlerweile fast egal ist, wo ich langlaufe, versuche ich, jeden Abend am Ententeich zu sein, wenn sich die seit Wochen vergessene Weihnachtsbeleuchtung ausschaltet, die Frösche mit ihrem synkopischen Gesang loslegen und der Teich förmlich explodiert. Eine Weile hat unser Trauerschwanpaar die Frösche mit seinen Trompetenstimmen zurechtgewiesen, als wollte es sagen, *Ruhe da!*, aber die Vögel, deutlich in der Unterzahl, haben es schnell wieder aufgegeben, sind auf die Insel mitten im Teich geklettert und haben sich schlafen gelegt, die Hälse ineinander verschlungen. Die Schwäne hatten letztes Jahr vier Küken, niedliche, piepsende Federbäusche, in die meine beiden Jungen regelrecht verliebt waren und denen sie jeden Tag Hundefutter hinwarfen, bis einer der Jungschwäne eines Morgens, während die Elterntiere von unserem Futter abgelenkt waren, erstickt tschiepte und ruckartig abtauchte; er tauchte zwar wieder auf, aber am anderen Ende des Teichs, in den Pfoten eines Otters, der ihn sich Bissen für Bissen einverleibte und dabei seelenruhig auf dem Rücken schwamm. Der Otter schnappte sich noch ein weiteres Küken, bevor der Wildlife Service kam, um die restlichen beiden abzuholen, aber später stand in unserem Nachbarschaftsblättchen, dass die winzigen Schwanenherzen vor Angst versagt hatten. Monatelang schwammen die Elternschwäne verloren herum, untröstlich. Aber vielleicht ist das auch eine Projektion: In ihrer Doppelrolle als schwarze Schwäne und Eltern tragen sie von vornherein ein Trauerkleid.

Am Valentinstag sehe ich beim Nonnenkloster von Weitem rot-weiße Lichter blinken und gehe schneller in der Hoffnung, die Nonnen würden eine Liebesparty feiern, mit wilder Disko, aber stattdessen sehe ich einen Krankenwagen wegfahren, und am nächsten Tag bestätigen sich meine Befürchtungen; es ist wieder eine Nonne weniger, jetzt sind es nur noch zwei. Sich zu Ehren Gottes erotischen Genuss zu versagen wirkt in unserer hedonistischen Zeit wie ein Anachronismus, und angesichts ihrer Gebrechlichkeit und des riesigen Hauses, in dem sie herumgeistern, wurde beschlossen, dass die beiden verbleibenden Nonnen umziehen müssen. Am Abend ihres Auszugs will ich zusehen, erwarte einen Umzugswagen, aber die paar Lederkoffer und die ein, zwei Kartons passen auf den Rücksitz ihres Kombis. Als sie abfahren, senkt sich Erleichterung über ihre ermatteten Gesichter.

Die Kälte hält sich bis in den März hinein. Es war für alle

ein harter Winter, wenn auch nicht so schlimm wie im Norden, und ich denke an meine Freunde und Familie und den aufgetürmten, schmutzigen Schnee dort oben und versuche mir bewusstzumachen, dass hier alles blüht, die Kamelien, die Pfirsichbäume, die Orangenbäume und der Hartriegel, selbst im Dunkeln. Am nächsten Morgen hängt noch der kräftige Jasminduft in meinem Haar, so wie früher der Geruch von Rauch und Schweiß, wenn ich aus einem Club kam, damals, als ich noch jung war und solche undenkbaren Sachen tun konnte. Es gibt hier in der Gegend einen Baustil namens Cracker, was nicht abwertend gemeint ist; große Veranden und hohe Decken, und Mitte März wird schließlich eins der ältesten Cracker-Häuser in North Central Florida renoviert. Die Fassade bleibt erhalten, der Rest wird entkernt. Abend für Abend sehe ich, was von dem Haus noch übrig ist, das immer weiter ausgeweidet wird, bis es eines Tages schließlich ganz verschwunden ist: Am Morgen ist es über einem der Arbeiter zusammengebrochen, der jedoch überlebte, weil er wie Buster Keaton gerade in einer der Fensteröffnungen stand, als das Gebäude einstürzte. Ich betrachte die Lücke an der Stelle, an der so lange ein bescheidenes und unbemerktes Stück Geschichte stand, ein Haus, das die Stadt durch den Boden brechen und ringsherum wachsen sehen hatte, und ich denke an den Bauarbeiter, der unverletzt aus den Trümmern stieg, und frage mich, was ihm wohl durch den Kopf ging. Ich glaube, ich weiß es. Als ich eines Abends kurz vor Weihnachten von meiner Runde nach Hause kam, war mein Mann gerade im Bad, und als ich seinen Computer aufklappte, sah ich, was ich sah, einen Chat, der nicht für meine Augen bestimmt war, ein Stück Haut, die nicht seine war, und ohne ihn wissen zu lassen, dass ich im Haus gewesen war, machte ich auf dem Absatz kehrt und lief, bis es zu kalt war zum Laufen, bis der Morgen schon fast dämmerte und der Tau auch hätte Raureif sein können.

Während ich jetzt vor dem eingestürzten Haus stehe, gleitet die Frau mit der Deutschen Dogge durchs Dunkel, und mir fällt auf, wie aggressiv bleich sie geworden ist, bleich und so dünn, dass ihre Wangen sich in ihrem Mund berühren müssen, und außerdem ist ihr Toupet verrutscht, so dass über dem Pony ein Streifen Kopfhaut durchscheint. Wenn sie wiederum mich bemerkt, diesen ruhelosen dunklen Dorn, sagt sie nur leise guten Abend, während ihr Hund mit schier menschlichem Mitgefühl im Blick zu mir hochsieht, und zusammen verschwinden sie in der schwarzen Nacht, würdevoll und dezent.

Die meisten Veränderungen geschehen nicht so rasant wie der Einsturz des Hauses, und wie stark der Junge in seinem Wintergarten abgenommen hat, fällt mir erst auf, als ich am Klang seiner Schritte bemerke, dass er auf dem Laufband nicht mehr geht, sondern läuft, und zum ersten Mal seit Langem sehe ich ihn genau an, meinen lieben wabbeligen Freund, dessen Erscheinung ich für gegeben gehalten hatte, und die Veränderung ist so imposant, als hätte sich eine Jungfer in eine Birke oder einen Fluss verwandelt. In den letzten Monaten ist aus diesem übergewichtigen Jugendlichen ein schlanker Mann mit Brustwarzen wie zwei Rosenknospen geworden, der sich schwitzend in der Glasscheibe zulächelt, und ich jauchze auf angesichts der Schnelligkeit der Jugend, dieser großartigen Veränderungen, die so zwingend behaupten, dass doch nicht alles schneller vergeht, als wir es lieben können.

Ich gehe weiter, und während das Traben des Jungen immer leiser wird, nehme ich ein beunruhigendes Dauergeräusch wahr, das ich nicht einordnen kann. Es ist ein schwüler Abend: Seit letzter Woche gehe ich ohne Jacke hinaus, und nur langsam wird mir klar, dass das Geräusch von der ersten eingeschalteten Klimaanlage kommt. Wie Trolle hocken sie unter den Fenstern, und bald werden sie alle laufen; ihr kollektives, tonloses Summen wird Frösche und Nachtvögel übertönen, die Zeit wird einen Sprung machen und die Nacht wird immer unwilliger hereinbrechen, und im kühlen Zaudern der Dämmerung werden die Menschen, die sich nach einem ganzen Tag in der ungesunden Pseudokälte nach echter Luft sehnen, aus ihren Häusern kommen, und dann habe ich die dunklen, gefährlichen Straßen nicht mehr für mich allein. Es liegt ein angenehmer Lagerfeuergeruch in der Luft, so dass ich vermute, die alten Schmuckzypressenwälder rings um die Stadt stehen in Flammen, was ungefähr einmal pro Jahr passiert, und ich denke an all die armen Vögel, die von der sengenden Hitze aus dem Schlaf gerissen werden, in die desorientierende Dunkelheit getrieben. Am nächsten Morgen entdecke ich, dass es noch schlimmer war, ein kontrolliertes Abbrennen der Felder, auf denen Dutzende Obdachlose in einer Zeltstadt gewohnt hatten, und ich gehe hin, um mir ein Bild zu machen, aber es gibt nichts zu sehen außer einsamen hohen Eichen, von der Hüfte abwärts geschwärzt, die aus rauchender Holzkohle aufragen. Als ich zurückkomme und die in derselben Nacht aufgestellten eins achtzig hohen Zäune rund um die Bo Diddley Plaza sehe – wegen Bauarbeiten, so steht es zumindest auf den Schildern –, ist klar, dass dies Teil eines größeren, sorgfältig choreografierten Plans ist. Blinzelnd stehe ich im Tageslicht und will schreien, und ich halte nach einem oder einer Vertriebenen Ausschau. Bitte, schießt es mir durch den Kopf, bitte lass mein Pärchen vorbeikommen, lass mich endlich ihre Gesichter sehen, ihre Hände nehmen. Ich will ihnen Sandwiches machen, ihnen Decken bringen und ihnen sagen, dass es in Ordnung ist, dass sie unter unserem Haus wohnen dürfen. Später bin ich froh, dass ich sie nicht gefunden habe, nämlich als mir klar wird, dass es nicht gerade nett ist, zu einem Menschen zu sagen, Du darfst unter meinem Haus wohnen.

Die warme Woche erweist sich als Übergangsphänomen, ein Fehlstart der Jahreszeit. Es wird noch einmal so klamm und kalt, dass sonst niemand vor die Tür geht, und unterwegs zittere ich, bis ich in einen Drogeriemarkt gehe – kurz raus aus der Kälte –, um Epson-Badesalz zu kaufen, das mir in die Knochen kriechen soll wie jetzt die Kälte. Es ist ein Schock, aus dem kalten Grau in Grau in diese schreienden Farben, die Bullenhitze zu kommen, Hunderte Meilen über die rissigen Bürgersteige zurückzulegen, vorbei an kümmerlichen Zwergpalmen und über den Weg huschenden schwarzen Katzen, vor denen ich blitzschnell flüchte, hinein in diesen Wahnsinn, die Gänge voll buntem Schrott in sinnloser Plastikfolie und mit Plastikaufreißlaschen, die eines Tages im Schlund der letzten Meeresschildkröte dieser Erde landen werden. Ich merke, dass ich hinke, und das Hinken verwandelt sich in eine Art schmerzerfülltes

Wippen, denn die Musik fördert längst vergessene Grundschulzeiten zutage, als meine Eltern jünger waren als ich jetzt, unglaublich, und den einen langen Sommer, in dem sie in Dauerschleife Paul Simon gehört haben, der zum federnden Rhythmus afrikanischer Trommeln über einen Ausflug mit einem Sohn, ein menschliches Trampolin und das Fenster im Herzen sang. Es ist zu viel und gleichzeitig zu wenig, und ich gehe ohne das Salz, weil ich für so eine bequeme Absolution noch nicht bereit bin. Ich kann nicht.

So gehe ich Schritt um Schritt, und als ich irgendwann nahe dem entfesselten Froschkonzert hochsehe, erwartet mich dort mitten im Dunkel etwas Überwältigendes: Der neue Eigentümer des ehemaligen Nonnenklosters hat Bodenstrahler installieren lassen, aber sie leuchten nicht die ästhetisch glatte Wand des Kastens an, sondern die sprühend lebendige Eiche davor, so alt und so ausladend, dass sie sich über das halbe Grundstück ausbreitet. Ich wusste schon immer, dass der Baum da ist, meine Kinder haben oft auf den unteren Ästen geschaukelt oder kleine Farne und Epiphyten aus seiner Rinde geklaubt und mir damit den Kopf geschmückt. Aber noch nie zuvor hat sich der Baum ganz als der Koloss, der er ist, zu erkennen gegeben, mit so schweren Ästen, dass sie dem Boden zuwachsen, ihn berühren und dann wieder himmelwärts streben; und so auf die Ellbogen gestützt, erinnert er an eine Frau, die am Küchentisch sitzt, das Kinn auf den Knöcheln, und Tagträumen nachhängt. Erschüttert von seiner Schönheit, bleibe ich stehen, und während ich ihn betrachte, stelle ich mir vor, wie die Schwäne auf ihrer Insel den hellen Funken in der Nacht sehen, der etwas in ihren Schwanenherzen berührt. Irgendjemand hat erzählt, sie hätten wieder angefangen, ein Nest zu bauen, aber ich weiß nicht, wie sie das ertragen nach allem, was sie verloren haben.

Ich hoffe, meinen beiden Söhnen ist jetzt wie auch in der im Dunkel gerade erst Gestalt annehmenden Zukunft bewusst, dass ihre Mutter in all den Stunden, in denen sie so zügig von ihnen wegmarschierte, gar nicht weg war, dass mein Geist schon vor Stunden zurück ins Haus gewandert und in das Zimmer gekrochen ist, in dem ihr früh aufstehender Vater bereits eingeschlafen ist, meistens vor acht, und dass ich ihn berührt habe, diesen sanften Mann, den ich so verzweifelt liebe und auf gewisse Weise so fürchte, dass ich den Puls an seinen Schläfen gefühlt und seine Träume gespürt habe, die zu fern sind für meinesgleichen, und anschließend die knarrende alte Treppe hinaufgestiegen bin, mich oben zweigeteilt und zu den jeweiligen Zimmern der Jungen geschlichen habe und durch die Ritzen unter der Tür geschlüpft bin, um die Luft einzuatmen, die sie ausgeatmet haben. Jede Pause zwischen dem Ende eines Atemzugs und dem Beginn des nächsten ist lang; andererseits gibt es nichts, was sich nicht unentwegt im Wandel befände. Bald, morgen schon, werden die Jungen Männer sein, dann werden die Männer das Haus verlassen und mein Mann und ich werden einander ansehen, gebückt unter dem Gewicht all dessen, was wir nicht brüllen konnten oder wollten, und all der Stunden, die wir, mein Körper, mein Schatten und der Mond, zusammen draußen herumgelaufen sind. Es ist schrecklich wahr, selbst wenn in dieser Wahrheit kein Trost liegt, dass die alten Cartoons recht hatten, dass der Mond, wenn man ihn Abend für Abend nur lange genug ansieht, wie ich es getan habe, tatsächlich lacht. Aber er lacht nicht über uns, uns einsame Menschen; wir sind viel zu klein und unser Leben ist viel zu kurz, um uns überhaupt Beachtung zu schenken.

MARK TWAIN

Die Besteigung der Rigi

Der Rigi-Kulm ist ein imposantes, sechstausend Fuß hohes Alpenmassiv, das für sich steht und eine herrliche Aussicht auf blaue Seen, grüne Täler und schneebedeckte Berge bietet – ein dichtgedrängtes und großartiges Landschaftsbild mit einem Umkreis von dreihundert Meilen. Der Aufstieg wird per Bahn, zu Pferde oder zu Fuß durchgeführt, wie es beliebt. Ich und mein Agent staffierten uns eines klaren Morgens mit Wandertracht aus und fuhren mit dem Dampfer über den See; bei dem Dorfe Wäggis, drei viertel Stunden von Luzern entfernt, gingen wir an Land. Dieses Dorf liegt am Fuße des Berges.

Bald stapften wir gemächlich den laubüberwölbten Maultierpfad hinauf, und wie gewöhnlich begann bald die Unterhaltung zu fließen. Es war zwölf Uhr mittags, ein windiger, wolkenloser Tag; der Boden stieg allmählich an, und die flüchtigen Augenblicke unter den abschirmenden Zweigen hervor auf blaues Wasser, winzige Segelboote und überhängende Klippen waren so bezaubernd wie flüchtige Ausblicke in das Traumland. Alles um uns war vollkommen – und die Vorfreude auch, denn bald sollten wir zum erstenmal dieses wunderbare Schauspiel, einen Sonnenaufgang in den Alpen, genießen – das Ziel unserer Fahrt. Anscheinend war kein Grund zur Eile vorhanden, denn das Reisehandbuch gab der Strecke zu Fuß von Wäggis bis zum Gipfel nur dreieinviertel Stunden. Ich sage »anscheinend«, denn das Reisehandbuch hatte uns schon einmal genarrt – hinsichtlich der Entfernung zwischen Allerheiligen und Oppenau –, und wußte ich denn, ob es sich nicht anschickte, uns wieder zu narren. Nur der Höhenangaben waren wir sicher – wie viele Stunden man vom Fuß bis zum Gipfel brauchte, wollten wir selbst feststellen. Der Gipfel liegt sechstausend Fuß über dem Meeresspiegel, aber nur viertausendfünfhundert Fuß über dem See. Als wir eine halbe Stunde gewandert waren, hatten wir Geist und Sinn des Unternehmens erfaßt, und so machten wir uns klar zum Gefecht; das heißt, wir ließen einen Jungen, dem wir begegneten, für uns die Alpenstöcke, Taschen, Mäntel und anderen Sachen tragen; das gab uns freie Hand für unser Unternehmen.

Ich vermute, wir müssen wohl öfter angehalten haben, um uns im Schatten auf dem Gras auszustrecken und ein bißchen zu rauchen, als es dieser Junge gewöhnt war, denn bald fragte er, was wir uns gedacht hätten – ihn für diese eine Dienstleistung oder auf ein Jahr einzustellen. Wir sagten ihm, er könne gehen, wenn er es eilig hätte. Er sagte, er hätte es nicht so besonders eilig, aber er wollte auf den Gipfel kommen, solange er noch jung wäre. Wir sagten ihm, dann sollte er sich davonmachen und die Sachen im höchsten Hotel zurücklassen und sagen, wir kämen bald nach. Er sagte, er würde uns ein Hotel sichern, wenn er könnte, aber wenn sie alle besetzt wären, wollte er sie auffordern, noch eines zu bauen und sich zu beeilen, daß Farbe und Mörtel trocken wären, bis wir einträfen. Während er uns noch immer gutmütig aufzog, zog er los, den Pfad aufwärts, und war bald verschwunden. Gegen sechs Uhr waren wir ziemlich weit oben, und die Aussicht auf See und Berge hatte stark an Umfang und Reiz gewonnen. Wir blieben eine Weile in einer kleinen Gastwirtschaft, wo wir draußen auf der Terrasse Brot und Käse und ein oder zwei Liter frischer Milch verzehrten und das große Panorama direkt vor uns hatten – und dann gingen wir weiter.

Zehn Minuten später begegneten wir einem erhitzten Mann mit rotem Gesicht, der mit mächtigen Schritten den Berg herabgesaust kam, den Alpenstock vor sich her schwang und dessen Eisenspitze in den Boden stemmte, um bei diesen großen Schritten Halt zu haben. Er hielt an, fächelte sich mit dem Hut, wischte sich mit einem roten Taschentuch den Schweiß von Gesicht und Hals, schnaufte einen oder zwei Augenblicke lang und fragte, wie weit es noch bis Wäggis wäre. Ich sagte, drei Stunden. Er sah überrascht drein und sagte:

»Nanu, es sieht doch aus, als könnte ich von hier aus einen Keks in den See werfen, so nahe ist er. Ist das dort ein Gasthaus?«

Ich sagte ja.

»Na«, sagte er, »noch drei Stunden kann ich nicht mehr aushalten, für heute habe ich genug: ich nehme dort ein Bett.«

Ich fragte: »Sind wir bald am Gipfel?«

»Bald am *Gipfel*! Na, Gott segne Sie, Sie sind ja noch gar nicht richtig losgegangen.«

Ich sagte, wir würden auch im Gasthof absteigen. Also drehten wir um und bestellten ein warmes Abendessen und verbrachten mit diesem Engländer einen sehr fröhlichen Abend.

Die deutsche Wirtin gab uns saubere Zimmer und bequeme Betten, und als ich und mein Agent schlafen gingen, geschah das mit dem Vorsatz, früh aufzustehen und unseren ersten alpinen Sonnenaufgang gründlichst zu genießen. Aber natürlich waren wir todmüde und schliefen wie Polizisten; deshalb war es am Morgen, als wir aufwachten und ans Fenster liefen, schon zu spät, denn es war halb zwölf. Das war eine bittere Enttäuschung. Wir bestellten jedoch das Frühstück und baten die Wirtin, den Engländer zu rufen, aber sie sagte, der wäre schon bei Tagesanbruch auf und davon gegangen – und hätte gräßlich über irgendwas geflucht. Wir konnten nicht herausbekommen, was geschehen war. Er hatte die Wirtin gefragt, wie hoch ihr Grundstück über dem See läge, und sie hatte ihm gesagt, 1495 Fuß. Weiter war nichts gesprochen worden; dann wurde er wütend. Er sagte, daß man in einem solchen Lande zwischen Trotteln und Reisehandbüchern binnen vierundzwanzig Stunden soviel Unkenntnis erwerben könnte, daß es für ein ganzes Jahr reichte. Harris vermutete, unser Junge hätte ihn mit falschen Auskünften überfüttert; und das war offenbar der Fall, denn seine Bezeichnung traf haargenau auf diesen Jungen zu.

Um die Mittagsstunde brachen wir auf und zogen wieder mit frischem und energischem Schritt dem Gipfel zu. Als wir etwa zweihundert Yard weit gekommen waren und rasteten, schaute ich beim Anrauchen der Pfeife nach links und entdeckte in der Ferne einen langen Wurm aus schwarzem Rauch, der träge den steilen Berg hinankroch.

Das war natürlich die Lokomotive. Sofort stützten wir uns auf die Ellbogen, um hinüberzustarren, denn wir hatten noch nie eine Bergbahn gesehen. Bald konnten wir den Zug erkennen. Es schien unglaublich, daß dieses Ding einen Hang steil wie ein Hausdach geradezu hinaufkriechen könnte – aber dort war es, und genau dieses Wunder vollbrachte es.

Im Laufe einiger Stunden erreichten wir eine ordentliche, luftige Höhe, wo über das ganze Dach jeder kleinen Sennhütte große Steine verteilt lagen, die es auf der Erde festhalten sollen, wenn die heftigen Stürme toben. Das Gelände darumherum war wüst und felsig, aber es gab viele Bäume, viel Moos und Gras.

Weit drüben am gegenüberliegenden Ufer des Sees konnten wir einige Dörfer sehen, und nun erkannten wir zum ersten Male den wahren Unterschied zwischen ihren Maßen und denen der riesigen Berge, zu deren Füßen sie ruhten. Wenn man sich in einem solchen Dorf befindet, wirkt es recht groß, und seine Häuser wirken hoch und nicht unproportioniert gegenüber dem Berg, der über ihnen emporragt – aber von unserer Höhe aus, welch ein Unterschied! Die Berge waren höher und großartiger denn je, wie sie dort standen und, die Häupter in den dahinziehenden Wolken, ihre ernsten Gedanken dachten, aber die Dörfer zu ihren Füßen – wenn es dem angestrengten Auge gelang, sie aufzuspüren und zu finden – waren so klein geworden, beinahe unsichtbar, und lagen so flach am Boden, daß der zutreffendste Vergleich, welcher mir einfällt, der ist, sie dem von Ameisen deponierten gekörnten Dreck gegenüberzustellen, der von der gewaltigen Masse einer

Kathedrale überschattet wird. Die Dampfer, die unter den ungeheuren Abhängen dahinglitten, hatte die Entfernung zu allerliebsten kleinen Spielsachen einschrumpfen lassen, die Segelboote und Ruderboote zu Nachen für Feen, die in Lilienkelchen wohnen und auf dem Rücken einer Hummel zu Hofe reiten.

Bald stießen wir auf ein halbes Dutzend Schafe, die im Sprühregen eines klaren Wasserlaufes grasten, der einer hundert Fuß hohen Felsenmauer entsprang, und plötzlich wurden unsere Ohren von einem melodischen »Lal... l... l... lal-lal-la-hi-o-o-o!« überrascht, das fröhlich aus naher, aber unsichtbarer Quelle erschallte, und erkannten, daß wir zum ersten Male den berühmten Alpenjodler in seiner heimatlichen Wildnis hörten. Und wir erkannten auch, daß es jene wunderliche Mischung von Bariton und Falsett war, die wir zu Hause »Tiroler Triller« nennen.

Das Jodeln hielt an und hörte sich sehr angenehm und erfrischend an. Nun erschien der Jodler – ein sechzehnjähriger Sennerbub –, und in unserer Freude und Dankbarkeit gaben wir ihm einen Franken, damit er noch etwas jodelte. Also jodelte er, und wir hörten zu. Dann gingen wir weiter, und er jodelte uns großzügig, bis wir außer Sichtweite waren, nach. Nach etwa fünfzehn Minuten stießen wir auf einen weiteren jodelnden Sennerbuben und gaben ihm einen halben Franken, damit er weiterjodelte. Auch er jodelte, bis wir außer Sichtweite waren. Danach trafen wir alle zehn Minuten auf einen Jodler; dem ersten gaben wir acht Cent, dem zweiten sechs Cent, dem dritten vier Cent, dem vierten einen Penny, den Nummern fünf, sechs und sieben zahlten wir nichts und stellten für den Rest des

Tages die übrigen Jodler für einen Franken pro Kopf dazu an, nicht mehr zu jodeln. In den Alpen kriegt man etwas zu viel von diesem Gejodele.

Mitten am Nachmittag schritten wir durch einen ungeheuren natürlichen Torweg, das »Felsentor«, das durch zwei riesige aufrechtstehende und einen dritten oben quer darüberliegenden Felsen gebildet wird. Dicht dabei stand ein sehr ansprechendes kleines Hotel, aber unsere Kräfte waren noch nicht geschlagen, also liefen wir weiter.

Drei Stunden später stießen wir auf die Eisenbahnstrecke. Sie war geradenwegs bergauf angelegt, mit der Neigung einer Leiter, die gegen ein Haus lehnt, und uns schien, der Mensch müsse gute Nerven haben, der vorhabe, hier hinauf- oder hinunterzufahren.

Am späten Nachmittag kühlten wir unser schmorendes Inneres mit eiskaltem Wasser aus klaren Bächen, dem einzigen wirklich guten Wasser, das wir seit der Abreise von zu Hause getrunken hatten, denn in den Hotels auf dem Kontinent bekommt man nur einen Becher mit Eis, in dem man das Wasser ziehen lassen kann, und das verringert seine Wärme nur, macht es aber nicht kalt. Wasser kann man für die Bedürfnisse des Sommers nur kühl genug erhalten, indem man es in einem Kühlschrank oder einem geschlossenen Eiskrug zubereitet. Die Europäer sagen, Eiswasser schade der Verdauung. Woher wissen sie das? – sie trinken ja nie welches.

Zehn Minuten nach sechs erreichten wir die Station Kaltbad, wo ein weiträumiges Hotel mit großen Balkonen steht, die eine majestätisch breite See- und Berglandschaft überschauen. Wir waren jetzt ziemlich ausgepumpt, aber da wir den alpinen Sonnenaufgang nicht versäumen wollten, brachten wir unser Abendessen so schnell wie möglich hinter uns und gingen eilig zu Bett. Es war unbeschreiblich wohltuend, unsere erschöpften Glieder zwischen den kühlen, feuchten Laken auszustrecken. Und wie wir schliefen! – denn es gibt kein Schlafmittel, das so gut wie eine Fußwanderung in den Alpen ist.

Am Morgen erwachten wir, sprangen beide im gleichen Augenblick aus dem Bett, rannten und rissen die Fenstervorhänge zur Seite, aber wir erlitten wieder eine bittere Enttäuschung: es war schon halb vier Uhr nachmittags.

Mürrisch und mißgelaunt zogen wir uns an, wobei jeder den anderen beschuldigte, verschlafen zu haben. Harris sagte, wenn wir den Reiseführer mitgenommen hätten, wie es richtig gewesen wäre, hätten wir diese Sonnenaufgänge nicht verpaßt. Ich sagte, er wisse sehr wohl, daß einer von uns hätte aufbleiben und den Reiseführer wecken müssen; und ich fügte hinzu, wir hätten genug Mühe damit, bei dieser Besteigung auf uns selbst aufzupassen, ohne auch noch auf einen Reiseführer aufpassen zu müssen.

Während des Frühstücks hoben sich unsere Lebensgeister ein bißchen, da wir dem Reisehandbuch entnahmen, daß der Tourist in den Hotels auf dem Gipfel zum Sonnenaufgang nicht dem Glück überlassen bleibt, sondern rechtzeitig durch einen Mann geweckt wird, der mit einem großen Alphorn durch die Gänge geht und so laut darauf bläst, daß die Toten aufwachen. Und es gab noch eine tröstliche Sache: Das Reisehandbuch sagte, daß sich die Gäste da oben auf dem Gipfel nicht damit aufhielten, sich groß anzuziehen, sondern eine rote Wolldecke schnappten und in der Aufmachung von Indianern hinausliefen. Das war gut; das würde romantisch werden; zweihundertfünfzig Leute, auf dem zugigen Gipfel zusammengedrängt, mit fliegenden Haaren und flatternden roten Decken, in der erhabenen Gegenwart der schneebedeckten Bergketten und des hellen Glanzes, der das Nahen der Sonne verkündete, würden einen eindrucksvollen und denkwürdigen Anblick bieten. Also war es Glück, nicht Pech, daß wir diese anderen Sonnenaufgänge verpaßt hatten.

Aus dem Reisehandbuch erfuhren wir, daß wir nunmehr 3228 Fuß über dem See waren – also waren volle zwei Drittel unserer Tour geschafft. Viertel nach vier Uhr nachmittags gingen wir los; hundert Yard über dem Hotel teilte sich die Bahnstrecke; ein Gleis verlief den sehr steilen Berg gerade hinauf, das andere bog mit einer sehr geringen Steigung scharf nach rechts ab. Wir wählten das letztere und folgten ihm mehr als eine Meile weit, bogen um eine Felsenecke und erblickten ein hübsches, neues Hotel. Wären wir weitergegangen, dann wären wir zum Gipfel gekommen, aber Harris stellte lieber eine Menge Fragen – wie gewöhnlich einem Manne, der überhaupt nichts wußte –, und der sagte, wir müßten umkehren und der anderen Strecke folgen. Das taten wir. Diesen Zeitverlust konnten wir uns kaum leisten.

Wir stiegen und stiegen; und wir stiegen immer weiter; wir langten auf etwa vierzig Gipfeln an; aber immer lag noch einer direkt vor uns. Es fing an zu regnen, und es regnete in vollem Ernst. Wir waren durchweicht, und es war bitter kalt. Dann deckte ein nebliger Wolkendunst die ganze Gegend dicht zu, und wir hielten uns an die Bahnschwellen, um uns nicht zu verirren. Manchmal platschten wir auf einem engen Pfad links der Geleise dahin, aber als der Nebel einmal ein bißchen zur Seite geweht wurde und wir sahen, daß wir auf dem Schutzwehr über einem Abgrund entlangschritten und daß unsere linken Ellbogen in eine absolut grenzenlose und bodenlose Leere hinausragten, schnappten wir nach Luft und sprangen auf die Schwellen zurück.

Die Nacht brach herein, dunkel, nieselnd und kalt. Abends gegen acht hob sich der Nebel und zeigte uns einen stark ausgetretenen Pfad, der an einer sehr steilen Erhebung nach links emporführte. Wir schlugen ihn ein, und sobald wir weit genug von der Bahnstrecke entfernt waren, um sie unmöglich wiederfinden zu können, schloß sich der Nebel wieder um uns zusammen.

Jetzt waren wir an einer kahlen, ungeschützten Stelle und mußten immerzu weitertrotten, um warm zu bleiben, obwohl wir so ziemlich darauf gefaßt waren, früher oder später in einen Abgrund zu fallen. Gegen neun Uhr machten wir eine wichtige Entdeckung – daß wir uns auf gar keinem Pfad befanden. Eine Weile tasteten wir auf Händen und Knien herum, konnten ihn aber nicht finden; also setzten wir uns im Matsch und im spärlichen nassen Gras hin, um abzuwarten. Dazu trieb uns das Entsetzen, plötzlich einer riesigen Masse gegenüberzustehen, die einen Augenblick lang verschwommen zu sehen und im nächsten Augenblick wieder vom Nebel ausgelöscht war. Tatsächlich war es das Hotel, hinter dem wir her waren, vom Nebel ins Ungeheure vergrößert, aber wir hielten es für eine Felswand und beschlossen, gar nicht erst zu versuchen, uns emporzukrallen.

Eine Stunde lang saßen wir dort, mit klappernden Zähnen und zitterndem Leib, und stritten uns über alle möglichen Kleinigkeiten, aber die meiste Aufmerksamkeit widmeten wir der Tätigkeit, uns gegenseitig wegen des Irrsinns zu beschimpfen, die Bahnstrecke verlassen zu haben. Wir saßen so, daß wir jener Steilwand den Rücken zuwandten, denn das bißchen Wind, das überhaupt wehte, kam aus dieser Richtung. Irgendwann wurde der Nebel ein wenig lichter; wir wußten nicht, wann, denn wir blickten ins leere All, und da war das Lichterwerden nicht zu erkennen; aber endlich wandte sich Harris zufällig um, und da stand, wo der Steilhang gewesen war, ein ungeheures, verschwommenes, geisterhaftes Hotel. Man konnte schwach die Fenster und Schornsteine ausmachen und einen matten Lichterschein. Unsere erste Regung war tiefe, unaussprechliche Dankbarkeit, die nächste war alberne Wut, aus dem Verdacht geboren, daß möglicherweise das Hotel schon seit einer Dreiviertelstunde sichtbar gewesen war, während wir streitend in diesen kalten Pfützen gesessen hatten.

Ja, es war das Rigi-Kulm-Hotel, und zwar das auf dem höchsten Gipfel, dessen ferne, kleine Lichter wir von unserem Balkon aus dort weit unten in Luzern oft hoch oben zwischen den Sternen hatten schimmern sehen. Der grämliche Portier und die grämlichen Angestellten boten uns den mürrischen Empfang, mit dem diese Leute in guten Zeiten aufwarten, aber wir besänftigten sie durch ein Extraaufgebot an Unterwürfigkeit und Kriecherei und brachten sie schließlich dazu, uns zu dem Zimmer zu führen, das der Junge für uns bestellt hatte.

Wir zogen trockene Sachen an, und während unser Abendessen vorbereitet wurde, schlenderten wir einsam und verlassen durch ein paar riesige, höhlenartige Salons, einen davon mit Ofen. Dieser Ofen stand in einer Ecke und war von einer dichten Menschenmauer umgeben. Wir konnten nicht in die Nähe des Feuers gelangen, deshalb bewegten wir uns hauptsächlich in den arktischen Regionen zwischen einer Menge Menschen, die schweigend, ernst, hoffnungslos und bibbernd dasaßen – und vielleicht dachten, wie blöde sie gewesen waren, herzukommen. Ein paar Amerikaner und ein paar Deutsche befanden sich dort, aber man konnte erkennen, daß die große Mehrheit Engländer waren.

Wir schlenderten in einen Raum, wo sich eine große Schar von Leuten aufhielt, und wollten nachsehen, was vorging. Es war ein Andenkenladen. Die Touristen kauften begierig Brieföffner aller Arten und Formen mit der Inschrift »Gruß vom Rigi« und mit einem Griff aus dem kleinen, gekrümmten Horn der angeblichen Gemse; es gab alle möglichen Holzbecher und solche Sachen mit der gleichen Inschrift. Ich wollte mir gerade einen Brieföffner kaufen, glaubte dann jedoch, mich auch ohne diesen an die kalte Pracht des Rigi-Kulm erinnern zu können, deshalb unterdrückte ich die Regung.

Das Abendessen wärmte uns auf, und wir gingen sofort zu Bett; aber zuvor schrieb ich ein paar Zeilen an Herrn Baedeker, da er alle Touristen bittet, ihn auf Irrtümer aufmerksam zu machen, die sie in seinen Reisehandbüchern finden mögen, und teilte ihm mit, daß er bei seiner Angabe, die Wanderung von Wäggis bis zum Gipfel dauere nur dreieinviertel Stunden, um ziemlich genau drei Tage danebengetroffen hätte. Ich hatte ihn schon vorher über seinen Irrtum hinsichtlich der Entfernung zwischen Allerheiligen und Oppenau aufgeklärt und hatte auch das Landesvermessungsamt der deutschen Regierung über denselben Fehler auf den Karten des Reichsgebietes informiert. Ich möchte gleich hinzufügen, daß ich auf diese Briefe von keiner der beiden Stellen jemals eine Antwort oder eine Danksagung erhalten habe; und was noch unhöflicher ist, weder auf den Karten noch in den Reisehandbüchern sind diese Berichtigungen eingetragen worden. Aber ich werde noch einmal schreiben, wenn ich Zeit habe, denn meine Briefe könnten ja fehlgeleitet worden sein.

Wir rollten uns in den klammen Betten zusammen und schliefen ungewiegt ein. Wir waren so durch und durch erschöpft, daß wir uns nicht rührten oder umdrehten, bis uns das Dröhnen des Alphorns weckte. Man kann sich wohl vorstellen, daß wir keine Zeit verloren. Wir warfen uns in ein paar Kleidungsstücke, wickelten uns, wie es sich gehört, in die roten Decken und stürzten barhäuptig die Gänge entlang und hinaus in den pfeifenden Wind. Auf der höchsten Spitze des Gipfels, etwa hundert Yard weit entfernt, sahen wir ein hohes Holzgerüst und wandten uns dorthin. Wir rasten die Stufen zur Plattform dieses Gerüstes hinauf und standen dort, über der weithin ausgebreiteten Welt, mit fliegenden Haaren und roten Decken, die in der heftigen Brise wehten und knatterten.

»Mindestens fünfzehn Minuten zu spät!« sagte Harris mit ärgerlicher Stimme. »Die Sonne steht deutlich über dem Horizont.«

»Macht nichts«, sagte ich, »es ist ein überaus prächtiges Schauspiel, und wir werden sie immerhin bei ihrem restlichen Aufgang sehen.«

Alsbald waren wir tief in das Wunder vor uns versunken und für alles andere taub. Die große, mit Wolkenfetzen gestreifte Sonnenscheibe stand genau über einer grenzenlosen Weite wogender Weißköpfe – sozusagen –, einem wellenden Chaos massiger Bergkuppen und Gipfel, in ewigen Schnee gehüllt und mit einem schillernden Glorienschein veränderlicher und sich immer wieder auflösender Glanzlichter überflutet, während durch Risse in einer schwarzen Wolkenbank über der Sonne leuchtende Speere aus Diamantstaub zum Zenit emporschossen. Die zerklüfteten Täler der tieferen Welt schwammen in farbigem Dunst, der die Zerrissenheit ihrer Klippen, Rippen und zottigen Wälder verschleierte und die ganze abschreckende Landschaft in ein sanftes, köstliches und sinnbetörendes Paradies verwandelte.

Wir konnten nicht sprechen. Wir konnten kaum atmen. Wir konnten nur in trunkenem Entzücken hinstarren und alles in uns einsaugen. Plötzlich rief Harris aus: »Nanu, verdammt, sie geht ja *unter*!«

Vollkommen wahr. Wir hatten das *morgendliche* Horntuten verpaßt und den ganzen Tag durchgeschlafen. Es war verblüffend.

Harris sagte: »Hör mal, hier ist nicht die Sonne das Schaustück – *wir* sind es – hier oben auf diesem Schafott in den idiotischen Decken aufgebaut, und da unten stehen zweihundertfünfzig gutangezogene Männer und Frauen, glotzen uns an und kümmern sich nicht die Bohne darum, ob die Sonne auf- oder untergeht, wenn sie ein derart lächerliches Bild in ihren Notizbüchern festzuhalten haben. Sie scheinen sich kaputt zu lachen, und dort ist ein Mädchen, das ganz und gar zu platzen scheint. Ich habe noch nie einen Menschen wie dich erlebt. Ich glaube, du bist ein Esel in höchster Vollendung.«

»Was habe *ich* denn getan?« erwiderte ich hitzig.

»Was du getan hast? Du bist um halb acht Uhr abends aufgestanden, um die Sonne aufgehen zu sehen, das hast du getan.«

»Und darf ich fragen, ob du etwas Besseres getan hast? Ich bin stets mit der Lerche aufgestanden, bis ich unter den lähmenden Einfluß deines aufgeblasenen Verstandes geriet.«

»*Du* bist stets mit der Lerche aufgestanden! Oh, gewiß; eines Tages wirst du noch mit dem Henker aufstehen. Aber du solltest dich schämen, hier in einer roten Decke auf einem vierzig Fuß hohen Galgen auf dem Gipfel der Alpen so rumzuquatschen. Und noch dazu bei den vielen, vielen Leuten da unten; das ist nicht der Ort, seine Wut so offen zu zeigen.«

Und so ging der übliche Streit weiter. Als die Sonne so ziemlich unten war, schlüpften wir in der barmherzigen Dämmerung in das Hotel zurück und gingen wieder zu Bett. Unterwegs waren wir dem Hornbläser begegnet, der versucht hatte, seine Vergütung zu kassieren, nicht nur für das Ankündigen des Sonnenunterganges, den wir gesehen, sondern auch des Sonnenaufganges, den wir völlig verpaßt hatten, aber wir sagten nein, wir nähmen unsere Sonnenrationen nur nach dem »europäischen System« –

zahle für das, was du bekommst. Er versprach, dafür zu sorgen, daß wir morgen sein Horn hörten, wenn wir noch am Leben wären.

T. C. BOYLE
Guten Flug

Als das Triebwerk unter der rechten Tragfläche auf einmal ein dünnes Fähnchen schmierigen schwarzen Rauch nach sich zog, spähte Ellen durch das zerkratzte Plexiglasfenster auf die bauschigen Wölkchen, die sich über und hinter ihr türmten, und wußte, daß sie sterben würde. Es gab einen dumpfen Krach irgendwo in den Tiefen des Flugzeugrumpfs, die Maschine ruckte wie ein Spielzeug aus Balsaholz, das gegen einen Stein gestoßen war, und der Mann auf dem Sitz vor ihr hob den Kopf über dem Klapptablett und schrie: »Mama!« – ein schwacher, kläglicher Jammerlaut. Die Schildchen mit *Fasten Seatbelts* leuchteten auf. Das Gemurmel in der Kabine wurde zu Gebrüll. Jeder Muskel ihres Körpers verspannte sich.

Bedrückt überlegte sie, ob sie ihren Kopf zwischen den Armen schützen sollte – man las doch immer, daß man den Kopf schützen sollte, oder? –, dann gab es ein lautes Knakken in den Lautsprechern, und man hörte die lässig mümmelnde Stimme des Captains: »Gibt leider ein kleines Problem mit Triebwerk Nummer zwei, Leute, kein Grund zur Besorgnis.« Das Flugzeug zerteilte die Wolken mit einem Überschalldonner, jeder starre Metallfalz, jede Plastiknaht erwachte zu wütendem Leben, und abgestreifte Schuhe, zerteiltes Obst, Taschenbücher und Handtaschen schlitterten unter den Sitzen hindurch. Sie warf einen Blick aus dem Fenster: der Rauch war viel dichter geworden, so satt und schwarz wie aufgewühlte Qualmsäulen, die auf hoher See aus einem vom Torpedo getroffenen Schiff aufstiegen, und jetzt wurde der massive Zylinder des Triebwerks auch von langen harkenden Flammenfingern umklammert. Der Mann auf dem Mittelsitz – Ende Zwanzig, mit einem Messingpiercing knapp unter dem Lippenansatz und mit Haaren, die exakt die Farbe und Struktur eines Sahnebaisers hatten – drehte sich desinteressiert zu ihr um: »Was ist das da – Rauch?«

Sie hatte so große Angst, daß sie nur nicken konnte, sie hörte nichts als das schlürfende, dumpfe Zischen der Belüftungsdüsen und das Rauschen der Lautsprecher. Der Mann beugte sich an ihr vorbei und sah angestrengt durch die graue Öffnung des Fensters auf die Tragfläche hinaus. »Scheiße, das hat gerade noch gefehlt – jetzt verpasse ich meinen Anschlußflug.«

Sie verstand ihn nicht. Anschlußflug? War ihm denn nicht klar, daß sie alle sterben würden?

Sie riß sich zusammen und murmelte ein Gebet. Verängstigte Stimmen erhoben sich. Sie hatte das Gefühl, als würden ihre Augen gleich in den Höhlen implodieren. Doch dann flackerten die Flammen und zogen sich zurück, und sie spürte, wie die Maschine wieder stieg, wie von einer himmlischen Hand emporgehoben, und nach all der Panik, den halbvergessenen Gebeten, den Schreien und Rufen und dem plötzlich stechenden Geruch nach Urin war die Krise gleich wieder vorbei, obwohl sie eben erst begonnen hatte. »Leute, ich tu euch das wirklich ungern an«, nölte jetzt der Captain, »aber wie's aussieht, müssen wir umkehren und das Baby hier zurück nach Los Angeles International bringen.«

Darauf folgte ein kollektives Stöhnen. Der Mann mit dem Haar wie Sahnebaiser stieß einen üblen Fluch aus und schlug mit voller Wucht gegen die Sitzlehne vor sich. Nicht Los Angeles. Nicht das. Dort hatten sie schon zweieinhalb Stunden Verspätung wegen irgendwelcher technischer Probleme am Boden gehabt, und dann mußten sie noch vierzig Minuten am Ende der Rollbahn warten, weil sie inzwischen den Slot für den Abflug verloren hatten – jedenfalls war das die Ausrede des Piloten gewesen. Es hatte Gratisdrinks und Erdnüsse für alle gegeben, aber niemand wollte Erdnüsse, und die Drinks schmeckten grauenhaft nach Kerosin. Ellen hatte sich einen Scotch mit Soda bestellt – sie brauchte eine Aufmunterung, nachdem sie Ewigkeiten an der Flughafenbar bei einem Bier gesessen hatte, das rasch warm und schal geworden war –, doch der Mann neben ihr und die Frau auf dem Gangsitz hatten beide einen Doppelten genommen und wortlos hinuntergekippt. »Mist!« fluchte der Mann jetzt und schlug noch einmal gegen den Sitz vor sich, boxte richtig fest hinein wie in einen Punchingball, bis sein Vordermann den Kopf wie einen großen gedunsenen Zeppelin über die Lehne hob und knurrte: »Hey, laß gut sein, Arschloch – siehst du nicht, daß wir hier einen Notfall haben?«

Einen Moment lang dachte sie, ihr Nachbar würde aufstehen und einen Streit anfangen – betrunken genug war er zweifellos –, aber zum Glück endete die Konfrontation damit. Das Flugzeug ruckte, als das schwere Fahrwerk einrastete, der Mann mit dem Ballonkopf drehte sich um und sank schwerfällig in seinen Sitz, und vor den Fenstern kam langsam gleitend wieder Los Angeles in Sicht, ein stumpfbraunes Gitternetz aus Straßen, das auf dem Boden eines schlierigen Luftmeers versunken dalag. »Haben Sie das gehört?« wollte der Mann neben Ellen von ihr wissen. »Haben Sie gehört, wie der mich genannt hat?«

Ellen blickte stur geradeaus, steif wie eine Katatonikerin. Sie spürte, wie er sie von der Seite her anstarrte. Sie konnte ihn riechen. Und alle anderen auch. Sie zog die Schultern ein und stieß zugleich alle Luft aus den Lungen, als könnte sie in sich zusammenfallen, zu einem Nichts schrumpfen und einfach verschwinden.

Der Mann neben ihr rutschte schwer auf seinem Sitz herum und murmelte jetzt vor sich hin. »Höflichkeit«, fauchte er, »ganz normale Höflichkeit«, immer wieder, als wären das die einzigen Worte, die er kannte. Ellen legte den Kopf zurück und schloß die Augen.

Es gab die übliche Warterei am Boden, das endlose Herumrollen, das Gerangel beim Öffnen der Gepäckluken, die dichtgedrängte, rinderherdenartige Schlange, die sich durch die Gänge und dann in das Stahlrohr wälzte, durch das man zum Flugsteig gelangte. Ellen kam zentimeterweise vorwärts, hielt den Kopf gesenkt, die Schultern eingefallen, die Umhängetasche war wie eine Kanonenkugel in einer Schlinge, und ließ sich mit der Masse in die brodelnde Arena der Ankunftshalle treiben. Sie war seit fünf Uhr wach, hatte noch im Dunkeln den Shuttlebus zum Flughafen bestiegen, sich auf den unbequemen Sitzen eineinhalb Stunden lang im morgendlichen Stoßverkehr durchrütteln lassen und an einer der Flughafenbars einen trockenen Bagel zu sechs Dollar und einen Espresso zu drei fünfzig hinuntergewürgt; dann folgte das lange Warten auf die verspätete Maschine: zerlesene Zeitungen, überfüllte Toiletten und das schale Bier. Nun war sie wieder da, wo sie angefangen hatte, eine Angestellte der Fluglinie schrieb ihr Ticket um und dirigierte sie in Richtung eines fernen Flugsteigs, an dem sie die nächste Maschine zum Kennedy Airport erwischen sollte, wo ihre Mutter sie erwartete. Ob es ein Direktflug war? Leider nicht, sagte die Angestellte. Sie müßte in Chicago umsteigen und würde dort zwei Stunden Aufenthalt haben. Und obendrein gab es noch Schlechtwetter: ein heftiger Windsturm peitschte den Mittelwesten und bewegte sich langsam, aber sicher auf New York zu, so daß er höchstwahrscheinlich bei ihrer Ankunft ausbrechen würde.

Sie bewegte sich wie ein Roboter durch die Gänge, zählte im Vorbeigehen die Flugsteige. Der Flughafen wurde gerade renoviert – ein Dauerzustand, wie es schien –, und weiter vorn verengten Preßspanwände die Korridore zu wahren Treibgattern. Man hatte hier Sichtbeton unter den Füßen, und alles war von einem feinen Staubfilm bedeckt. Sie blickte besorgt auf die Engstelle vor sich – es blieben ihr nur zehn Minuten, um ihren Flug zu erreichen –, und sie verlagerte gerade die Umhängetasche von der linken auf die rechte Schulter, als ihr von hinten ein Stoß versetzt wurde. Eigentlich mehr als ein Stoß – wäre die Frau vor ihr nicht gewesen, hätte sie auf dem unebenen Boden wahrscheinlich den Halt verloren und wäre gestürzt. Im Aufblicken sah sie den Mann vorbeihasten, der auf dem verpatzten Flug neben ihr gesessen hatte – wie sollte sie ihn nennen: Pierce Lippski? Baiserkopf? –, während sie sich an der Frau festhielt und murmelte: »Verzeihen Sie, tut mir sehr leid.« Er schenkte ihr nicht einmal einen Blick, geschweige denn ein Wort der Entschuldigung. Er lief einfach weiter, ein Paar Schultern in einer Art Sportjackett, sein birnenförmiger Hinterkopf in der Zange einer kaum wahrnehmbaren Tonsur kurzer Stoppeln, eine Tasche umgehängt, die zu groß für ein Flugzeuggepäckfach war und wie eine Waffe an seiner Seite schwang.

Am Flugsteig sah sie ihn wieder – er stand an der Spitze der Schlange, einen Kopf größer als alle übrigen –, und was tat er da? Es waren noch mindestens zwanzig Leute vor ihr, und der neue Flug sollte in drei Minuten abheben. Der Kerl stand dort vorn wie angewurzelt, wedelte dem Angestellten der Fluglinie sein Ticket ins Gesicht und gestikulierte wütend in Richtung der Reisetasche. Ellen neigte nicht zu Aggressionen – sie war zweiunddreißig Jahre alt, eingekerkert in das Verlies einer ewigen Diät, mit schlaffem blondem Haar, einem unscheinbaren Gesicht und zwei milchigblauen Augen, die Mitgefühl und Bedauern verströmten –, doch wäre es ihr jetzt möglich gewesen, irgendeinen Schalter umzulegen, um Baiserkopf unverzüglich unter Knistern und Zischen ins Jenseits zu befördern, sie hätte nicht gezögert. »Was soll das heißen, ich muß es aufgeben?« verlangte er zu wissen, in einem Tonfall wie ein Preßlufthammer.

»Es tut mir leid, Mr. Lercher«, erwiderte der Mann hinter dem Schalter, »aber die Vorschriften der Bundesluftfahrtbehörde verlangen –«

»Ler*chère*, Sie Idiot, Ler*chère* – haben Sie kein Französisch gelernt? Und scheiß auf die Vorschriften! Ich habe jetzt sowieso schon zweieinhalb Stunden Verspätung und bin beinahe krepiert, weil das Scheißflugzeug in Brand geraten ist, und da wollen Sie mir erzählen, ich darf meine Tasche nicht mit in die Maschine nehmen, zum Teufel?«

Die anderen Passagiere ließen die Köpfe sinken, sahen auf die Uhr und mümmelten hektisch auf dünnen Streifen von geschmacklosem Kaugummi herum, auf den Laufbändern glitten Menschen vorbei, die Lautsprecher knackten und dieselben geistlosen Stimmen wiederholten endlos dieselben geistlosen Durchsagen auf englisch und spanisch. Sie fühlte eine Ohnmacht nahen. Oder nein, eine Übelkeit. Es war, als ob ihr etwas die Kehle hinaufkroch und zu entkommen versuchte, und sie mußte unwillkürlich an das Klassenzimmer denken, das sie für immer verlassen hatte, und an die Tarantel, wie sie durch die durchsichtigen Plastikröhren des Terrariums dort kroch.

Waldo hatten die Kinder sie genannt, nach dem Puzzle »Wo ist Waldo?«, das die Fünftkläßler ein, zwei Monate lang in den Wahnsinn getrieben hatte, bis etwas anderes – irgendein Computerspiel, dessen Namen sie nicht mehr wußte – an seine Stelle getreten war. Sie hatte diese fette träge Spinne nie gemocht, mit ihren langsamen, aber entschlossenen Kriechbewegungen von Beinen und Leib beim Durchstreifen ihres Reichs und auf der Suche nach Grillen, von denen sie sich ernährte, und dann dieses außerirdische Aussehen, wie eine abgetrennte Hand, die sich von allein bewegte. Sie ist ganz harmlos, hatte der stellvertretende Rektor versichert, doch als Tommy Ayala eine große hellbraune Falltürspinne mitbrachte und in das Terrarium setzte, reagierte Waldo blitzschnell und mit tödlicher Brutalität. In der Klasse hatte sich daraus eine interessante Diskussion ergeben – über tierisches Verhalten und Territorialverteidigung, und fast jedes Kind konnte eine Geschichte von Kannibalismus unter Guppys oder mörderischen Hamstern beisteuern –, aber es war keine erfreuliche Stunde. Lucy Fadel hatte das Thema der rücksichtslosen Autofahrer aufgebracht, und Jasmyn Dickers wußte von einem Teenager, dem die Kehle aufgeschlitzt worden war, weil er mit zwölf anderen Menschen in einer umgebauten Garage wohnen mußte, jemand anders war von einem Pitbull gebissen worden, und so weiter und so fort. Fünftkläßler. Zehn Jahre lang Fünftkläßler.

»Nur die Passagiere nach Chicago jetzt bitte«, sagte eine Flugbegleiterin, und mit einemmal schmolz die Schlange dahin, Ellen fand sich in der nächsten stählernen Röhre wieder, ihr Herz pochte noch immer zu schnell bei der Erinnerung an das brennende Triebwerk und die fatalistische Gewißheit, die sie gepackt hatte wie der Tod höchstpersönlich. War das ein Omen gewesen? Hatte sie den Verstand verloren, jetzt die nächste Maschine zu nehmen? Und wie war das mit dem Gebet, das sie gemurmelt hatte – warum war ihr das eingefallen? *Heilige Mutter Maria voller Gnaden, der Herr ist mit dir.* Gebete waren doch etwas für Kinder, für die Alten und Hoffnungslosen, und sie hatte beim Erwachsenwerden entdeckt, daß sie sich nicht an irgendeinen weisen und gelassenen Gott richteten, sondern hoch hinauf in die eisigen Lücken zwischen den Sternen. *Bete für uns, jetzt und in der Stunde unseres ...*

Weiter vorn sah sie die offene Tür des Flugzeugs, Nieten,

den dünnen Stahlmantel des Rumpfes, Flugbegleiterinnen in blauen Uniformen und mit versteinertem Lächeln, und dann schob sie sich durch den engen Gang wie eine im Stich gelassene Braut – »Die oberen Gepäckfächer bitte nur für Gegenstände benutzen, die nicht unter die Sitze passen … Flug ist vollbesetzt … bitten wir um Ihre Mitwirkung …«. Und dann murmelte sie wieder ein Gebet, ein weit gewöhnlicheres und profaneres diesmal: *Lieber Gott, laß mich bitte nicht wieder neben diesem Idioten sitzen!*

Sie sah auf den Abschnitt der Bordkarte – 18B –, zählte die Sitzreihen ab, und auf einmal war sie so müde, daß sie sich wie ausgeblutet fühlte (Anämie, hatte die Ärztin gesagt und die Lippen geschürzt, das war ihr Problem – das und Depressionen). Die Schlange war zum Stillstand gekommen, ihre Mitpassagiere ächzten wie Büßer unter der Last ihrer Taschen, und im Gang vor sich sah sie von ihnen nichts als die Schultern, die Mantelkrägen und die Haare, die ihnen in wahrhaft multiethnischer Vielfalt auf den Köpfen wuchsen. Die Glücklichen – also jene, die schon auf ihren Plätzen saßen – sahen entnervt zu ihr auf, als wäre sie verantwortlich für die Verspätungen, als hätte sie persönlich die Tieffronten über dem Mittelwesten ausgebreitet, den Piloten Lügen in den Mund gelegt und die Vorschriften für Gewichtslimits beim Handgepäck mißachtet. »Okay, okay, jetzt lassen Sie mir mal 'ne Minute Zeit, ja?« brüllte jemand, und durch eine Lücke in der Schlange sah sie ihn, sechs oder sieben Reihen weiter vorn, wo er den Gang blockierte, weil er mit seiner Tasche kämpfte, die er in eines der oberen Gepäckfächer zu stopfen versuchte. Rohe Gewalt, etwas anderes kannte er nicht, weil er ein verwöhnter

Querulant und Maulheld war, wie ein zu groß geratener Fünftkläßler. Sie haßte ihn. Jeder im Flugzeug haßte ihn.

Und dann war die Stewardeß da und versicherte ihm, sie werde seine Tasche weiter vorn unterbringen, während eine Lautsprecherstimme das Kommando gab, rasch die Plätze einzunehmen, und die Motoren donnernd zum Leben erwachten. Ellen erhaschte einen Blick in sein Gesicht, ungehobelt und selbstvergessen, als er sich wuchtig in den Sitz fallen ließ, und dann schlurfte die Schlange endlich wieder voran, und sie sah, daß ihr Gebet erhört worden war – sie saß drei Reihen vor ihm. Sie hatte natürlich einen Mittelplatz erwischt, wie die meisten der Passagiere aus der abgesagten Maschine, aber wenigstens war es nicht einer neben ihm. Sie wartete, bis die Frau auf dem Gangsitz (Mitte Fünfzig, ein Gesicht wie Satteltaschen und kupferfarbenes Haar in einem toupierten Dutt) ihren Gurt geöffnet und sich umständlich erhoben hatte, um sie durchzulassen. Am Fenster saß niemand – jedenfalls noch nicht –, und kaum hatte sie sich niedergelassen, Arm an Arm mit der Satteltaschenfrau, spekulierte Ellen auf diesen Platz.

Konnte sie so viel Glück haben? Nein, nein, sicher nicht, und schon schob sich eine weitere Schicht des Aberglaubens aus der trüben Brühe ihres Unterbewußtseins, so als hätte Glück nichts mit ihr zu tun oder mit dem, was sie an diesem Tag bereits durchgemacht hatte, oder in den letzten Wochen, Monaten und Jahren – oder eigentlich überhaupt ihr ganzes beengtes leeres Leben lang. Ein Name lag ihr auf der Zunge, ein Name, den sie – mit Hilfe der von ihrer Ärztin verschriebenen Medikamente – lange zu unterdrücken versucht hatte. Sie ließ ihn eine Zeitlang zu, und ihr

Kummer wurde immer größer, bis sie sich wie die Heldin eines rührseligen Films fühlte, die geschändete Nonne, die Witwe des Piloten, mit dunklen Schlehenaugen, unter dem steten Blick der Kamera dahinwelkend. Aber, so sagte sie sich, sie hätte das Bier nicht trinken sollen. Und den Cocktail auch nicht. Nicht zusammen mit den Tabletten.

Im Flugzeug wurde es ruhig. Die Gänge leerten sich. Sie kämpfte die Erschöpfung nieder und fixierte das andere Ende der Maschine, wo der letzte Passagier – ein Junge mit verkehrt herum aufgesetzter Baseballmütze – unter Schwierigkeiten seinen Platz einnahm. Verstohlen, nur mit den Füßen, schob sie ihre Tasche von dem Platz unter ihrem Sitz unter den Fenstersitz, und dann, nach kurzem Abwarten, löste sie ihren Gurt und rutschte auf den freien Platz hinüber. Sie streckte die Beine aus, schob Kopfkissen und Decke zurecht und sah den Flugbegleiterinnen zu, wie sie den Gang abschritten und die Gepäckklappen zudrückten. Sie dachte daran, daß sie ihre Mutter hätte anrufen sollen, um ihr die neuen Fluginformationen durchzugeben – sie würde sie von Chicago aus anrufen, genau, das würde sie tun –, als sich vorn in der Kabine noch einmal etwas regte und ein allerletzter Passagier durch die Luke trat, neben der die Crew schon bereitstand, um sie zu verriegeln. Der Mann ging geduckt, um den Fernsehmonitoren auszuweichen, und kam langsam den Gang entlang, seine Blicke huschten nach rechts und links, um die Zahlen der Sitzreihen zu prüfen, einen Mantel über den Arm gelegt, ein Softcase für einen Computer über die andere Schulter gehängt. Er trug ein legeres Jackett und ein T-Shirt darunter, das Haar war modisch kurz geschnitten, und seine Miene schien völlig gesammelt, obwohl er ja sicherlich eine wahnwitzige Hetze quer durch den Flughafen hinter sich hatte. Doch was am wichtigsten war: er ging offenbar direkt auf sie zu, auf 18A, den Sitz, den sie in Beschlag genommen hatte. Und was ging ihr da durch den Kopf? Ein Fluch, sonst nichts. Nur ein Fluch.

Und natürlich, bei Reihe 18 blieb er stehen, warf der Satteltaschenfrau einen Blick zu, dann wandte er sich an Ellen und sagte: »Entschuldigen Sie, ich glaube, hier bin ich richtig?«

Ellen errötete. »Ich dachte …«

»Nein, nein«, sagte er und sah Ellen weiter in die Augen, während die Satteltaschenfrau sich aufrappelte und aus ihrem Sitz rollte wie ein Felsen, der eine Höhle freigab, »bleiben Sie nur sitzen, kein Problem. Wirklich nicht.«

In diesem Moment sagte der Pilot etwas durch, das Gebrabbel der üblichen Wörter, die Maschine ruckte unter ihnen mit einer plötzlichen Erschütterung und löste sich vom Flugsteig. Ellen legte den Kopf zurück und schloß die Augen.

Sie wachte auf, als der Getränkewagen vorbeikam. Sie hatte einen säuerlichen Geschmack im Mund, in ihrem Kopf pulsierte es, und die Armlehne bohrte sich ihr in die Rippen, als wäre sie lebendig. Sie hatte von Roy geträumt, dem Mann, der ihr Leben zerlegt hatte wie ein kleiner Junge, der einem Insekt die Beine ausreißt, von Roy und jener ausgefeilt demütigenden Szene im Lehrerzimmer, bei der irgendwie ihre Mutter als Zeugin dabei war, und dann lagen sie und Roy miteinander im Bett, die steife Beharrlichkeit seiner Erektion (die sich später als die Armlehne erwies) und seine Hand, die ihr über den Rippenbogen glitt, bis sie sich anfühlte wie Waldo, Waldo die Tarantel, die ihre Brüste umfing. »Etwas zu trinken?« fragte die Stewardeß mit dem breiten Gesicht, und ihre beiden Sitznachbarn schienen Ellens Antwort sehnlich zu erwarten. »Scotch mit Soda«, sagte sie, ohne weiter nachzudenken.

Der Mann neben ihr, der Neuankömmling, der ihr seinen Sitz überlassen hatte, arbeitete auf dem Notebook, der sanfte blaue Schein des Bildschirms beleuchtete seine Lippen und Augen. Er blickte zu der Stewardeß auf, seine Finger schwebten über der Tastatur, und murmelte: »Könnte ich bitte einen Chardonnay haben?« Dann war die Satteltaschenfrau an der Reihe. »Sprite«, verlangte sie, und ihre dumpf grummelnde Stimme wurde vom Dröhnen der Triebwerke verschluckt.

Der Mann drückte sich gegen die Rückenlehne, als die Stewardeß sich vorbeugte, um Ellen ihren Drink zu reichen, dann tippte er rasch noch etwas ein, schaltete das Notebook ab und schob es sich auf den Schoß, unter das Klapptablett. Er nahm von der Stewardeß die kurzhalsige Flasche, das Glas, eine Serviette und eine Tüte Erdnüsse entgegen, baute alles ordentlich vor sich auf und drehte sich lächelnd zu Ellen um. »Ich weiß nie, was ich in diesen Dingern mit meinen Ellenbogen anfangen soll«, sagte er und wich von der gemeinsamen Armlehne zurück. »Irgendwie ist das hier wie in einem Sarg – oder wie in einem dieser mittelalterlichen Folterinstrumente, wissen Sie, was ich meine?«

Ellen nahm einen Schluck von ihrem Drink und spürte den heißen Rauch des Alkohols hinten in der Kehle brennen. Er sah gut aus, war attraktiv – mehr als attraktiv. In diesem Augenblick, beim Dröhnen der Motoren, während sich unter ihnen die gesichtslose braune Erde erstreckte, war er hell und schön, strahlend wie ein Erzengel, der durchs Fenster hereingeflattert war, um neben ihr Platz zu nehmen. Nicht daß sie das störte. Roy sah auch ziemlich gut aus, aber sie hatte genug von gutaussehenden Typen, genug von Fünftkläßlern, genug von dem ganzen gescheiterten Experiment des Alleinlebens in der nebligen palmenverhangenen großen Stadt. Eine Seite umblättern, ein neues Kapitel aufschlagen. »Oder vielleicht wie in einem Faß«, hörte sie sich sagen, »wenn man die Niagarafälle hinuntersaust.«

»Ja«, sagte er und lachte durch die Nase, »nur bei dem Faß geben sie einem keine persönliche Schwimmweste mit.«

Ellen wußte nichts darauf zu sagen. Sie nahm einen weiteren Schluck aus ihrem Becher. Sie spürte es, kein Zweifel, doch welchen Unterschied machte es schon, ob sie nun betrunken oder nüchtern war, wenn sie durch die labyrinthartigen Korridore von Chicago O'Hare wanderte, endlos verspätet durch Schnee, technische Störungen, die Horden aus aller Welt unterwegs nach überall? War doch egal, wieviel Schlagseite sie dabei hatte – sagte man das nicht für »betrunken«? Und was genau sollte das heißen? Irgendein Matrosenausdruck wahrscheinlich, etwas aus den Tagen der alten Karavellen, als man sich kotzend von einem Ort zum anderen bewegte.

Es wurde Zeit fürs Essen. Die Stewardeß mit dem breiten Gesicht beugte sich wieder vertraulich vor, diesmal mit der ewigen Frage – »Hühnchen oder Pasta?« – auf den Lippen. Ellen hatte keinen Hunger – Essen war das letzte, was sie wollte –, doch aus einem Impuls heraus wandte sie sich an ihren Nachbarn. »Ich bin eigentlich nicht besonders hungrig«, sagte sie, ihr Gesicht war seinem sehr nahe, ihre Ellenbogen berührten einander, sein linkes Knie erhob sich aus dem Boden wie ein Stützpfeiler, »aber wenn ich das Essen nehme, wollen Sie es haben – oder etwas davon? Als Extraportion, meine ich.«

Er sah sie verblüfft an und sagte dann: »Klar, wieso nicht?« Die Stewardeß wartete, ihr aufgeschweißtes Lächeln löste sich an den Mundwinkeln bereits in ersten Zuckungen der Ungeduld auf. »Für mich das Hühnchen«, sagte der Mann, »und für die Dame hier die Pasta.« Und dann zu Ellen, während er das Tablett von einer Hand in die andere nahm: »Sind Sie wirklich sicher? Ich weiß, das ist nicht gerade Drei-Sterne-Cuisine, aber Sie müssen was essen, und die tischen uns sowieso nur deshalb was auf, damit die Zeit vergeht und wir nicht merken, wie eingezwängt und unbequem wir es hier haben.«

Der Geruch des Essens – Salz, Zucker und geradezu greifbare tierische Fette – stieg ihr in die Nase, und ihr wurde wieder übel. Waren das die Tabletten? Der Alkohol? Oder war es Roy – Roy und das Leben überhaupt? Sie dachte darüber nach, und sobald sie das tat, war er da – Roy –, krallte sich gleich wieder in ihre Gedanken hinein. Sie sah ihn vor sich, die kräftigen Schultern in seinem schwarzen Polyesteranzug mit den winzigen roten Pünktchen – dem Anzug, den sie ihm aussuchen geholfen hatte, als hätte er so etwas wie Geschmack oder einen persönlichen Stil –, die aus den Höhlen quellenden Augen, seine Lippen, die aussahen wie zwei rings um den Mund aufgesetzte schmale, knausrige Hautlappen. *Scheiße im Hirn.* Das hatte er über sie gesagt, mitten im Lehrerzimmer, vor allen anderen – Lynn Bendall und Lauren McGimpsey, und diese kleine Hilfslehrerin, wie hatte die gleich geheißen? Er brüllte, und sie brüllte zurück, harte Bandagen, bedenkenlos. *Und wenn ich mit ihr ins Bett gehe? Was geht das dich an? Glaubst du, ich gehör dir? Ja, glaubst du das? Du hast wohl Scheiße im Hirn!* Laurens Miene war wie erstarrt, aber Ellen sah, wie Lynn der kleinen Hilfslehrerin zugrinste, und dieses Grinsen sagte alles, denn Lynn wußte offensichtlich weit besser als Ellen darüber Bescheid, mit wem Roy schlief.

Der Mann neben ihr – ihr Sitznachbar – aß jetzt. Er hatte Hunger, und das war gut. Sie fühlte sich selig, während sie ihm beim Essen zusah und ihn von seiner Arbeit erzählen hörte – er war Schriftsteller oder Journalist oder so ähnlich und flog über die Feiertage nach Philadelphia. Sie hatte auf das Essen verzichtet und es ihm geschenkt, dafür war er ihr dankbar – er hatte den ganzen Tag nichts gegessen, und schließlich steckte er noch in der Wachstumsphase, wie er sagte, dabei mußte er Anfang Dreißig sein. Und ledig, seinen unberingten Fingern nach zu urteilen. Ellen lächelte zurück. Und als der Getränkewagen nochmals kam, bestellte sie sich den nächsten Scotch.

Sie redeten über Filme, vielleicht das einzige Thema, das die Menschen noch gemeinsam hatten, als sie zufällig aufblickte und Lercher unsicher vorbeiwanken sah, auf dem Weg zu den vorderen Toiletten, das Gesicht zu einer besoffenen Grimasse verzerrt. Sie und ihr Nachbar – er hieß Michael, einfach Michael, mehr hatte er nicht angeboten – waren auf viele Übereinstimmungen gestoßen, was die derzeitige Filmlandschaft anging (keine Filme mit Explosionen, keine außerirdischen Lebensformen, keine Geriatrie-Lovestorys, keine einfältigen Kinderstars), und sie fühlte, wie sich allmählich etwas in ihr rührte. Sie war interessiert, aufrichtig interessiert, vielleicht zum erstenmal seit vielen Monaten. »Sehen Sie diesen Mann da?« fragte sie mit leiser Stimme. »Den mit den komischen Haaren? Der saß auf dem vorigen Flug neben mir, auf dem, wo – na, ich hab's Ihnen ja erzählt, wie ich aus dem Fenster gesehen hab und der Motor Feuer fing –, also, so sehr hab ich mich noch nie im Leben gefürchtet.«

Turbulenzen erschütterten den Rumpf der Maschine, die Lichter flackerten kurz und wurden dann wieder hell. Michael schenkte sich ein zweites Glas Wein ein und gab mitfühlende Geräusche von sich. »Das haben Sie richtig gesehen? Flammen? Oder waren das nur Funken oder so?«

Die Erinnerung ließ sie erschauern. »Flammen«, sagte sie, schürzte die Lippen und nickte heftig. »Ich hatte dermaßen Angst, daß ich sogar gebetet habe.« Sie sah kurz aus dem Fenster, wie um sich zu beruhigen. »Sie sind nicht religiös, oder?« fragte sie, als sie sich ihm wieder zuwandte.

»Nein«, sagte er und hob dabei die Hand, um dem Thema die Kehle zuzudrücken, ehe es von ihm Besitz ergreifen konnte. »Ich bin Atheist. Ich meine, wir hatten keine bestimmte Religion bei uns zu Hause, so waren meine Eltern eben …«

»Ich auch«, sagte sie und erinnerte sich an den Religionsunterricht, das Eintauchen in eiskaltes Weihwasser, ihre Mutter im schwarzen Schleier und den Priester beim Intonieren der einschläfernden uralten Wendungen ihrer Jugend, »aber als ich klein war, sind wir in die Kirche gegangen.«

Er fragte nicht, in was für eine Kirche, und es herrschte eine Weile Schweigen zwischen ihnen; das Flugzeug wiegte sich sanft, und der große Kerl kam torkelnd von den Toiletten zurück. Ellen schloß wieder die Augen, nur für einen Moment, das Schwanken der Kabine und die Tabletten und der Scotch zogen sie hinab an einen tintenschwarzen Ort, der aussah wie die Öffnung eines verlassenen Brunnens oder auch wie eine Höhle tief in der Erde …

Sie wurde jäh geweckt durch die plötzliche Explosion von Stimmen hinter ihr. »Einen Scheiß werd ich!« brüllte ein Mann, und sogar durch den Nebel des Erwachens erkannte sie ihn sofort.

»Aber, Sir, ich habe es Ihnen schon gesagt, die Maschine ist voll. Das sehen Sie wohl selbst.«

»Dann setzt mich eben nach vorne – und erzählt mir ja nicht, daß ihr da auch ausgebucht seid, denn ich bin vorhin dort gewesen, um aufs Klo zu gehen, und da ist jede Menge Platz. Das ist alles Scheiße. Ich lasse mich hier doch nicht einzwängen wie eine Ratte – ich hab den vollen Flugpreis gezahlt, und ich mach diesen Mist nicht länger mit, verstanden?«

Die ersten Köpfe wandten sich um. Ellen sah zu Michael hinüber, aber der war mit seinem Computer beschäftigt, mit einer Nachricht, die sie nicht lesen konnte, in einer Sprache, die sie nicht sprach, eine Zeitlang starrte sie auf die Reihen der dunklen Zeichen, die da über das trübe Firmament des Bildschirms wanderten, dann reckte sie den Kopf, um über die Rückenlehne zu sehen. Lercher stand mitten auf dem Gang, die Schultern vorgeschoben, den Kopf erhoben in Richtung der niedrigen Decke. Zwei Flugbegleiterinnen, die mit dem breiten Gesicht und eine schmächtigere Frau, deren Haar sorgfältig zu einem französischen Zopf geflochten war, versperrten ihm den Weg.

»Wir sind dagegen leider machtlos, *Sir*«, sagte die kleinere Frau mit einem Anflug von Gereiztheit. »Wie ich Ihnen bereits sagte, Ihr Ticket berechtigt Sie nicht zu einem Upgrade. Und nun muß ich Sie bitten, Ihren Platz wieder einzunehmen.«

»Das ist doch alles Scheiße«, wiederholte er. »Zweieinhalb Stunden im Flughafen warten, dann bringt ihr uns auch noch zurück nach Los Angeles, und jetzt stecke ich in diesem Viehtransporter, und ihr wollt mir nicht mal einen verdammten Drink servieren? Hä? Wie soll man das nennen?« Er fuchtelte mit den Armen und sprach die ringsherum Sitzenden an; jeder einzelne wich seinem Blick aus. »Also, ich nenne das Scheiße!« brüllte er.

Die beiden Frauen blieben ungerührt. »Setzen Sie sich, Sir. *Sofort.* Oder ich muß den Captain rufen.«

Die Miene des großen Kerls änderte sich. Die Furche zwischen seinen Augen wurde tiefer; seine Lippen zogen sich zurück, als wollte er der ersten Stewardeß auf das makellose blaue Jackett spucken. »Na schön«, sagte er unheilvoll, »wenn ihr das so durchziehen wollt«, aber er drehte sich bereits um und torkelte zurück nach hinten, und die beiden Flugbegleiterinnen zockelten ihm hilflos hinterher.

Ellen verdrehte sich auf ihrem Sitz, um ihm nachzublicken, ihre Hüfte preßte sich gegen den Sicherheitsgurt, mit der rechten Hand stützte sie sich aus Versehen an Michaels Unterarm ab. »Oh, Entschuldigung«, murmelte sie, während Lercher in der hinteren Bordküche verschwand, dann wandte sie Michael das Gesicht zu. Er wirkte überrascht, und seine Augen funkelten so elektrisierend blau, daß sie an die Fische im Aquarium des Klassenzimmers denken mußte – an die Neon-Tetras mit ihren grellen Längsstreifen. »Haben Sie das gesehen? Ich meine, haben Sie ihn gehört? Das war der Mann, von dem ich vorhin erzählt habe.«

Er zögerte einen Moment und starrte sie einfach nur an. »Nein«, sagte er dann, »ist mir nicht aufgefallen. Ich war – ich glaube, ich war so in meine Arbeit versunken, daß ich total vergessen habe, wo ich bin.«

Ellens Miene verdüsterte sich. »Dieser Typ ist der reinste Abschaum«, sagte sie. »Einfach gemein, sonst nichts, wie die üblen Schläger auf dem Spielplatz …«

Wieder entstand Unruhe im hinteren Teil des Flugzeugs, und als Ellen sich umdrehte, sah sie Lercher auf der anderen Seite aus der Bordküche herausstürmen, hinter sich die verschreckten Flugbegleiterinnen. Er hielt in jeder Hand eine Kaffeekanne aus funkelndem Stahl und lief den Gang entlang, und sein Blick war hart vor Haß. »Aus dem Weg!« schrie er und schubste eine wacklige alte Dame beiseite. »Wer sich mit mir anlegen will, kriegt kochenden Kaffee ab, ist das klar?«

Die Leute erwachten schnaufend. Hundert Köpfe duckten sich vorsorglich, und auf jedem Gesicht lag ein Ausdruck, der besagte: *Nicht jetzt, nicht hier, nicht mich!* Keiner sagte ein Wort. Dann kam plötzlich ein Steward aus dem Erste-Klasse-Abteil gerannt und versuchte, den großen Kerl an der Hüfte zu packen, und Ellen hörte eine Frau aufschreien, als ihr heißer Kaffee in die Bluse floß. Lercher hielt sich wacker und schlug den Steward mit der Unterkante der um sich spritzenden Kanne zu Boden, dann umklammerten die beiden Flugbegleiterinnen seine Arme, und auch ein Passagier, ein schwerfälliger Mann mit Halbglatze, sprang wild entschlossen auf, um sich ins Getümmel zu stürzen.

Für eine Weile entstand eine Art Gleichgewicht, bei dem die Gruppe mal vorwärts wogte und dann wieder zurückwich, doch Lercher war zu stark für sie. Er schlug den dicken Mann mit einem wuchtigen Schlag nieder, dann schüttelte er die beiden Frauen ab wie nichts. Die verbrühte Frau schrie erneut auf, und Ellen hatte das Gefühl, als drehte jemand ein Messer in ihr um. Sie konnte nicht atmen. Ihre Arme wurden schlaff. Lercher tanzte auf dem Gang herum, brüllte Obszönitäten, jetzt verschwand er wieder nach hinten in die Bordküche, und der Himmel mochte wissen, was für Waffen er dort noch finden würde.

Wo blieb nur der Pilot? Wo war das Bordpersonal? Unter den Passagieren herrschte heller Aufruhr, Babys schrien, die Menschen riefen um Hilfe, alles war in Bewegung – Lercher war in der Küche, er zerlegte das Flugzeug, und niemand konnte etwas dagegen tun. Man hörte das Krachen eines umkippenden Servierwagens, mehrere laute Rufe, und plötzlich tauchte der Kerl am anderen Ende von Ellens Sitzreihe auf, das Gesicht so verzerrt, daß es gar nicht mehr menschlich wirkte. »Verrecken sollt ihr!« brüllte er. »Ihr werdet alle verrecken, ihr Arschlöcher!« Der hintere Notausstieg war unmittelbar neben ihm, und er hielt in seiner Wut inne, um mit seinem schweren Stiefel dagegenzutreten, und dann schlug er mit einer der Kaffeekannen auf das Plexiglasfenster ein, als könnte er es bersten lassen und in die Troposphäre heraussegeln wie eine Art menschliches Geschoß.

»Ihr werdet alle sterben!« schrie er und drosch immer wieder gegen die Scheibe. »Ihr werdet ins Leere hinausgesaugt werden, ihr alle!« Ellen glaubte das Glas knacken zu hören – unternahm denn niemand etwas? –, und dann ließ er beide Kaffeekannen fallen und rannte den Gang entlang in Richtung der ersten Klasse.

Bevor sie etwas unternehmen konnte, erhob sich Michael aus seiner Sitzposition, schwang sein Notebook quer über das Essenstablett der Satteltaschenfrau und erwischte Lercher mit einer der scharfen Kanten genau zwischen den Beinen. Ellen sah sein Gesicht, Lerchers Gesicht, verzerrt und verschwiemelt wie eine offene Wunde, und es senkte sich direkt auf Michael nieder, der sich in seiner zugeteilten Sitzbreite von fünfundvierzig Zentimetern kaum rühren konnte. Mit einem einzigen Schwung riß der große Kerl Michael das Notebook aus den Händen und knallte es ihm blitzschnell auf den Kopf, und Ellen fühlte Michael neben sich bewußtlos niedergehen. In diesem Augenblick wußte sie nicht mehr, was sie tat. Aber auf jeden Fall hatte sie genug von alledem, genug von Roy und diesem besoffenen Schläger voller Testosteron und von dem armseligen beengten Leben, das sie bei ihrer Mutter erwartete, deshalb erhob sie sich aus dem Sitz wie eine Rakete – und in der

Hand hielt sie, wie ein flammendes Schwert, eine schmale Stahlgabel, die sie wohl aus dem leer gegessenen Tablett geschnappt hatte. Sie ging auf sein Gesicht los, auf seinen Kopf, seine Kehle, umfing ihn mit ihrem Körper, dabei sangen die Medikamente in ihrem Kopf, und der Scotch floß in ihren Adern wie Götterblut.

Sie legten eine Notlandung in Denver hin, dann wartete die Maschine in leisem Schneegewirbel auf dem Boden, während die Behörden an Bord kamen, um Lercher festzunehmen. Man hatte ihn schließlich doch überwältigt und mit Stoffservietten aus der ersten Klasse an seinen Sitz gefesselt, eine letzte Serviette steckte als Knebel in seinem Mund. Der Captain hatte über Lautsprecher eine Auswahl an Entschuldigungen abgegeben und dann, zu mattem Applaus aus der Kabine, für den Rest des Fluges Gratiskopfhörer und alle Drinks auf Kosten der Airline spendiert. Ellen saß benommen über dem nächsten Scotch, der Platz neben ihr nun endgültig unbesetzt. Noch vor den Männern in Uniform, die Lercher Handschellen und Fußfesseln angelegt hatten, waren die Sanitäter den Gang herangeeilt, um den armen Michael ins nächstgelegene Krankenhaus zu evakuieren, und sie würde nie vergessen, wie seine Augen in den Höhlen herumgerollt waren, als sie ihn auf die Trage gelegt hatten. Und Lercher, groß und voll blauer Flekken, der Kopf besoffen nach vorn gesunken, das getrocknete Blut auf der Wange verschmiert, wo sie mit der Gabel wieder und wieder hineingestochen hatte, als wollte sie mit einem stumpfen Messer einen Braten tranchieren. Jedenfalls wurde Lercher abgeführt wie Billy Tindall oder Lucas

López im harten Griff des Rektors an einem schlimmen Tag in der La Cumbre Elementary School.

Sie nippte an ihrem Drink, ihr Gesichtsausdruck war erschlafft, der Blick ging ins Leere, alle im Flugzeug murmelten in Ehrfurcht. Die Leute warfen ihr verstohlene Blicke zu, die Satteltaschenfrau schenkte ihr ihr Exemplar der Januarausgabe des *Cosmopolitan,* sogar der Captain sah vorbei, um ihr persönlich zu danken. Und die Flugbegleiterinnen – die waren so erleichtert, daß sie praktisch vor ihr in die Knie gingen. Es war ihr egal. Alles war egal. Sie würde Formulare ausfüllen müssen, dann ein Aufenthalt in Chicago, ein ereignisloser Flug nach New York, Ankunft mit acht Stunden Verspätung. Ihre Mutter würde dasein, voller Mitleid und Resignation, zu zartbesaitet, um Roy oder die Schule oder irgendeines der traurigen Details ihres Umzugs zu erwähnen, die Verschwendung der neuen Mikrowelle und der vielen Möbel, die im Sperrmüll gelandet waren. Sie würde lächeln, und Ellen würde zurücklächeln. »Ist das alles?« würde ihre Mutter fragen, angesichts der Reisetasche, die sie über der Schulter trug. »Du mußt doch irgendwelches *Gepäck* haben?« Und dann, wenn sie den teppichbezogenen Korridor entlanggingen, zwei Frauen mitten im Gedränge der Menschen, kurz vor den Feiertagen, draußen das Schneegestöber, würde ihre Mutter sie am Arm nehmen, sie anlächeln und, nur um etwas zu sagen, irgend etwas, ihr die Frage stellen: »Hast du einen guten Flug gehabt?«

Unterwegs

MATTENSALAT

Erst muss ich warten, bis die Ampel auf Grün umschaltet. Dann pedale ich los. Schwere Laster von der Mulden-Zentrale rollen an mir vorbei. Sie führen den Bauschutt der Stadt in die leeren Kiesgruben jenseits der Grenze. Ihr verrostetes Gusseisen drückt mich in den Rinnstein. Man muss aufpassen, dass man nicht überfahren wird hier.

Später in der Hegenheimerstraße lässt der Verkehr nach. Dies ist keine Ausfallstraße. Nur eine Straße ins Elsass.

Elsass kommt von Elend. Und das Elend meint ursprünglich die Fremde. Für die rechtsrheinischen Alemannen saßen die Fremden jenseits des Flusses. Das heißt im Elsass.

Der Schweizer Zoll ist bemannt, wie es sich gehört. Ein junger Mann in Uniform sitzt hinter dem Fenster. Er verzieht keine Miene, als ich vorbeifahre, er winkt mir nicht. Das französische Zollhäuschen ist leer. Also halte ich nicht an, ich habe nichts zu verzollen.

Rechts liegen die Gruben. Auf ihrem Grund glänzt das Wasser. Dort wohnen die Frösche und Reiher. Die Motoren der Laster heulen auf, wenn sie die steilen Rampen hinunterfahren. Die Weiden blühen unglaublich gelb. Es ist eindeutig Frühling geworden.

Ich trete langsamer in die Pedale. Eigentlich wollte ich nur an den Stadtrand fahren. Aber jetzt zieht es mich weiter.

Die Laster bleiben zurück. Die Chauffeure sind schließlich nicht zum Vergnügen unterwegs wie ich. Die Pneus summen leise.

Hegenheim liegt in der Sonne. Es wirkt seltsam leer. Noch ist nichts für den Sonnenschein eingerichtet. Keine Bank steht draußen, keine Schwalbe hängt am Himmel. Aber am Dorfausgang blühen Bachbumbeln und Schlüsselblumen am Wasser.

Die Straße wird steil, ich steige ab und schiebe. Wohin will ich eigentlich? Nur vorwärts, nur weiter.

Eine Frau kommt mir entgegen, sie trägt einen Korb. Warm heute, sagt sie und bleibt stehen. Sehr warm, sage ich, fast zu warm für die Jahreszeit. Ja, sagt sie, und noch ist der Seppentag nicht vorbei. Seppentag?, frage ich. Ja, sagt sie, der Tag des heiligen Joseph am 19. März. Aber der Schnee kommt schon noch. Anno 1930 hat's auch erst im April geschneit. Den ganzen Winter nicht, aber dafür im April. Sie schaut mich besorgt an, ich schaue besorgt zurück. Dann zeigt sie in ihren Korb, in dem junger Löwenzahn liegt. Es gibt schon Mattensalat, sagt sie, ich habe schon drei Mal geholt.

Ihr Gesicht hat sich aufgehellt, offensichtlich mag sie Mattensalat. Das ist ein guter Moment zum Abschied. Wir nicken uns zu, und ich schiebe das Velo weiter.

Am Eingang des nächsten Dorfes steht links am Bach ein großer, weißer Wohnwagen. Davor kniet einer im Gras, vor sich einen halbfertigen Weidenkorb. Daneben hat er ein Bündel Weidengerten liegen. Eine hält er in den Händen. Er flicht sie langsam um die fingerdicken Ruten, die das Gerüst des Korbes bilden. Die Sonne scheint darauf und lässt die rote Rinde aufleuchten.

SCHWIMMEN IM FLUSS

Du liegst im Fluss, lang ausgestreckt an der Oberfläche, den Kopf zwischen den Armen, die Augen geschlossen. Du lässt dich treiben von der Strömung, die das grünbraune Wasser Richtung Meer zieht. Du spürst die Kühle, die deine Glieder umhüllt und eindringt in deine Eingeweide. Du bist ein Lebewesen, das sich nicht rührt und getragen und transportiert wird wie ein mannslanger Baumstamm, und in deine Ohren dringt das beruhigende Geräusch der Kiesel, die auf dem Grunde meerwärts geschoben werden.

Du staunst, wie lange du es aushältst, ohne zu atmen, es gefällt dir, kein Lufttier mehr zu sein. Du denkst an Kiemen, die sich an deinem Halse öffnen, durch die das Wasser einfließt und dich zum Wassertier macht. Du möchtest so liegen bleiben für immer und ewig, langsam das Menschenbewusstsein verlierend, eine Wasserleiche zuletzt mit ausgestreckten Fingern, die zu Flossen werden. Du möchtest landen im Meer.

Dann hebst du den Kopf und siehst ein Stück der sonnendurchfluteten Welt: den breiten Fluss, der mitten durch die Stadt fließt, in der du lebst, die beiden Ufer mit den vertrauten Häuserfassaden, das Münster weiter oben, die

Brücke, auf die du zuschwimmst. Du legst dich auf den Rücken und schaust zum Brückengeländer hinauf, wo Leute in Sommerkleidern stehen und herunterwinken. Sie winken immer, das weißt du aus Erfahrung: Leute am Ufer winken Leuten im Fluss.

Du gleitest unter dem Brückenbogen in den Schatten hinein. Hier riecht es nach schmutzigem Schlamm und ein bisschen nach Großstadt, und würdest du laut hinaufrufen, würde dein Ruf dröhnen wie in einer Fabrikhalle.

Weiter unten siehst du einen Lastkahn, der sich flussaufwärts schiebt. Er muss randvoll sein, der Bug ragt knapp über das Wasser. Du hörst das Stampfen seines Motors, du hast es schon unter Wasser gehört als helles Sirren, es hat das Rieseln der Kiesel zerschnitten.

Du musst ausweichen. Du drehst dich auf den Bauch, stößt deine Arme nach vorn und ziehst sie kräftig zurück. Du spürst, wie dein Leib durchs Wasser gleitet, du spürst deine Kraft, und plötzlich packt dich eine Freude. Du schlägst mit Armen und Beinen ins Wasser, dass es aufspritzt wie früher in der Badeanstalt, wo du schwimmen gelernt hast, und am liebsten würdest du schreien. Das kommt dir zwar einen Moment lang kindisch vor, aber es stört dich nicht, im Wasser ist alles kindisch, und überhaupt bist du ein alter Kindskopf, auch an Land. Du schreist trotzdem nicht, der Moment dazu ist verpasst, du strampelst einfach weiter, bis du außer Atem bist. Dann liegst du wieder ruhig und schaust zu, wie draußen der Lastkahn vorbeistampft.

Vom Spazieren

Ich möchte zugunsten der Natur sprechen, zugunsten absoluter Freiheit und Wildheit – im Gegensatz zur Freiheit und Kultur im bürgerlichen Sinne –, und ich möchte den Menschen als untrennbaren Teil der Natur und nicht als Mitglied der Gesellschaft betrachten. Ich möchte einen extremen Standpunkt einnehmen, und zwar mit Entschiedenheit, denn Verfechter der Zivilisation gibt es bereits genug: den Pfarrer und das Schulkomitee und alle anderen.

Im Laufe meines Lebens habe ich nur ein oder zwei Menschen kennengelernt, die die Kunst des Gehens, will sagen die Kunst des Spazierens beherrschten und sozusagen eine natürliche Begabung für das Pilgern* besaßen, ein Wort, das sinnigerweise auf das kirchenlateinische *pelegrinus* (der ins Heilige Land wallfahrende Fremde) zurückgeht. Wer, obgleich er sich diesen Anschein gibt, bei seinen Spaziergängen nie ins heilige Land gewallfahrtet ist, ist nicht mehr als ein Herumtreiber und Vagabund; doch wer auszieht, um die Heiligkeit des Landes zu suchen, ist ein Pilger in dem

---

* Im Original *sauntering* (schlendern, bummeln), dessen Etymologie Thoreau fälschlich auf die französische Wendung *aller à la Sainte Terre* zurückführt.

guten Sinne, den ich meine. Manche argumentieren, das Wort »pilgern« bedeute ursprünglich »fremd sein«, »nicht daheim sein« – was, ins Positive gewendet, hieße, daß ein solcher Mensch, der kein Zuhause hat, überall zu Hause ist. Dies nämlich ist das Geheimnis des erfolgreichen Pilgerns. Wer immer still zu Hause hockt, kann dennoch der größte Vagabund sein; der Pilger dagegen, den ich meine, vagabundiert ebensowenig wie ein mäandernder Fluß, der doch fortwährend emsig bestrebt ist, den kürzesten Weg zum Meer zu nehmen. Ich ziehe allerdings die erste Ableitung vor, die auch tatsächlich die wahrscheinlichere ist. Denn jeder Spaziergang ist eine Art Kreuzzug, zu dem uns ein Peter von Amiens aufgerufen hat; es ist der Versuch, hinauszugehen und dieses heilige Land aus der Hand der Ungläubigen zu befreien.

Wir sind recht kleinmütige Kreuzritter – das gilt auch für die Spaziergänger heutiger Tage, die sich auf keine unbeirrt unternommenen endlosen Reisen begeben. Unsere Expeditionen sind bloß Streifzüge, und abends kehren wir an den vertrauten Herd zurück, von dem wir aufgebrochen sind. Bei solchen Landpartien verbringen wir die Hälfte der Zeit lediglich damit, unsere Schritte zurückzuverfolgen. Vielleicht sollten wir noch den kürzesten Spaziergang im Geist eines unendlichen Abenteuers angehen, als wollten wir nie zurückkehren, als wären wir entschlossen, einzig unser einbalsamiertes Herz als Reliquie in unser verwaistes Königreich zurückzusenden. Wer bereit ist, Mutter und Vater, Bruder und Schwester, Weib, Kind und Freunde zu verlassen und nie wiederzusehen, wer alle Schulden bezahlt, ein Testament aufgesetzt sowie alle Angelegenheiten geregelt hat, wer also ein freier Mann ist, der ist gerüstet für einen Spaziergang.

Um auf meine eigenen Erfahrungen zu sprechen zu kommen: Mein Begleiter und ich – denn gelegentlich habe ich einen Begleiter – gefallen uns in der Vorstellung, wir seien Vertreter eines neuen oder vielmehr recht alten Standes, nicht der Reiter oder Ritter, sondern der Spaziergänger, eines, wie ich glaube, noch älteren und ehrbareren Standes. Der heldenhafte Geist, der einst den Ritter beseelte, scheint heute den Wanderer ergriffen und sich in ihm festgesetzt zu haben: vom fahrenden Ritter zum fahrenden Spaziergänger. Er gehört zu einer Art viertem Stand, jenseits von Kirche, Obrigkeit und gemeinem Volk.

Wir haben festgestellt, daß wir diese edle Kunst hierorts beinahe allein ausüben, obgleich die meisten in meiner Stadt, sofern man ihren Behauptungen Glauben schenken kann, manchmal nur zu gern spazierengehen würden wie ich, nur daß sie dazu nicht imstande sind. Kein Reichtum vermag die erforderliche Muße und Unabhängigkeit zu erkaufen, die in diesem Metier das Kapital darstellen. Beides wird einem nur durch die Gnade Gottes zuteil. Um ein Wanderer zu sein, braucht man eine Berufung direkt vom Himmel. Man muß in die Familie der Spaziergänger hineingeboren werden. *Ambulator nascitur, non fit.*[*] Einige in meiner Stadt können sich zwar noch an vor zehn Jahren unternommene Spaziergänge erinnern und haben mir diese beschrieben; sie hatten dabei das Glück, sich für eine halbe

[*] »Ein Spaziergänger kann man nicht werden – man ist es durch Geburt.«

Stunde im Wald zu verirren. Doch ich weiß sehr wohl, daß sie seither nicht mehr von der Landstraße abgewichen sind, auch wenn sie auf mancherlei Art vorgeben, zum auserwählten Stand der Spaziergänger zu gehören. Zweifellos fühlten sie sich für einen Augenblick auf eine höhere Stufe gehoben, wie durch die Erinnerung an ein früheres Leben, in dem selbst Menschen wie sie Waldhüter oder Gesetzlose waren.

> Als er eines schönen Morgens
> In den grünen Wald trat,
> Hörte er das leise Zwitschern
> vieler munterer Vögel.
>
> Es ist lange her, sagt Robin,
> Daß ich zuletzt hier war,
> Um bei einem stolzen Hirsch
> Mein Jagdglück zu versuchen.*

Ich glaube, daß ich meine körperliche und geistige Gesundheit nur bewahre, indem ich täglich mindestens vier, gewöhnlich jedoch mehr Stunden damit verbringe, absolut frei von allen Forderungen der Welt durch den Wald und über Hügel und Felder zu schlendern. Und an was, so wird man mich gewiß fragen, denke ich dabei? Zuweilen denke ich dabei daran, daß die Handwerker und Ladenbesitzer nicht nur die Vormittage, sondern auch die Nachmittage in

---

* *A Gest of Robyn Hode*, aus: *The English and Scottish Popular Ballads*, ed. Francis James Child, Vol. III, Boston, 1890.

ihren Werkstätten und Läden verbringen, viele von ihnen auch noch mit gekreuzten Beinen – als wären Beine nicht zum Stehen und Gehen, sondern zum Sitzen gemacht –, und dann finde ich, diesen Menschen gebühre eine gewisse Anerkennung, weil sie ihrem Leben nicht schon längst ein Ende gemacht haben.

Ich kann keinen Tag in meinem Zimmer verbringen, ohne Rost anzusetzen, und zuweilen, wenn ich mich um vier Uhr nachmittags, gewissermaßen um die elfte Stunde, zu einem Spaziergang fortgestohlen habe, zu spät, um das Tagwerk noch zu retten, da die Schatten der Nacht sich bereits mit dem Licht des Tages mischen, habe ich ein Gefühl, als hätte ich eine Sünde begangen, für die ich büßen muß. Und doch bin ich, wie ich gestehe, verblüfft über das Beharrungsvermögen und vor allem die moralische Gefühllosigkeit meiner Nachbarn, die sich Wochen und Monate, ja ganze Jahre von früh bis spät in Büros und Werkstätten einschließen. Ich weiß nicht, aus welchem Stoff die gemacht sind, die um drei Uhr nachmittags dasitzen, als wäre es drei Uhr morgens. Bonaparte hat von der Tapferkeit um drei Uhr morgens gesprochen, doch die ist nichts im Vergleich zu der Tapferkeit, die man braucht, um sich um drei Uhr nachmittags frohen Mutes an die Belagerung der eigenen Person zu machen, mit der man bereits den ganzen Vormittag verbracht hat, und eine Garnison auszuhungern, der man sich eigentlich verbunden fühlt. Ich frage mich, warum in den Straßen meiner Stadt um diese Zeit – sagen wir zwischen vier und fünf Uhr nachmittags, wenn es für die Morgenzeitung zu spät und für die Abendzeitung zu früh ist – keine große Explosion zu hören ist, welche die

unzähligen althergebrachten, zahmen Gedanken und Vor-
stellungen in alle vier Winde zerstreut, um sie auszulüften,
wodurch das Übel kuriert wäre.

SIBYLLE LEWITSCHAROFF
Unterwegs mit Rumen

Wir, sage ich zu meiner Schwester, sind noch gut davongekommen. Meine Schwester sitzt vorne auf dem Beifahrersitz und schweigt. Nur ein winziges Neigen des Kopfes Richtung Fenster deutet an, daß sie verstanden hat. Sie ist an meine Eröffnungen gewöhnt und weiß, was gemeint ist.

Weg und fort und Ende, sage ich. Ein Vater, der ein Ende macht, bevor er die ganze Familie zermürbt, ist eher zu loben als zu verdammen.

Machen, da spielt doch der hellichte Tag mit hinein? Da will doch etwas angestaunt werden, wenn's fertig ist? Gemach, Gemächt, gemacht. Gemacht wird jetzt eine Boxbewegung auf die Kopfstütze zu, aber alles bleibt an der Luft, schneller als gehoben liegt die Hand wieder auf dem Knie. Dumm? Ja, dumm ist so manches, was ich tu, aber noch kein vernünftig Kraut dagegen gewachsen. Meine Schwester hört und sieht mich im Moment nicht, weil sie Rumen anlächelt und weil der Lärm des Wagens die feineren Geräusche schluckt.

Manchmal spreche ich zu meiner Schwester wie in den Wind. Sie kennt die Anläufe von meiner Seite, in denen unser Vater selten gut, meistens schlecht wegkommt. Von der Mutter schweigen wir eisern. Das Bezaubernde an meiner

Schwester ist: sie nimmt mich nicht ernst und verzeiht alles. Sie ist eine vorbildliche ältere Schwester, die der jüngeren mit Engelsgeduld begegnet. Obwohl wir inzwischen mittleren Alters sind, denkt meine um zwei knappe Jährchen ältere Schwester, sie habe es mit einem unschuldigen Kind zu tun, über dessen Marotten man ein bißchen die Stirn runzelt, im guten Glauben, sie würden sich noch auswachsen.

Rumen Apostoloff ist nicht an uns gewöhnt, sein Haar steht bis zu den Spitzen in Hab-Acht-Stellung. Über meine Reden erschrickt er, meine Schwester himmelt er an. Sein Gehör ist exzellent, er versteht fast immer, was wir sagen, nur wenn wir absichtlich in breiteres Schwäbisch fallen, kommt sein detektivischer Sprachsinn mit den weichen, verschliffenen Lauten nicht zurecht.

Rumen ist unser Hermes, er trägt die Sprachen hin und her, fährt und findet im Fahren den Weg, einer jener verzweifelten bulgarischen Fahrer, die kein Auge dafür haben, was am wegflitzenden Straßenrand alles krepiert. Als uns ergebener Nervösling fährt er durch sein verzweifeltes Land, das bei Nacht noch viel verzweifelter ist.

Wir, sage ich zu meiner Schwester, können uns nicht beschweren. Wir wurden ernährt, wurden nicht geschlagen und haben lange Ausbildungen finanziert bekommen, zu guter Letzt reichte es sogar zu einem bescheidenen Erbe. Was will man mehr.

Die freudlose Vernunft meiner Sätze widert mich an, was dazu führt, daß ich eine Weile den Mund halte. Meine Schwester schweigt ohnehin viel, und Rumen wagt es nicht, sich in eine Rede zu mengen, die auf Fortsetzung angelegt ist.

Wir rollen auf der gut ausgebauten Straße nach Veliko Tarnovo dahin. Sofia haben wir gerade hinter uns gelassen, auf der linken Seite zeigen sich marode Industrieanlagen, von denen rötlichgelbe Rauchfahnen in den Himmel wehen. Die ganze linke Seite ist in einen rötlichgelben Schleier gehüllt, dessen Partikel im Sonnenlicht giftig glitzern. Es stinkt. Eine lange Reihe Lastwagen befindet sich vor uns. Rumen Apostoloff rückt den Oberkörper in seinem Sitz zurecht und packt das Steuer mit Entschlossenheit, vor sich das harte Geschäft des Überholens, auf der Rückbank eine Frau, die er nicht leiden kann.

Die Windrose des Vaterhasses verwirbelt so manches Fünkchen Vaterliebe, sage ich unhörbar zu meiner Schwester, während wir die roten Staubwolken des Metallurgiekombinats von Kremikovski, einstmals *ein Kind bulgarisch-sowjetischer Freundschaft*, hinter uns lassen.

Wir sind Kinder der deutsch-bulgarischen Freundschaft, einer ebenso zweifelhaften, wie es die bulgarisch-sowjetische war. Eine Freundschaft aus Lügen, Eisen und Blech, von der nicht viel mehr blieb als verschrottete Panzer und längst verweste Haufen von Leichen. Unter einem Separathäufchen, als Spät-, nicht als Kriegsleiche, ist unser Vater verwest.

Zeige er sich doch, der Vater, wenn er kann!

Nichts da. Noch ist die Zeit nicht reif, mit zartem Hämmern das Bild des Vaters auszuklopfen. Kristo, sein durchdringend symbolischer Name. Kein elastischer, gutmütiger Name, der einem Knaben hilft, sich in der Welt umzutun. Was für ein eiserner Kranz von Bedeutungen auf diesem Kreuznamen lastet. Dieser Vater-Kristo, damals natürlich noch nicht Vater, sondern bloß Sohn, soll das Schreiben zwar rasch erlernt, bei seinem Namen soll es jedoch gedauert haben, bis er ihn ohne Zögern hat hinschreiben können. Als Erwachsener, Arzt dann, hatte er eine versudelte Schrift, für jeden Apotheker, der seine Rezepte entziffern mußte, eine Zumutung. Der Namenszug war völlig unleserlich. Ja, auch bei unserem Vater bildete der Name den Kern der Persönlichkeit. Eine völlig versudelte Persönlichkeit, sage ich zu meiner Schwester und glaube zu hören, wie sie seufzt – meines Geredes wegen, der unbegreiflichen Launen, denen es folgt.

Eine Persönlichkeit ohne Stimme und Gewicht, zumindest für seine Töchter, falls er in deren Köpfen überhaupt vorkommt, sage ich triumphierend. Dochdoch, er kommt vor. Zeigt sich huschhusch nach Belieben, dieses Aas von einem Vater! Es sind die nachts begonnenen und tagsüber ausgeschmückten Träume, in denen unser Vater regelmäßig wiederkehrt.

Da meine Schwester beharrlich schweigt, Rumen nur stöhnt und mit der Faust aufs Lenkrad schlägt, wenn, wie er glaubt, ein ausgemachter Schwachkopf ihn am freien Fahren hindert, spreche ich jetzt für meine Schwester mit – obwohl sie für gewöhnlich leugnet, daß Väter in Träumen erscheinen, unser versudelter Vater sogar mit einiger Hartnäckigkeit.

Neulich, in der Nacht, bevor wir nach Sofia flogen, saß er bei mir im Zimmer. Seine Präsenz war so wenig merkwürdig, wie zum Beispiel in einer Erzählung von Murakami, in der es heißt: *Als Katagiri in seine Wohnung kam, wartete dort ein riesenhafter Frosch auf ihn.*

Auf mich wartete keine riesenhafte Amphibie, sondern bloß der Vater. Er benahm sich diskreter als Murakamis Frosch, schwieg. Wozu die Stimmbänder strapazieren, zwischen uns gibt es nichts zu bereden. Langsam stand er auf und ging durch die Wand. Während er schon verschwunden war, schleppte das Ende seines Stricks noch am Boden, bis es allmählich ebenfalls verschwand. Mein Vater hat seinen Strick meistens dabei, das ist ganz und gar nichts Neues.

Unser Rumen ist ein hektischer Fahrer. Immer wieder reißt er mich aus meinen Gedanken. Wenn er überholt, fragt man sich unwillkürlich, schafft er's, oder schafft er's nicht. Gerade hat er einen Lastzug hinter sich gelassen, beladen mit Baumstämmen, an deren längstem ein roter Wimpel flattert. Wir sind noch mal davongekommen.

Rumen Apostoloff möchte uns die Schätze Bulgariens zeigen. Meine Schwester und ich wissen es besser: solche Schätze existieren nur in den bulgarischen Hirnen. Wir sind überzeugt, Bulgarien ist ein grauenhaftes Land – nein, weniger dramatisch: ein albernes und schlimmes. Seine Gegenden? Meer, Wald, Gebirge, Auen? Unseretwegen mag es da verborgene Reize geben. Wir sind aber keine Ornithologen und wollen auch nicht auf Bärenjagd gehen. Auf malerische Rhodopenschluchten geben wir nichts, Hammerschläge in Rhodopentälern erschüttern uns nicht, Glockengeläut lädt uns nicht zum Kirchgang ein. Rosenfelder sind für uns Rosenfelder und sonst wenig, Rosenfelder bringen unsere Herzen nicht in Wallung. Bloß weil man auf eine blutrote Fläche zeigt, benehmen wir uns nicht wie Frischverliebte und erfahren auch keine Extrablutzufuhr. Nüchtern bleiben ist eine Kunst. Eisern wird sie von uns praktiziert, sobald wir bulgarische Luft wittern, gar die ersten vorsichtigen Schritte auf bulgarischem Boden tun.

Und sonst? Sind die bulgarischen Chöre etwa nichts? *Le Mystère des voix bulgares,* wie es immer so nobel heißt? Hört sich das nicht an wie hoch droben in den Äther hineingesungen und vom Berg herabtönend? Kommen wir nicht ins Grübeln, wenn wir an Orpheus denken, der in den Rhodopen so rein und bezaubernd sang und dazu die berühmte Leier schlug, daß Steine und Bäume sich um ihn her scharten, alles Wild die Hörner senkte, Hirschen und Rehen die Beine einknickten vor Entzücken, Fell an Fell, Fell an Kleid von Gejagten und Jägern sich aufs weiche Moos lagerte und Frieden herrschte und Lauterkeit unter allen Wesen, die Ohren haben und in deren Brust ein Herz schlägt, weil alles nur noch ein Lauschen war, ein sonderbares Lauschen, ein Lauschexzeß mit fühlenden Steinherzen und auffangsamen Steinohren, wie ihn nicht einmal die Bibel kennt.

Tja, sagen wir, mag wohl sein, aber ihr habt eure Ur-Ur-Urgroßmütter vergessen, diese geifernden Mänaden, diese Lärmkanaillen, rachsüchtig, blutwütig, böse. So lange bliesen die auf ihren Hörnern und schrieen und schlugen Krach, bis Orpheus' Gesang nicht mehr verfing und sie den Sänger schlachten konnten. Auf der Mariza schwammen alsbald die marmorweißen Körperstücke, schwamm das immerfort singende Haupt des Orpheus vorbei an Buchenwäldchen und Weidengehölzen, vorbei an Haselsträuchern und Pappeln, es schwamm und schwamm das schöne Haupt meerzu und fort. Fort aus diesem Malefizland, damals noch Thrakien geheißen. Kein Schatz an geistigem Behagen, der sich da in euren Rhodopen versteckt. Nicht Orpheus ist's, der aus euren Chören tönt, Mänaden sind's, jedenfalls die späten Abkömmlinge davon. Und damit wäre das Rätsel gelöst, warum in den bulgarischen Chören die Kehlköpfe so unnatürlich gequetscht werden.

Er sang so schön, unser Frauenarzt, seufzt der Chor der Vaterverehrerinnen, lauter ehemalige Patientinnen, die ihren exotischen Orpheus am Fenster, am Schreibtisch, mit dem Fingernagel an eine Kanüle klopfend, übers ärztliche Besteck gebeugt oder sonstwo haben singen hören wollen. Bis er schließlich sein eignes Totenliedchen sang, ein allmählich in Röcheln übergehendes Sterbe-kr-kr, das von der einst überaus melodiösen Vaterstimme noch ein wenig ausgeziert wurde, solange das bißchen Luft im Hals für Zierat eben reichte.

Sein Haupt aber, o dieses Vaterhaupt, war von der Fülle der Schwärze bereits bedeckt und in den Tod geschlungen.

Weiter im Text, sage ich, weiter und fort im bulgarischen Unglück, das dieses Aas von einem Vater auf Häupter und Herzen seiner Töchter geladen hat. Gottlob geschieht es nicht wie üblich laut, sondern so leise, daß Rumen mich unmöglich hören kann, auch wenn ich nicht weiß, ob er es nicht doch könnte, weil sein sicherheitsdienstliches Gehör so geschärft ist, daß es Laute vernimmt, die sich noch gar nicht an der Luft befinden, sondern als kitzlige Gebilde auf der Zunge.

Rumen, armer Rumen, haben wir schon von der bulgarischen Keramik gesprochen, die du uns so gerne zeigst? Dem Pfauenaugendekor, dem Fließmuster auf all den braunen Krügen, Näpfen, Tellern, Aschenbechern, Kaffeetäßchen, seinerzeit beliebte Mitbringsel für DDR-Urlauber, heute eher von Engländern geschätzt? Uns kommen Teller, Tassen, Becher dick vor. Eine unangenehm wulstige Kinderkeramik. Außerdem empfiehlt sich das Zeug nicht als Eßgeschirr; das eingebrannte Kobaltblau dringt durch die Glasur und ist giftig.

Und was ist mit der Schwarzmeerküste? Schwarzmeerküste, das klingt doch nach Meeresrauschen, Möwen, Dünen, nach Strandcafés, dümpelnden Bötchen, klickenden Jachtmasten, und etwas weiter weg, schon nicht mehr in Bulgarien, nach Ovid? Ach was. Verbaut, verpatzt, verdreckt. Das aschgraue Meer – leergefischt. Das bulgarische Essen? Ein in schlechtem Öl ersoffener Matsch. Der Fisch ein verkokelter Witzfisch. Bulgarische Kunst im zwanzigsten Jahrhundert? Abscheulich, und zwar ohne jede Ausnahme. Die Architektur, sofern nicht Klöster, Moscheen oder Handelshäuser aus dem neunzehnten Jahrhundert? Ein Verbrechen!

Meine Schwester schüttelt den Kopf. Nicht zum Widerspruch – sie hat mich ja nicht gehört –, nur wegen einer Mücke, die in ihr Haar geflogen ist und sich darin verfangen hat.

Wie immer kommt ihr Einwand zur rechten Zeit.

Oh, ich weiß! Weiß es im geheimen besser, kann mich aber nicht zügeln. Das Wort Bulgarien genügt, ein Reizwort, es erzeugt einen Anfall, und der schwemmt in der Sekunde alle Vernunft fort. Vaterhaß und Landhaß sind verquickt und werden auf vertrotzte Weise am Köcheln gehalten. Bulgarien? Vater? Ein Schnappmechanismus. Da helfen auch einzelne zartsinnige Bulgaren nicht, die uns durchaus schon begegnet sind und denen ich wiederum, kaum daß ich sie erblickte, mit einer fast irrsinnigen Euphorie entgegenflog. Solche Menschen rechnet der kindische Buchhalter in mir aber nicht den Bulgaren zu. Sie siedeln auf volksfreiem Gebiet, wo alle meine Lieblinge siedeln.

Was immer uns Rumen zeigt, meine Schwester quittiert es mit einem lieblichen Lächeln. Ich kenne dieses Lächeln genau. Meine Schwester setzt es auf, wenn sie im tiefsten Inneren angeödet ist. Es ist ein die Welt ihrer Lieblichkeit versicherndes Lächeln, das kommentarlos bleibt und keinerlei Anteil nimmt. Die trockene, in Zucker erstarrte Version ihres Lächelns. Insgeheim ist auch sie froh, wenn sie wieder mal feststellen kann, wie stumpfsinnig Bulgarien ist. Das weiß ich genau, obwohl meine Schwester viel zu höflich, viel zu vorsichtig ist, um ihrer Abneigung freien Lauf zu lassen. Das lächerliche Land beweist: uns ist kein wertvoller Vater weggestorben, sondern bloß ein alberner Bulgare. Wir haben keinen Verlust erlitten, sondern im Gegenteil Glück gehabt, denn die Zeit war zu knapp, als daß er uns mit seinem bulgarischen Hokuspokus hätte infizieren können. Der einzige Unterschied: meine Schwester verschließt diese Gedanken in sich und lächelt, lächelt immerzu, während ich Rumen auf die Palme bringe, indem ich wortreich das bulgarische Unglück zerpflücke.

Wir haben Bulgarien schon satt, bevor wir es richtig kennengelernt haben. Traurig, aber wahr, die bulgarische Sprache dünkt uns die abscheulichste von der Welt. So eine weichliche, plump vorwärtsplatzende Sprache, labiale Knaller, die nicht zünden wollen. Keinerlei Schärfe in den

Konsonanten. Um Rumen zu ärgern, greife ich gern zu dem Trick, die benachbarten Rumänen zu loben. Wie angenehm Rumänisch in den Ohren klingt! Wie dunkelschwer und weltverloren. Jaja, es gereichte den Rumänen zum Vorteil, daß sich ihre slawische Art nach den romanischen Sprachen verzehrte. Und wie gut sie aussehen! Jawohl, sie sehen manchmal aus wie großgewachsene Römer. Und was für eine wunderbare schwarzmagische Literatur sie besitzen! Logisch, sie hatten Ovid zu Gast, sie hatten bedeutende Dissidenten und waren nicht samt und sonders solche sowjetischen Kriechlinge, wie die Bulgaren es waren. Die wenigen, die es nicht waren, hat man im Steinbruch von Lowetsch oder im Lager Belene erledigt.

Sobald er das Wort Rumänien aus meinem Mund hört, verzieht Rumen das Gesicht, als habe er Zahnschmerzen. Ich glaube, Nacht für Nacht mordet er mich im Traum, schnappt sich meine Schwester und verschleppt sie hinter einen bulgarischen Hügel.

Ein paarmal hab' ich's zu weit getrieben. Rumen hat inzwischen gelernt, wie man mich in Schach hält. Lobe ich die Rumänen, wird er scharf. Was, die Rumänen zivilisiert? Ha, kontert Rumen, ihr Lieblingssport war es, Juden in Schweineställe zu sperren und sie bei lebendigem Leib zu verbrennen. Und die bereuen nichts, gar nichts, deine herrlichen Rumänen, schreit er, und seine Stimme zittert vor Groll und Empörung.

Inzwischen dämmert es, und die Fahrbahn wird leer. Wir rollen durch eine schwach besiedelte Gegend. Leben da überhaupt Menschen? fragen wir uns, nachdem wir eine Viertelstunde durch hügeliges Land gefahren sind, und keine einzige Siedlung weit und breit. Nur die Esel- und Pferdekarren der Zigeuner, die hin und wieder am Straßenrand entlangtrotten, erzählen davon, daß irgendwo hinter den Hügeln Leute wohnen müssen, in irgendwie zusammengeworfenen Siedlungen mit schäbigen Läden, die notdürftig aus Brettern zusammengenagelt sind, falls es hinter den Hügeln überhaupt Läden gibt. Nichts, was das Fernweh anreizen, die Mär vom balkanischen Abenteuer beleben könnte. Arme Klepper, denen sich das Elend mit hartem Stift durchs Fell zeichnet, laufen nach der Peitsche, ihre Stirnen geschmückt mit roten Bommeln.

Diese lastende Dämmerung ist ein Vorposten der bulgarischen Nacht. Nachts schlafen die bulgarischen Berge wie große schwarze Tiere, und nur hie und da, weit entfernt, dringen Lichtpunkte aus morschen Häusern. Weil er weniger mit Lastwagen zu kämpfen hat, hängt Rumen jetzt lässig in seinem Sitz, eine brennende Zigarette im Mundwinkel.

Heute bin ich in besserer Stimmung, das Herumgefahrenwerden bekommt mir. Auch nehme ich gern mit der Rückbank vorlieb, weil ich mein Gift lieber von hinten einstreue. Außerdem würde es Rumen noch mehr ärgern, wenn ich neben ihm säße. Da er ein schlechter Autofahrer ist, könnte uns das ernstlich gefährden.

Das geht ja gut los

Fahren fahren fahren. Durch den Tag, durch die Nacht, durch den Tag. Fahren fahren fahren. Und ich bin so müde geworden und meine Augen so klein. Trudi liegt hinten im vw-Bus und döst halbschlafend vor sich hin. Wenn wir nur einen Tag früher gestartet wären, könnten wir uns jetzt die pausenlose Gurkerei sparen. Fahren fahren fahren. Morgen früh müssen wir am Hafen von Marseille sein, um unsere Fähre nach Marokko zu erwischen. Zum Glück läuft der Motor wieder besser, fast schon verdächtig gut. Leise und ohne das seltsame Stockern, das er bei hohen Geschwindigkeiten vor einigen Stunden noch von sich gegeben hat. Der Tankwart in Millau hat davon geredet, daß vielleicht die Benzinleitung verdreckt sei. Es könne aber auch irgend etwas anderes sein. Er hat vorgeschlagen, sich den Motor genauer anzusehen, aber natürlich nicht mehr heute. Natürlich nicht. Vielleicht morgen, vielleicht übermorgen, je nachdem, wie's seine Zeit erlaube. Diese Franzosen … »Quatsch«, hat Trudi bestimmt. »Das kann gar nichts Schlimmes sein. So alt ist die Kiste auch wieder nicht. Der Typ denkt wohl, er kann uns doofen deutschen Touristen 'nen heilen Motor auseinandernehmen, sagen, es sei alles in Ordnung, das Ding wieder zusammenbauen und dann die dicke Kohle kassieren. Nix. Wir fahren weiter.

Willst du vielleicht die Fähre verpassen?« Abgesehen davon, daß ich das auch nicht will, hat Trudi offenbar schon wieder recht. Kurz hinter Millau lief der Wagen wieder normal. Und jetzt kommt es mir so vor, als laufe der Motor sogar leiser, schneller als je. Aber das mag auch daran liegen, daß mir das Fahren auf einmal wieder Spaß macht. Wenn man Stunden und Stunden hinter sich hat, den toten Punkt überwunden, gerät man in eine Art Rausch. Trudi kennt das auch: sie nennt es den »Fahrbock«. Alles geht wie von selbst. Man spürt kaum noch die Hand am Lenkrad, und ob man überhaupt abgebremst und runtergeschaltet hat vor der letzten Kurve weiß man in der nächsten schon nicht mehr.

Die Straße glüht im Licht der schräg von vorn, direkt in die Augen einfallenden Sonne, gegen deren Kraft die Sonnenbrille so hilflos ist, wie die des Windes gegen die Felsmassen der Schlucht, durch die die Serpentinen sich schlängeln; so hilflos, wie die Wirklichkeit gegen die Vorstellungskraft. Kuriose Gedanken. Ich beginne, mit offenen Augen zu träumen, reiße mich wieder zusammen. Neben der schmalen Fahrbahn schießt die Dourbie dahin, Stromschnellen bildend, sich über Katarakte und Felsengen drängend, schäumend im Anprall gegen grünmoosige sonnenglänzende feuchtigkeitstriefende Steine, die sich ihr in den Weg stellen auf dem Weg zum Meer. Nach Marseille.

Im Zuge solcher abwegigen Betrachtungen, die meine Blicke von der Fahrbahn ziehen, habe ich fast einen Pfeiler der kleinen Brücke mitgenommen, die ich erst sehe, und zwar im Rückspiegel, als ich schon drüber weg bin. Es ist höchste Zeit für einen Fahrerwechsel. Trotz Fahrbock.

Trudi döst selig vor sich hin, während ich unter äußerster Konzentration allerschwierigste Streckenabschnitte zu bewältigen habe. Ungerecht. Andererseits, und deshalb fahre ich immer weiter, können Männer, Gleichberechtigung hin, Rollenklischees her, einfach besser autofahren als Frauen. Erfahrungssache. Im Rückspiegel nicke ich Trudi gönnerhaft zu. Schlaf weiter, Mädchen …

Pinien, verkrüppelte Eichenbüsche krallen sich in die fast senkrechten Felswände. Bizarre Verrenkungen. Und mein verspannter Rücken gibt keine Ruhe, gleich, welcher Arschbacke ich mein Körpergewicht anvertraue. Es ist alles verspannt. Auch mit oder zwischen Trudi und mir. Ihre Tage hat sie auch noch. Den Bäumen der Schlucht gibt die Sonne hellweiße Ränder. Gloriolen. Wesen aus einer anderen Welt, aus der Natur.

»Hallo Natur«, murmle ich vor mich hin, »lange nicht gesehen.«

»Hast du was gesagt?« gähnt Trudi verschlafen von hinten.

Ab und zu Gegenverkehr, meist Caravanzüge, viele mit deutschen Kennzeichen. Von Süden der letzte Schwall der ferien- und urlaubsberechtigten Bundesbürger strömt zurück von den Sardinenbüchsen der Mittelmeerküsten-Hotels in die Streichholzschachteln und Schuhkartonwohntürme der Wohnsilos, zurück in die Städte, zurück ins normale Leben, das sie im Grunde gar nicht verlassen haben. Nur ein Ortswechsel. Und ausgerechnet der langsamste aller Caravan-Züge dieser Welt fährt in unserer Richtung, und natürlich direkt vor meiner Nase. Alles Spießer mit Schrebergartenmentalität. Warum hat er sich nicht gleich zwei Anhänger drangehängt. Und vielleicht noch ein Begleitfahrzeug für die Ersatzteile. Wenn dieser Depp nicht weiß, wie ein Motor von innen aussieht … Nun ja, zugegeben. Wer weiß das schon genau. Entfremdeter Bürohengst, Weißkittel, gib doch mal Stoff, du Oberlehrer. Wichser. Nicht, daß ich ein sonderlich aggressiver Fahrer … Die Strecke ist plötzlich frei. Also mal eine kleine Demonstration, was ich noch in petto habe. Erstmal im dritten auf Blickkontakt, tja Opa, da staunste. Jetzt den vierten und wrumm und vorbei. Voll vernascht, den Schleicher. Elegant gemacht, mein Bester.

So. Wie heißt doch gleich das Kaff hier? La Roque Ste. Marguerite, aha. Klingt hochromantisch. Paßt gut in die Landschaft. Doch nichts lenkt den gesunden Menschenverstand und die Konzentration eines Autofahrers so ab wie geographische Ortsnamen, geladen mit alter Sehnsucht und bepackt mit tausend Gedankenverbindungen. Und wenn man hinkommt, ist alles halb so schön. Marokko … Aber wer traut sich denn, das zu sagen? Und hoppla! Den Traktor hätte ich fast übersehen. Knapp vorbei ist auch vorbei.

Nach einer Haarnadelkurve öffnet sich plötzlich die Schlucht und läuft in eine weite Ebene aus, an deren Rändern die Felsen gemächlicher die Hänge emporziehen. Im Osten, jenseits des Flusses, ragt ein einsamer Felsen steil aus den Wiesen, die hier die Dourbie satt und breit säumen. Nur an einer Seite ist dieser Felsen mit dem Rand des Talkessels und der sich anschließenden Hochebene verbunden. Ein Wegweiser. Cantobre 2 km. Eine kleine Brücke über den Fluß, eine Straße dreht sich in abenteuerlichen Windungen zum Felsen hinauf. Ein Dorf klebt oben wie ein Vogelnest. Müßte schön sein, von dort ins Tal, über den Fluß, zu blicken.

»Trudi, guck mal schnell! Da. Da links!«

»Was? Wo? Ach ja. Schööön. Schloß Gripsholm.«

»Schloß was?«

»Ach nix. Ich hab gerade geträumt ...«

Dann ist es vorbei. Die Schlucht schließt sich wieder. Die Sonne ist über ihren Rand gesunken, aber die Bäume, die Felsen, der Fluß scheinen sie noch auf sich zu spüren. Sie glühen ockergelb, obwohl sie nun schon seit Minuten im Schatten liegen. Es flimmert mir vor den Augen.

Trudi kommt auf den Beifahrersitz geklettert.

»Wie spät ist es denn?«

»Kurz vor sechs.«

»Und wo sind wir jetzt?«

»Kurz vor Nant.«

»Aha«, sagt sie, holt die Karte aus der Ablage, sucht mit dem Finger darauf herum und gibt weitere »Ahas« und »Hmhms« von sich.

»Soll ich mal wieder?«

Ich schüttele heroisch den Kopf. Wir passieren Nant. Auf den trottoirlosen Dorfstraßen Kinder, alte Leute, Hunde.

»Ziemlich trostlos hier«, sage ich.

»Wieso? Ist doch romantisch.«

Am Ortsausgang wird die Straße breiter und besser. Während ich in den dritten Gang hochschalte, ist auch wieder die Sonne da. Die Schlucht ist vorbei. Das Abendlicht liegt milde auf dem Asphalt. Und da fängt der verdammte Motor wieder zu stockern an, jetzt aber in ganz ungewohnter Heftigkeit. Trudi sieht ängstlich nach hinten.

»Kurt, es geht wieder los. Was ist bloß mit der Karre?«

Als ob ich das wissen könnte! Ein erbärmliches, metallisches Knirschen und Scheuern. Der Motor wird für einen Augenblick schneller, dann beständig langsamer, dann ganz ruhig, stockt, bockt, rollt lautlos noch zwanzig Meter, steht. Nach allem, was ich von Autos und Motoren weiß, und ich weiß so gut wie gar nichts, hat uns der berühmt-berüchtigte Kolbenfresser ereilt.

Das geht ja gut los.

CHERYL STRAYED

Ohne Stiefel unterwegs

Die Bäume waren groß, aber ich war größer, denn ich stand auf einem steilen Berghang in Nordkalifornien. Vor wenigen Augenblicken hatte ich meine Wanderstiefel ausgezogen, und einer war in ebendiese Bäume gefallen, war zuerst in die Luft katapultiert worden, als mein großer Rucksack daraufkippte, dann über den Schotterpfad gerutscht und über den Rand geflogen. Mehrere Meter unter mir prallte er an einem Felsvorsprung ab, bevor er auf Nimmerwiedersehen zwischen den Baumkronen des Waldes darunter verschwand. Mir blieb vor Schreck die Luft weg, obwohl ich seit achtunddreißig Tagen in der Wildnis unterwegs war und mittlerweile gelernt hatte, dass alles passieren konnte und tatsächlich auch passierte. Trotzdem war ich geschockt, als es passierte. Mein Stiefel war weg.

Ich drückte mir seinen Gefährten an die Brust wie ein Baby, obwohl das natürlich zwecklos war. Was ist ein Stiefel ohne den anderen? Nichts. Er ist nutzlos, eine Waise für immer und ewig, und ich konnte kein Mitleid mit ihm haben. Es war ein richtig großer und schwerer Latschen, ein brauner Raichle-Stiefel mit rotem Schnürband und silbernen Metallschließen. Ich hob ihn hoch, warf ihn mit aller Kraft fort und sah zu, wie er zwischen den sattgrünen Bäumen und aus meinem Leben verschwand.

Ich war allein. Ich war barfuß. Ich war sechsundzwanzig Jahre alt und ebenfalls eine Waise. *Eine richtige Rumtreiberin,* wie mich ein Fremder ein paar Wochen zuvor genannt hatte, als ich ihm meinen Namen nannte und erklärte, wie verlassen ich auf der Welt war. Mein Vater verschwand aus meinem Leben, als ich sechs war. Meine Mutter starb, als ich zweiundzwanzig war. Nach ihrem Tod verwandelte sich mein Stiefvater von einem Menschen, in dem ich meinen Dad sah, in einen Mann, den ich nur noch zeitweise wiedererkannte. Meine beiden Geschwister gingen in ihrer Trauer eigene Wege, obwohl ich mich bemühte, uns zusammenzuhalten. Bis ich aufgab und ebenfalls meiner Wege ging.

In den Jahren, bevor ich meinen Stiefel über diese Bergkante warf, hatte ich beinahe auch mein Leben weggeworfen. Ich war durch die Lande gezogen – von Minnesota über New York nach Oregon und durch den gesamten Westen –, bis ich schließlich im Sommer 1995 ohne Stiefel dastand, mehr an die Welt gebunden als frei zu gehen, wohin ich wollte.

Es war eine Welt, in der ich nie gewesen war, von der ich aber die ganze Zeit gewusst hatte, dass sie da war, eine Welt, in die ich traurig und verstört, voller Furcht und Hoffnung getaumelt war. Eine Welt, von der ich hoffte, sie würde mich zu der Frau machen, die ich werden zu können glaubte, und zugleich in das Mädchen zurückverwandeln, das ich einmal gewesen war. Eine Welt, die gut einen halben Meter breit und 4284 Kilometer lang war.

Eine Welt namens Pacific Crest Trail.

Ich hatte erst sieben Monate zuvor zum ersten Mal davon gehört, als ich in Minneapolis lebte, traurig und kurz vor der Scheidung von einem Mann, den ich immer noch liebte. Ich stand an der Kasse eines Outdoor-Ladens an, um einen Klappspaten zu bezahlen, als ich ein Buch mit dem Titel *The Pacific Crest Trail, Volume 1: California* aus dem Regal neben mir nahm und den Text auf dem Rückendeckel las. Der PCT, stand dort, sei ein durchgehender Wildnispfad, der von der mexikanischen Grenze in Kalifornien bis kurz hinter die kanadische Grenze führte und auf den Kämmen von sieben Gebirgszügen verlief: Laguna, San Jacinto, San Bernardino, San Gabriel, Liebre, Tehachapi, Sierra Nevada, Klamath und Cascades. Eine Strecke von rund tausend Meilen – 1600 Kilometer – Luftlinie. Aber der Pfad war mehr als doppelt so lang. Er durchquerte die drei Bundesstaaten Kalifornien, Oregon und Washington in voller Länge und passierte Nationalparks und ausgewiesene Wildnisareale, Stammesgebiete, staatliche und private Ländereien, Wüsten, Gebirge und Regenwälder, Flüsse und Highways. Ich drehte das Buch um und sah mir das Foto auf dem Cover an – ein mit Felsbrocken übersäter See, umringt von Bergspitzen, die gegen einen blauen Himmel abstachen –, dann stellte ich das Buch ins Regal zurück, bezahlte meinen Spaten und ging.

Aber ich kam später wieder und kaufte das Buch. Damals war der Pacific Crest Trail für mich noch keine Welt. Er war eine vage, ausgefallene Idee, fremdartig, verheißungsvoll. Etwas regte sich in mir, wenn ich mit dem Finger seine gezackte Linie auf der Landkarte abfuhr.

Ich beschloss, an dieser Linie entlangzuwandern – jedenfalls so weit, wie ich in hundert Tagen kam. Ich lebte damals getrennt von meinem Mann in einer Einzimmerwohnung in Minneapolis und jobbte als Kellnerin, so tief gesunken und durcheinander wie nie zuvor in meinem Leben. Jeden Tag hatte ich das Gefühl, in einem tiefen Brunnen zu sitzen und nach oben zu blicken. Aber auf dem Grund dieses Brunnens machte ich mich daran, eine Solo-Wildnis-Trekkerin zu werden. Und warum auch nicht? Ich war schon so vieles gewesen. Eine liebende Frau und Ehebrecherin. Eine geliebte Tochter, die ihre Feiertage allein verbrachte. Eine ehrgeizige Streberin und ambitionierte Autorin, die sich von einem Verlegenheitsjob zum nächsten hangelte, gefährlich mit Drogen experimentierte und mit zu vielen Männern schlief. Ich war die Enkelin eines Bergmanns aus Pennsylvania, die Tochter eines Stahlarbeiters, der auf Vertreter umgesattelt hatte. Nach der Trennung meiner Eltern lebte ich mit meiner Mutter, meinem Bruder und meiner Schwester in Wohnsiedlungen, die allein erziehende Mütter und ihre Kinder bevölkerten. Als Teenager lebte ich im Norden Minnesotas weit draußen auf dem Land in einem Haus ohne Innentoilette, Strom und fließend Wasser. Dennoch wurde ich an der Highschool Cheerleader und Homecoming Queen, ging anschließend aufs College und wurde auf dem Campus eine radikale, linke Feministin.

Aber eine Frau, die tausendsechshundert Kilometer allein durch die Wildnis wandert? Ich hatte nie etwas Vergleichbares getan. Aber einen Versuch war es wert. Ich hatte nichts zu verlieren.

Als ich jetzt barfuß auf diesem Berg in Kalifornien stand, kam es mir so vor, als wäre es Jahre her, dass ich die wohl unsinnige Entscheidung getroffen hatte, mich allein zu einer langen Wanderung auf dem PCT aufzumachen, um mich zu retten. Als wäre es in einem anderen Leben gewesen, dass ich glaubte, alles, was ich davor gewesen war, hätte mich auf diese Wanderung vorbereitet. Aber nichts hatte mich darauf vorbereitet, und nichts hätte mich darauf vorbereiten können. Jeder Tag auf dem Pfad war die einzig mögliche Vorbereitung auf den nächsten. Und manchmal bereitete mich nicht einmal der darauf vor, was am nächsten geschehen würde.

Wie zum Beispiel darauf, dass meine Stiefel unwiederbringlich von einer Bergflanke segelten.

In Wahrheit sah ich den Verlust mit einem lachenden und einem weinenden Auge. Sechs Wochen lang war ich in diesen Stiefeln durch Wüsten und Schnee gewandert, vorbei an Bäumen, Sträuchern, Gräsern und Blumen aller Formen, Farben und Größen, bergauf und bergab, über Wiesen und Waldlichtungen und durch Landstriche, über die ich nichts Näheres sagen konnte, nur, dass ich dort gewesen war, dass ich sie durchquert hatte und gut durchgekommen war. Und in diesen Wochen hatte ich mir in diesen Stiefeln die Füße wund gelaufen, mir Blasen und blaue Zehennägel geholt, von denen sich vier ablösten, was mit großen Schmerzen verbunden war. An dem Tag, als ich die Stiefel verlor, war ich fertig mit ihnen und sie mit mir, obwohl ich zugeben muss, dass sie mir ans Herz gewachsen waren. Sie waren für mich keine leblosen Objekte mehr, sondern ein Teil von mir, wie so ziemlich alles, was ich in diesem Sommer schleppte – Rucksack, Zelt, Schlafsack, Wasserfilter, Kocher und die kleine orangerote Pfeife, die ich anstelle einer Schusswaffe dabeihatte. Alle diese Gegenstände waren mir vertraut. Ich konnte mich auf sie verlassen, sie halfen mir durchzukommen.

Ich spähte hinab auf die Bäume, deren hohe Wipfel sich im heißen Wind wiegten. Sollen sie meine Stiefel ruhig behalten, dachte ich und blickte über das herrliche weite Grün. Dieser Aussicht wegen hatte ich beschlossen, hier zu rasten. Es war ein Spätnachmittag Mitte Juli, und ich war kilometerweit von jeder Zivilisation entfernt, Tage von der einsamen Poststelle, wo das nächste Versorgungspaket auf mich wartete. Es war durchaus möglich, dass mir jemand auf dem Pfad entgegenkommen würde, aber nicht sehr wahrscheinlich. Gewöhnlich wanderte ich tagelang, ohne einer Menschenseele zu begegnen. Aber es spielte ohnehin keine Rolle, ob jemand vorbeikam. Mit dieser Sache musste ich allein fertigwerden.

Ich blickte auf meine nackten, geschundenen Füße mit dem traurigen Rest meiner Zehennägel. Sie waren gespenstisch blass bis zu den Linien ein paar Zentimeter über den Knöcheln, wo die Wollsocken, die ich normalerweise trug, endeten. Die Waden darüber waren muskulös, goldbraun und behaart, schmutzverkrustet und voller blauer Flecken und Schrammen. Ich war in der Mojave-Wüste losgelaufen und fest entschlossen, nicht aufzugeben, bevor ich an der Grenze zwischen Oregon und Washington die Hand auf die Brücke legte, die sich dort über den Columbia River spannt und den grandiosen Namen »Brücke der Götter« trägt.

Ich blickte nach Norden, in ihre Richtung – der bloße Gedanke an die Brücke war mir ein Ansporn. Ich blickte nach Süden, wo ich herkam, in das wilde Land, das mich vieles gelehrt und mich demütig gemacht hatte, und erwog meine Möglichkeiten. Mir war klar, dass es nur eine gab. Es gab immer nur eine.

Weitergehen.

ALEX CAPUS
Fremde im Zug

S chon zwei vor halb fünf!«
Mit weit ausholenden Schritten und wehenden Haaren
rannten die zwei Schwestern über die Brücke, vorbei an der
Straßenbahnstation und hinein ins kühle Dämmerlicht der
Bahnhofhalle. In jeder Hand hielten sie mehrere bunte Papiertüten, auf denen die Namen bekannter Modeboutiquen
und angesehener Kaufhäuser aufgedruckt waren. Die Taschen flogen neben ihnen vor und zurück, hoch und nieder.
Wie jeden letzten Samstag im Monat waren sie in die Stadt
gefahren, um Kleider zu kaufen; jetzt war Dezember, und
so hatten sie auch gleich die Weihnachtsgeschenke besorgt.
Die zwei Schwestern konnten sich regelmäßige Einkaufs-
bummel leisten. Als Grundschullehrerinnen verdienten sie
nicht schlecht, und da sie ledig und kinderlos waren und
sich eine gemeinsame Wohnung gleich neben dem Dorf-
schulhaus teilten, blieb Ende des Monats jeweils eine hübsche Stange Geld übrig. Es war Zeit für die Heimreise. Sie
nahmen stets den 16.31-Uhr-Zug. Ein letzter Sprint über
den Bahnsteig, ein Sprung in die erste offenstehende Tür,
auch wenn es ein Waggon erster Klasse war – geschafft. So
ging das jedesmal, immer auf die letzte Sekunde.

Ein unbeteiligter Beobachter hätte sich vielleicht gewundert über die unnötige Hast; denn eine halbe Stunde später

wäre wieder ein Zug gefahren, und dann immer wieder einer alle halbe Stunde, bis um Mitternacht. Weshalb also die Eile? Nun, Anne und Nicole waren zwei Landmädchen, die rundum zufrieden waren mit der Welt, ihrem Leben und überhaupt dem Lauf der Dinge. Sie nahmen seit Jahren an jedem letzten Samstag im Monat den 16.31-Uhr-Zug. Sie waren diesen Zug gewohnt und hatten gute Erfahrungen mit ihm gemacht – wieso also hätten sie einen anderen nehmen sollen? Weshalb hätten sie *irgend etwas* in ihrem Leben ändern sollen?

Weiter vorne, in einem Raucherabteil zweiter Klasse, saß ein schwarz gekleideter junger Mann mit hohlen Wangen und dunklen Augenringen, der aufmerksam seinen Empfindungen lauschte. Gleich würde der Zug losfahren – und er saß drin! Er würde zurückkehren in jenes Provinznest, in dem er geboren und aufgewachsen war. Neununddreißig Minuten Fahrt standen ihm bevor, und Hannes Groß langweilte sich schon, bevor der Zug angefahren war. War es wirklich schon ein Jahr her, daß er das letzte Mal bei seinen Eltern gewesen war? Zu häufigeren Besuchen fehlte ihm einfach die Zeit; denn sein Beruf, in dem er es dank Talent, Fleiß und Sorgfalt zu einigem Erfolg gebracht hatte, nahm ihn ganz in Anspruch. Letztes Jahr hatte ihm die Nationale Eisenbahngesellschaft die Gestaltung des neuen Gesamtfahrplans anvertraut – ihm ganz allein. Zehn Monate seines Lebens hatte er dafür hergegeben, hatte tage- und nächtelang Abfahrts- und Ankunftszeiten in den Computer getippt, hatte ganze Wochenenden experimentiert mit Piktogrammen, Schriftarten, Schriftgraden, Schriftschnitten und Zeilendurchschüssen, hatte dreimal aus Wut über Softwareprobleme die Tastatur an die Wand geschleudert und insgesamt dreiundzwanzig Sitzungen erduldet mit Eisenbahndirektoren, die keinen blassen Schimmer hatten von Typographie und grafischer Gestaltung. Er hatte in diesen zehn Monaten achtzehntausend Zigaretten geraucht, hatte tagsüber zuviel Kaffee getrunken und nachts zuviel Rotwein, und er hatte zu wenig gegessen und geschlafen. Seine Wohnung, ein großzügiges Appartement gleich hinter dem Schauspielhaus mit Parkettboden und Stukkaturen an der Decke, hatte er in dieser Zeit kaum je bei Tageslicht gesehen. Hingegen kannte er jetzt den gesamten Fahrplan des nationalen Schienennetzes in allen Einzelheiten auswendig – er, der die Stadt nur verließ, wenn er von seinen Eltern dazu genötigt wurde.

Auf dem Bahnsteig tauschten ein Mann und eine Frau flüchtige Abschiedsküsse. Er trug einen schwarz-weiß gesprenkelten Tweedanzug, sie einen schwarzen Rock und ein kurzes, pelzbesetztes Jäckchen. Während der Umarmung schaute sie ihn von der Seite an und ertappte ihn bei einem Blick über ihre Schulter hinweg.

»Ich mag das nicht«, sagte sie, ohne seinem Blick zu folgen. Ihr Name war Vera Weiß. »Ich kann es nicht ausstehen, wenn du in meiner Anwesenheit anderen Frauen auf den Hintern schaust.«

»Was? Ich? Da?« Entrüstet deutete der Mann über Veras Schulter hinüber zur Waggontür. Natürlich hatte er diesen zwei Landpomeranzen beim Einsteigen zugeschaut, selbstverständlich – aber doch nur, weil sie sich so ulkig angestellt hatten mit ihren tausend Papiertüten! Er machte den Mund auf und wieder zu. Jeder Rechtfertigungsversuch war sinnlos, denn unglücklicherweise waren die Landpomeranzen tatsächlich nett anzuschauen gewesen – wie hatte Vera das bloß erraten? Mit einer Geste brachte er die Sinnlosigkeit allen Redens zum Ausdruck, und sie tätschelte ihm ironisch beschwichtigend die Brust.

»Schon recht, mein Lieber. Laß gut sein.«

Mit einer raschen Handbewegung strich sie ihm eine Strähne aus der Stirn. Diese mütterliche Geste hatte ihn beim ersten Mal überrascht und belustigt, dann hatte er sich an sie gewöhnt, geliebt hatte er sie während langer Jahre, süchtig gewesen war er danach. Und jetzt ging sie ihm auf die Nerven.

»Grüß deine Schwester von mir.«

»Mach ich. Ach, übrigens!« Sie warf den Kopf in den Nacken und faßte sich mit den Fingerspitzen an die Schläfen, als wäre ihr gerade etwas Wichtiges eingefallen. »Vielleicht bleibe ich ein paar Tage länger.«

»Aha?«

»Ja.« Sie löste sich von ihm und ging rückwärts die ersten Schritte auf die Waggontür zu. »Ich denke, ich sollte sie ein bißchen entlasten. Mich um die Kinder kümmern und im Haushalt helfen.«

»Über die Festtage? Auch an Silvester?«

»Ich rufe dich an. Oder ich schreibe ein paar Zeilen.«

»Viel Spaß«, sagte er.

Dann gellte der Pfiff des Schaffners über den Bahnsteig. Vera stieg ein, die Tür schloß sich mit einem pneumatischen Zischen.

Hannes Groß fuhr sich mit Daumen und Zeigefinger über die Wangen. Vielleicht hätte er sich doch rasch rasieren sollen – sich selbst und dem Vater zuliebe, der auf solche Dinge Wert legte. Und für Mutter mußte er unbedingt Blumen kaufen. Sie würde zwar wieder ihren weinerlichen Jubelsingsang anstimmen und hundertmal wiederholen, daß das doch nicht nötig gewesen wäre; aber nötig war's eben doch. Ob es das Blumengeschäft in der Bahnhofpassage noch gab? Vor einem Jahr hatte er die Blumen noch vor der Zugfahrt in der Stadt besorgt, und im Jahr zuvor auch. Eines nahm Hannes sich fest vor: Auch diesmal würde er sich weigern, Vaters ausgediente Hausschuhe anzuziehen – und diesmal würde er seine Weigerung endlich einmal bis zum Schluß durchhalten.

Hannes versank in der Ecke zwischen Sitz und Seitenwand und beobachtete durchs Fenster ein Liebespaar, das sich auf dem Bahnsteig umarmte. Die Frau wandte ihm den Rücken zu; ihr Jäckchen war kurz und militärisch knapp geschnitten, darunter trug sie einen weiten, schwarzen Rock, der bis zu den Stiefeln reichte. Ihr braunes Haar ergoß sich in einer wahren Flut über das Jäckchen. »Anna Karenina nimmt Abschied von Graf Wronskij«, dachte Hannes und wunderte sich über seine romantische Regung. »Fehlt nur noch der Schnee und der Kohlegeruch und die Lokomotive, die Dampf über den Bahnsteig verströmt.« Er sah zu, wie die Frau dem Mann mit weißen Fingerspitzen zärtlich eine Strähne aus der Stirn strich. Hannes wartete auf den Moment, da sie sich umdrehen und er ihr Gesicht sehen würde. Aber die Frau lief rückwärts auf den Waggon zu. Versteckte sie ihr Gesicht absichtlich vor Hannes, hatte sie seinen Blick im Rücken ge-spürt? Ach nein: Sie wollte einfach ihren Liebsten bis zum letzten Moment im Auge behalten. Bekam nicht genug von ihm. Und was machte der Liebste, der Trottel? Ein un-glückliches Gesicht.

Hannes lächelte und versank noch tiefer in seiner Ecke; wann hatte *er* zum letzten Mal ein Mädchen geküßt? In den letzten zehn Monaten gewiß nicht. Aber die Zeit der Fahrpläne war jetzt vorbei, nun würde er sich wieder mit anderen Dingen befassen. Womit?

Da ging die Tür auf, und zwei Frauen stürmten durch den Mittelgang. In den Händen hatten sie eine unbestimm-bare Anzahl Papiertüten. Die eine war blond, die an-dere rothaarig. Beide hatten Sommersprossen auf der Nase, und beide hatten keck ansteigende Augenwinkel. Wahr-scheinlich waren sie Schwestern. Um zu verhindern, daß sie neben ihm Platz nahmen, steckte sich Hannes rasch eine seiner französischen filterlosen Zigaretten an. Die zwei Schwestern schubsten einander und lachten, sie schlu-gen mit ihren Taschen gegen fremde Schultern und Beine, sie entschuldigten sich links und rechts und sahen da-bei den Fahrgästen arglos in die Augen. Fehlte nur noch, daß sie jeden einzeln grüßten, wie es auf dem Dorf üblich ist.

Hannes hielt schützend den Unterarm vors Gesicht, als sie mit ihren Papiertüten vorüberzogen. Widerwillig ge-stand er sich ein, daß ihm die beiden gefielen mit ihren breiten, geraden Schultern, den jungenhaft schmalen Hüf-ten und dem federnden Gang. »Aber Bäuerinnen sind's«, mahnte er sich selbst, »da helfen auch Benetton und Kookai und Stefanel nichts. So zufrieden sind sie mit ihren Einkaufstaschen, so glücklich, daß sie die Ernte vor dem nahenden Gewitter ins Trockene gebracht haben! Schau, wie froh sie sind, daß sie wieder nach Hause in ihr Dorf heimkehren dürfen. Auch wenn sie zweimal jährlich in die Karibik fliegen, seit Generationen im Büro arbeiten und noch nie einen Krumen Erde unter den Fingernägeln hatten, so sind sie doch lebenslang beherrscht von dem einen großen Gedanken – möglichst schnell ihre Ernte ins Trockene zu bringen.«

Er nahm zur Kenntnis, daß die zwei Schwestern das hinter ihm liegende Abteil in Beschlag genommen hatten, und er fand sich damit ab, daß er während der ganzen Fahrt ihrer Unterhaltung würde zuhören müssen. Denn Bäuerinnen können nicht müßig irgendwo beisammensitzen und schweigen. Sie müssen sich unterhalten. Schweigen wäre Müßiggang, und Müßiggang Sünde. Mit großer Wahrscheinlichkeit würden sie von Dingen reden, von denen Hannes lieber nichts gewußt hätte. Und es wäre schon sehr erstaunlich gewesen, wenn sie nicht irgendwann unterwegs eine Brotzeit ausgepackt hätten. Denn der Mensch muß etwas Rechtes essen, wenn er außer Haus ist.

»Hier?«

»Na los!«

»Aber hier stinkt's nach Gauloises.«

»Stört mich nicht.«

»Mich auch nicht.«

»Eigentlich mag ich's ganz gern. Riecht nach Mann.«

Anne und Nicole prusteten und gingen in die Knie vor

Vergnügen, sie stellten ihre Tüten ab und schüttelten die Hände, als ob sie etwas Heißes angefaßt hätten, und sie deuteten auf die Lehne, hinter der dieser Bursche mit den dunklen Augen und den ungesund roten Lippen saß. Der Rauch seiner Zigarette stieg in blauen Kringeln zu den Lüftungsschlitzen hoch. Schließlich beruhigten sie sich, nahmen bei den Fenstern Platz und begannen in ihren Papiertüten zu nesteln.

»Der rote Minirock ist toll«, sagte Anne. »Auch wenn er mir ein bißchen zu weit ist.«

»Dann nimm halt zu. Oder mach ihn enger.«

»Wie?«

»Na, nähen halt.«

»Kann ich nicht.«

»Handarbeitslehrerin hätte man werden sollen.«

»Bloß nicht. Hast du gehört? Die Frau Studer läßt sich scheiden.«

»Wie – die Handarbeitslehrerin?«

»Die Studerin läßt sich scheiden.«

»Ehrlich?«

»Letzte Woche hat sie ihre Koffer gepackt und ist ausgezogen.«

»Nein!«

»Doch. Und weißt du, warum?«

»Nein.«

»Ihr Mann hat ihr verboten, neue Unterwäsche zu kaufen. Wollte sie zwingen, die Wäsche seiner verstorbenen ersten Ehefrau zu tragen.«

»Nein!«

»Doch. Dicke, synthetische, fleischfarbene Mieder und

Büstenhalter mit Eisenstäben. Hat gesagt, die täten's noch lange.«

»Nein!«

»Doch.«

»So was! Dabei verdient die Studerin ihr eigenes Geld.«

»Hat ihre Koffer gepackt und ist abgehauen.«

»Nein!«

»Doch. Würdest *du* etwa die Unterwäsche deiner Vorgängerin ...?«

»Ich habe keine Vorgängerin.«

»Ich würde noch nicht mal *deine* Unterwäsche ...«

Die zwei Schwestern starrten einander mit weit aufgerissen Augen an und drückten das Kinn auf den Hals, um einander ihre Betroffenheit mitzuteilen. Da fuhr der Zug an. Die Schiebetür ging auf, und eine Frau in kurzem, pelzbesetztem Jäckchen lief durch den Mittelgang.

»Hast du diese Zicke gesehen?« flüsterte Anne. »Typische Großstadtzicke, wenn du mich fragst. Grinst in die leere Luft hinaus wie eine Idiotin und hält sich für wer weiß was.«

»Und diese Jacke – wie von der Heilsarmee!«

»Und der Rock – ein Kohlesack mit Rüschen dran!«

Dann merkten Nicole und Anne, daß die Zicke gleich hinter ihnen Platz genommen hatte. Sie beschlossen, sich eine Weile still zu verhalten.

Vera warf einen letzten Blick durch die geschlossene Waggontür hinaus auf den Bahnsteig. Der Mann stand reglos da mit seinem Schnauzbart und ließ die Arme hängen. Eine Taube trippelte vor seinen Schuhen umher. Englische

Schuhe, die er täglich liebevoll putzte; Vera fand diese übertriebene Sorgfalt bei der Schuhpflege nicht besonders männlich. Unwillkürlich erinnerte sie sich daran, daß er in ihrer ersten gemeinsamen Nacht seine Kleider hübsch gefaltet und griffbereit neben das Bett gelegt und sie ihn verdächtigt hatte, im Morgengrauen geräuschlos davonschleichen zu wollen. Er war zwar dann nicht davongeschlichen – vielleicht aber auch nur, weil er wie ein Bär geschlafen hatte und erst aufgewacht war, als ihm Kaffeeduft in die Nase stieg. Als der Zug anfuhr, hob sie die Hand zu einem letzten Gruß, und plötzlich empfand sie keinen Zorn mehr, sondern Mitleid, große Müdigkeit und Erleichterung. Sie straffte die Schultern, zog ein Gummiband aus der Manteltasche und band ihr Haar zu einem Pferdeschwanz zusammen. Dann zog sie die Schiebetür auf und betrat das Raucherabteil.

Sie sah und erkannte ihn sofort. Das war doch Hannes Groß dort im vierten Abteil links! Sie waren zusammen aufs Gymnasium gegangen. Hannes, der Klassenprimus und Einzelgänger, der sich allen gesellschaftlichen Regeln so sehr widersetzt hatte, daß er 1976 noch nicht mal das Haar lang trug. Ein großer Sportler war er gewesen, aber jetzt war er hager und bleich, mit schrecklich dunklen Schatten unter den Augen, und das Haar war wohl auch schon etwas schütter. Als Teenager war Vera hin und wieder ein bißchen in ihn verliebt gewesen. Aber er hatte sich nichts aus gleichaltrigen Mädchen gemacht; angeblich hatte er schon als Sechzehnjähriger ein Verhältnis mit einer dreißigjährigen verheirateten Frau gehabt.

Ob er sie auch erkennen würde? Vera lächelte ihn an,

während sie im Mittelgang auf ihn zulief – aber er warf ihr nur einen jener saugenden Blicke zu, die Männer gutaussehenden Frauen nun mal zuwerfen, und dann wandte er sich gleichgültig ab und drückte seine Zigarette aus in diesem winzigen Aschenbecher, der in die Armlehne eingebaut war. »Na, dann nicht!« dachte Vera und behielt im Vorbeigehen ihr Lächeln bei, wie wenn es gar nicht Hannes gegolten hätte, sondern ihr alltäglicher Gesichtsausdruck wäre.

Im Viererabteil gleich hinter ihm saßen zwei Landeier in unmöglichen Modefummeln. Wahrscheinlich Krankenschwestern oder Kindergärtnerinnen. Teure Fähnchen, schlechter Schnitt, billige Stoffe, grauenerregende Farbkombinationen. Natürlich hatten die Landeier die Stirn, Veras Kleidung mit abschätzigen Blicken zu taxieren. *Ihre* Jacke und *ihren* Rock, die sie eigenhändig entworfen, zugeschnitten und genäht hatte. Vera war Modedesignerin, ausgebildet in Zürich, Mailand und Paris. Mit ihrer Herbstkollektion aus handgewobenen Stoffen hatte sie letztes Jahr bei einem Nachwuchswettbewerb in München den ersten Preis gewonnen.

Gleich hinter den Landeiern war ein Abteil frei. Vera setzte sich hin. Die beiden sollten nicht glauben, daß ihre Blicke und ihr Getuschel ihr etwas ausmachten. Und Hannes? Wenn er sie schon nicht erkannte, war es ja gleichgültig, wie nah oder wie weit entfernt voneinander sie saßen.

Anna Karenina – das war doch Vera gewesen! Aber ganz bestimmt war das Vera Weiß gewesen! Hannes hatte eilig seine Gauloise ausgedrückt, damit der Rauch ihr nicht ins Näschen steige, wenn sie sich zu ihm setzte – und als er wieder aufschaute, um sie zu begrüßen, war sie schon an ihm vorbeigelaufen. Hatte sie ihn denn nicht gesehen? Hatte sie ihn nicht erkannt, und wenn, wieso nicht? War er so alt geworden? Sollte er ihr hinterherlaufen, sie an der Schulter berühren? Hallo Vera, ich bin's, Hannes, dein alter Verehrer, erinnerst du dich? Aber nein. Bestimmt hatte sie ihn sofort erkannt und war ihm entwischt, weil sie allein sein wollte. Andrerseits – wie lange hatten sie einander nicht gesehen! Hannes erinnerte sich genau an jenen Tag, an dem er – es gab dafür wirklich keinen weniger pathetischen Ausdruck – in Liebe zu ihr entbrannt war. Nicht am ersten Schultag war's gewesen, sondern merkwürdigerweise erst drei Jahre später, in der Quarta, auf der Herbstwanderung. Sie hatten Rast gemacht auf der Terrasse eines Bergrestaurants, hatten Cola getrunken und Würste gegessen mit dem Alpenpanorama im Rücken, und dann hatte Vera diese Amsel entdeckt, die in einem winzigen Käfig an der Hauswand eingesperrt war. Ganz ruhig war sie aufgestanden und zum Käfig gelaufen unter den Augen des Lehrers, der Wirtin und der ganzen Klasse, und dann hatte sie die Käfigtür aufgemacht, mit der Hand hineingegriffen und die Amsel ins Freie gescheucht, worauf diese im nahen Lärchenwald verschwunden war.

Als Vera zum ersten Mal mit einem Jungen geschlafen hatte – mit irgendeinem Jungen, an dessen Namen sie sich heute nicht mehr erinnerte –, hatte sie dabei an Hannes gedacht, und hinterher hatte sie sich darüber gewundert. Denn damals hatte sie sich noch nicht viele Gedanken über ihn gemacht; das hatte erst ein paar Monate später begonnen, an einem Tag, an dem die Jungen unter großem Gejohle und Gelächter von der militärischen Musterung zurückgekehrt waren. Hannes war als letzter gekommen, schamrot, mit mahlenden Kiefermuskeln.

Was war geschehen? Hannes hatte eine Eigenart: Er behielt, wenn er nach dem Turnunterricht zusammen mit zwanzig nackten Jungen unter die Dusche rannte, seine Unterhose an, und danach, während er frische Wäsche anzog, bedeckte er sich mit einem Frottiertuch. Niemals hatte er sich nackt gezeigt, unter keinen Umständen, vom allerersten Schultag an. Weshalb, wußte niemand. Die Jungen empfanden diese stolze Schamhaftigkeit – vielleicht zu Recht – als Beleidigung ihrer eigenen Nacktheit; zudem stand sie doch irgendwie in Widerspruch zum Gerücht, daß Hannes Umgang mit wesentlich älteren Frauen pflege. Was sollte man machen? Stillschweigend kamen die Jungen überein, die Sache gegenüber Lehrern, Eltern und den Mädchen diskret zu behandeln.

Eines Tages aber war einem Mitschüler namens Massimo Maldini der Kragen geplatzt. Massimo war Sizilianer, Sohn des einzigen Fischhändlers im Städtchen; klein, rund und am Rücken behaart. Wie man sich noch Jahre später erzählte, hatte er unter der Dusche plötzlich »Basta! Basta! Basta!« geschrien, sich auf Hannes gestürzt und ihm die Unterhose vom Leib gerissen. Angeblich hatte er ihn danach mit festem Griff am Pimmel gepackt, unter die Dusche gezerrt und von oben bis unten eingeseift.

In den Gassen des Städtchens hatte es gesummt vor aufgeregtem Getuschel und Gelächter; Hannes aber hatte die

Lippen aufeinandergepreßt und geschwiegen, und Vera hatte ihn aus den Augenwinkeln betrachtet und sich gewundert. Und da sie ihn nicht aus den Augen ließ, konnte sie beobachten, wie der schmale Hannes dem dicken Massimo beim Hinterausgang des Kinos »Capitol« mit einem Faustschlag das Nasenbein zertrümmerte.

Der Zug fuhr in einen Tunnel, in den Waggons ging das Licht an, und drei Minuten später hielt er fahrplangemäß. Hannes zupfte an seinem Hemdkragen. Zwei Minuten Aufenthalt, Weiterfahrt um 16.48 Uhr. Wie lange würde es dauern, bis sein Gedächtnis wieder entlastet wäre von der integralen Kenntnis des Gesamtfahrplans? Und sollte er vielleicht doch aufstehen und Vera hinterherlaufen? Irgendwo in einem der vorderen Waggons mußte sie ja sein, entwischen konnte sie ihm nicht. Bestimmt fuhr auch sie heim zu ihren Eltern über Weihnachten, da war nicht anzunehmen, daß sie vor ihm ausstieg. Aber was, wenn in ihrem Abteil kein Sitzplatz frei wäre? Würden sie sich dann über die Köpfe der anderen Fahrgäste hinweg unterhalten, sie sitzend und er im Stehen?

Ein kleiner Ruck ging durch die Sitzbank, und dann gewann der Bahnsteig vor dem Fenster allmählich an Fahrt. Hannes konnte sich nicht erinnern, jemals mit Vera geredet zu haben. Ach doch, einmal, als er einem Klassenkameraden die Nase blutig geschlagen hatte bei irgendeiner Streiterei. Vera war ihm auf dem Heimweg hinterhergelaufen und hatte sich bei ihm untergehakt.

»Tut das eigentlich weh, wenn man einem so auf die Nase haut?«

»Ich glaube schon. Frag Massimo.«

Vera lachte. »Ob's *dir* weh getan hat, will ich wissen! An der Hand.«

Er hob die rechte Hand aus der Hosentasche und betrachtete sie. »Ein bißchen.«

»Es muß herrlich sein, so richtig draufzuhauen.«

»Hm.« Er verschwieg, daß es das allererste Mal in seinem achtzehnjährigen Leben gewesen war, daß er so richtig draufgehauen hatte, und daß seine eigene Überraschung über den gelungenen Schlag wohl größer gewesen war als die von Massimo. Hannes verschwieg auch, daß Vera das erste Mädchen war, das sich bei ihm unterhakte. Denn die dreißigjährige verheiratete Frau gab es nicht. Er hatte sie irgendwann erfunden, und jetzt wurde er sie nicht mehr los.

»*Einmal im Leben* möchte ich auch so draufhauen«, sagte Vera und sah ihn von der Seite an. Hannes antwortete nicht. Er schwieg. Es fiel ihm nichts ein, was er hätte entgegnen können. Er suchte nach Wörtern und Sätzen, aber die fühlten sich alle nicht richtig an. Und dann war es zu spät: Vera ließ seinen Arm los und steckte die Hände in ihre Hosentaschen. Eine Weile gingen sie schweigend nebeneinanderher, dann trennten sich ihre Wege, und sie verabschiedeten sich mit einem unbestimmten Gefühl des Grolls gegen sich selber und gegen den anderen.

»Was glaubst du, wie das weitergeht mit der Studerin?«

»Nach der Scheidung? Ich weiß nur, daß der Fischer Franz schon lange ein Auge auf sie geworfen hat.«

»Der Turnlehrer? Auf die Studerin? Kann ich mir nicht vorstellen, so dick, wie die ist. Dick wie ein Walfisch.«

»Der hat ein Auge auf sie geworfen, das weiß jeder.«

Dann bremste der Zug ab. Es war der vorletzte Halt vor der kleinen Bahnstation, an der die zwei Schwestern aussteigen würden. Sie verstummten, weil es immer allerhand zu sehen gab, wenn der Zug hielt. Da die zwei Schwestern einander gegenübersaßen, konnten sie keine gemeinsamen Beobachtungen machen; jede sah im Gegenteil nur das, was die andere nicht sah.

So konnte Anne etwa beobachten, wie hinter Nicoles Sitzlehne die Zicke mit dem pelzbesetzten Jäckchen aufstand. Die lächelte jetzt nicht mehr, sondern hatte ein strenges Gesicht aufgesetzt und zupfte energisch ihr Jäckchen zurecht, ohne irgend jemanden im Zug eines Blickes zu würdigen. Dann drehte sie sich um und lief zum Ausgang, und zwar in Fahrtrichtung.

Gleichzeitig konnte Nicole mitverfolgen, wie der junge Mann mit den französischen Zigaretten aufstand; sie teilte ihrer Schwester mit gebleckten Zähnen und krallenartig gekrümmten Fingern mit, daß er ein bißchen aussehe wie Graf Dracula. Er fuhr sich mit beiden Händen sorgfältig durchs Haar und machte mit seinen ungesund roten Lippen merkwürdige Bewegungen, als ob er Speisereste aus den Zahnlücken saugen würde. Auch er tat, als wäre außer ihm niemand im Zug, ganz nach Städtermanier; auch er drehte sich grußlos um und verschwand, und zwar gegen die Fahrtrichtung.

Die zwei Schwestern waren allein. Sie waren jetzt müde vom langen, aufregenden Tag und rutschten ungeduldig auf ihren Sitzen umher – wenn die Stadt nur nicht so weit abgelegen von ihrem Dorf wäre! Anne seufzte, lehnte sich zurück und schaute durchs Fenster hinaus auf den Bahnsteig. Dann seufzte auch Nicole und sah nach, was ihre Schwester draußen Interessantes entdeckt haben mochte. Aber da waren nur verlassene Gepäckwagen und graue Regenmäntel und rostbraune Nebengeleise.

Geh nicht allein durch die Kasbah

Als sie von der Ankara Street in eine Seitenstraße einbogen, blendete sie die Sonne, und die junge Frau setzte ihre dunkle Brille auf. Der Mann mochte die dunkle Brille nicht, sie passte nicht zum blond gefärbten Haar der jungen Frau und machte ihr Gesicht älter, mit den Falten um den Mund, die dann auffielen, wenn man die Augen nicht sehen konnte. Die Augen waren das Schönste an ihr, groß und grau, im Licht manchmal grün schimmernd, ein grüner Schimmer, der wie ein mineralisches Lächeln war, Ausdruck aus einer Sprache, die älter war als jede, für die man Worte brauchte. Aber jetzt hatte sie eine dunkle Brille auf und ging ein paar Schritte von ihm entfernt. Es war eine schmale Straße in der Altstadt vom Larnaca an einem Sonntag außerhalb der Saison, und um so weit entfernt voneinander und doch auf gleicher Höhe zu gehen, musste jeder von ihnen dicht an den einstöckigen Häusern auf einer Seite vorbei. Es waren alte, meist baufällige Häuser, von denen der Verputz bröckelte, und die Fenster waren vernagelt, und wenn man einen Blick auf den Hof werfen konnte, dann sah man eine Art Wildnis aus Autoteilen, Gerümpel und Abfall, dicht mit Unkraut überwuchert. Der Mann blieb stehen und schnupperte. Es war heiß und staubig.

»Riech mal«, sagte er. »Riechst du es?«

Die junge Frau blieb auch stehen. »Ich rieche das Meer, aber viel weniger.«

»Riechst du nicht die Bomben, die hier gefallen sind? Die Schießereien? Schau mal, da sind noch Einschußlöcher. Das ist hier das alte türkische Viertel. Hier haben schwere Kämpfe getobt, bis die Leute den Norden besetzt haben und die Leute dorthin geflohen sind.«

»Vielleicht ist auch nur der Verputz löchrig«, sagte die junge Frau.

»Na hör mal, ich erkenn doch Einschusslöcher, wenn ich welche sehe.«

»Wo hast du das denn gelernt?«

»In Berlin kannst du sie noch heute sehen«, sagte der Mann und ging weiter. Jetzt ist er wieder eingeschnappt, dachte die junge Frau. Allmählich wird es schwierig, ihm so zu antworten, dass er nicht einschnappt. Und genauso schwierig, mich so zu verhalten, dass er nicht diesen starren schwarzen Blick bekommt und stundenlang überhaupt nichts mehr sagt und ganz steif wird vor Enttäuschung oder Zorn oder etwas, für das es nur Namen gibt, die ich gar nicht wissen will. Ob es wirklich daran liegt, dass er vierzig geworden ist? Diese blöde Männerkrise, ich habe nie daran geglaubt. Dabei hatte sie es ihm doch so leicht gemacht – ich brauche nur Sonne und Meer, Hans, dann bin ich wunschlos glücklich –, und dann hatte er sie traktiert mit all dem Unfug, mit dem Männer sich die Zeit vertreiben, wenn sie anfangen, über den Tischrand zu sehen – Grabkammern, türkische Forts, Bürgerkriege.

Mit der Sonne war nicht viel los gewesen so früh im Jahr,

aber sie hatte doch das Meer gehabt. Den Wind, die Steine. Wären wir doch nur in der Felsenbucht geblieben, dachte die junge Frau, da war doch alles, was wir brauchten. Gut, die Insel war jetzt geteilt, Deutschland war ja auch geteilt, deshalb fuhr man doch nicht an die Grenze und starrte stundenlang über den Stacheldraht, was war denn nicht geteilt? Sie selbst war auch geteilt, ein Teil liebte diesen Mann so heftig wie vielleicht zum letzten Mal einen Mann, und der andre Teil wollte nichts wie weg von ihm, sofort, wenn nötig bis ans Ende der Welt. Sie liebte ihn, wenn er sie endlich nahm, nachts, wenn sie endlich schreien konnte wie die Katzen, aber wenn sie darauf warten musste, dann wünschte sie sich oft schon ans Ende der Welt.

Sie gingen stumm weiter. An einer Querstraße bogen sie stadteinwärts ab und hatten die Sonne jetzt im Rücken. Die junge Frau ließ die Brille auf. In dieser Straße hockten Männer und Frauen in Gruppen vor den Häusern, an denen Plakate mit politischen Parolen klebten. Die Frauen trugen ihre schwarzen Tücher und hatten Nähzeug oder putzten Gemüse, die Männer, in weißen Hemden, rauchten und unterhielten sich. Es roch nach gebratenem Lamm, Minze und Zitronen. Radios spielten griechische Schlager. Manchmal fuhr ein Auto hupend vorbei. Niemand schien die Fremden zu beachten. Im Sommer musste es hier von Touristen wimmeln.

»Siehst du, da ist die Moschee«, sagte der Mann nach einer Weile, als ob sie die Moschee nicht auch schon gesehen hätte. Er machte viel her mit der Moschee, er inspizierte sie von allen Seiten, obwohl sie von allen Seiten gleich aussah. Sie wurde schon lange nicht mehr benutzt außer von den Tauben und Möwen und Katzen – auch das konnte jeder sehen, der Augen im Kopf hatte –, und davor standen wie zum Hohn Telefonzellen. Sie waren alle besetzt, und die Männer, die telefonierten, starrten die junge Frau durch ihre dunklen Brillen an. Es waren städtische Zyprioten in gut sitzenden Anzügen, mit dunklen, etwas teigigen Gesichtszügen, ganz anders als die Männer in den Dörfern, die harte, bäurische Gesichter gehabt hatten, griechische Bauerngesichter, unter denen die junge Frau sich wohl gefühlt hatte. Sie erinnerte sich, dass Hans ihr gleich am ersten Tag etwas erzählt hatte von den verschiedenen Völkern, die sich hier niedergelassen hatten, den Eroberern, die von überallher gekommen waren, von Göttern und Griechen und Phöniziern und Ägyptern, von Kreuzrittern und Türken und Engländern, aber sie war wegen des Meers und der Sonne gekommen, und das alles war auch schon eine Ewigkeit her, und morgen würden sie zurückfliegen und übermorgen wäre alles vorbei. Warum konnte es nicht jetzt schon vorbei sein? Ihr wurde ganz heiß. Sie zog den Pulli aus, den sie über dem blauen Trägerhemdchen getragen hatte, und band ihn um die Hüfte, und lief einfach an der Moschee vorbei in Richtung Meer. Irgendwo da vorn musste es ja sein. »Warum hast du es denn so eilig?« Der Mann legte ihr eine Hand auf die Schulter. Sie brannte. »Ich wollte mir noch die Lazarus-Kirche ansehen.«

»Dann geh doch alleine.« Sie hatte Mühe, ihm ihre Schulter zu entziehen. »Ich will nichts mehr besichtigen. Ich will am Meer sitzen und zusehen, wie die Sonne untergeht.«

»Die Sonne geht aber auf der anderen Seite unter.«

»Das ist doch ganz egal.«

»Was hast du denn, Liebling?«

»Nichts«, sagte sie, »nichts, ich weiß nur, dass du mich nicht genug liebst, und ich habe seit vierzehn Jahren kein Gefühl mehr, wenn wir zusammen schlafen, und ich will am Meer sitzen und zusehn, wie die Sonne untergeht.« Der Mann steckte sich eine Zigarette an und schwieg.

Sie hatte instinktiv die Hauptstraße zum Marktviertel gefunden – alle Hauptstraßen führen irgendwann ans Meer –, und hier gab es sonntägliche Spaziergänger, Fahrradfahrer, Autoverkehr. Die Geschäfte hatten geschlossen, aber resolut dreinblickende Hausfrauen verglichen die Preise von Kleiderstoffen, Schnellkochtöpfen und Hemden im Sonderangebot, fütterten ihre Kinder mit Konfekt und Eiscreme und holten ihre Männer aus den Cafés, wo sie mit der Clique vor dem Fernseher hockten und auf die Türken schimpften, die auch an der Inflation schuld waren. Die junge Frau ging jetzt ganz langsam und sah auch in die Schaufenster. Vielleicht bekomme ich doch noch ein Kind, dachte sie. Wenn nicht von ihm, dann muss ich aber bald einen anderen finden, obwohl ich gar keinen anderen will. Ich weiß nicht, was ich will. Plötzlich bemerkte sie, dass sie allein vor einem Schaufenster mit Kindersachen stand – »Special Offer Now!« – und gleichzeitig einen Mann, mit einem Fahrrad, der sie anstarrte. Ein junger Bursche, dessen Hemd halb offen stand, ganz dunkle Haut. Und Hans war natürlich schon an der nächsten Ecke, ungeduldig, mit seinem ratlosen Gesicht und dem Schnurrbart, der an den Enden grau wurde.

»Wo bleibst du denn, Liebling?«

Sie konnte es nicht mehr hören und ging doch auf ihn

zu, aber sie konnte es nicht mehr hören. Was willst du denn Liebling, pass mal auf, Liebling, hab dich doch nicht so, Liebling, beeil dich doch, Liebling, das war doch so, Liebling. Statt einfach nur: Komm, du, komm. Musste man wirklich eine Reise machen, um herauszufinden, dass man nicht konnte mit einem Mann?

»Geh doch schon ins Hotel«, sagte die junge Frau, »ich möchte zum Jachthafen, mir die Boote ansehn. Das interessiert dich doch nicht.«

»So, die Boote ansehn.« Er musste gar keinen Blick auf ihre nackten Schultern werfen, damit sie wusste, was er meinte. »Ich lass dich nicht alleine hier rumlaufen.«

»Das wirst du müssen«, sagte sie. »Ich bin schon erwachsen, weißt du.«

Er wurde ganz rot vor Aufregung. Und wenn er jetzt gelächelt hätte oder sie gelächelt hätte, wären sie zusammen weitergegangen. Aber er sagte: »Mach, was du willst«, und dreht sich um und ging die Seitenstraße runter zum Hotel. Das Hotel lag am Meer, und sie konnte das Meer schimmern sehen am Ende der Seitenstraße zwischen den Palmen an der Uferpromenade. Aber sie ging die Hauptstraße weiter. Beim Gehen fiel ihr eine Liedzeile ein – oder war es eine Zeile aus einem Gedicht? Aber von wem? – »Geh nicht allein durch die Kasbah«, oder hatte ihr das mal jemand gesagt? Mit ein paar Freunden hatte sie vor einer Ewigkeit Ferien in Marokko gemacht, Tanger, Meknès, Fes, vielleicht hatte das jemand als Regel bekanntgegeben, so wie Hans dauernd Regeln bekanntgab, dazu trinkt man Weißwein, hier musst du ein Kopftuch tragen? Wahrscheinlich war es doch nur ein Schlager, es klang wie ein Schlager, »Geh nicht allein durch die Kasbah«, aber hier gab es keine Kasbah, und Regeln gingen sie nichts an, und wenn sie die Abkürzung nahm durch diese Gasse, musste sie direkt auf die Uferpromenade stoßen, auf den Jachthafen, aufs Meer.

Der Mann saß auf einem kleinen Balkon, der zu ihrem Hotelzimmer gehörte, schlürfte langsam den Kaffee, den ihm die alte Frau mit dem netten Lachen gebracht hatte, und blickte durch das schmiedeeiserne Gitter auf die Palmen, die sich in der Brise wiegten. Schade, dass jetzt erst das Wetter schön wurde, aber so war es ja oft. Vielleicht war Zypern nicht das Richtige gewesen, wenn man zum ersten Mal zusammen verreiste und sich noch nicht lange kannte und lieber für sich sein wollte wie Li. Außerdem wurde man auf der Insel vielleicht ein bisschen zu oft daran erinnert, dass Aphrodite, die Schaumgeborene, hier dem Meer entstiegen war, es gab vielleicht ein bisschen zu viele Venus-Apartments, Aphrodite-Streichhölzer und Adonis-Salzstreuer, die Zyprioten hatten keine Hemmungen, was die Vermarktung der alten Götter anging. Aber der Aphrodite-Weißwein war tatsächlich gut. Er rollte das Zuckerpapier zusammen – auch die Zuckerfabrik hatte auf die Liebesgöttin zurückgegriffen – und schnickte es über den Balkon. Er hätte gerne etwas Stärkeres als Kaffee getrunken, aber er wollte lieber auf sie warten. Allzu lange würde sie es doch nicht aushalten. Ein Trupp französischer Seeleute lärmte auf der Straße. Draußen in der Bucht lag ein Kreuzer, die Kanonen auf Beirut gerichtet. Die Pubs hatten jetzt alle auf, und nach dem heißen Tag musste das erste Glas wirklich gut schmecken.

Er trank den Kaffee aus und ging hinein und zog ein frisches Hemd an, als die Tür aufflog und die junge Frau auf ihn zustürzte, als hätte eine riesige Hand oder ein Windstoß sie ins Zimmer geschleudert. Er spürte die Finger, die sich in seinen Rücken krallten, und die Tränen und das Zucken, das ihren Körper schüttelte.

»Was ist denn los, Liebling? Was ist denn?«

Er verstand sie erst, als sie ihn wegdrückte und sich auf das Bett warf, wo sie sich zusammenkrümmte, als ob sie eine Kolik hätte.

»Da war einer«, stieß sie hervor, »da war einer in der Gasse und hat mich. Da war einer.«

Er kniete vor dem Bett und hielt sie fest und sah sie an. Blaue Mascarafäden klebten unter ihren Augen.

»Wer war da? Wo denn?«

»Da war einer und hat mich.«

»Was hat er?«

»Was glaubst du wohl, was er hat?«

»Überfallen?«

Sie zuckte am ganzen Körper und weinte.

»Wo war er denn, Li? Wo?«

»In der Gasse, als du weg warst.«

»Herrgott«, sagte der Mann, »ich habe dir doch gesagt, du sollst hier nicht allein rumlaufen.«

Sie starrte ihn einen Augenblick lang durch ihre Tränen sprachlos an, dann hielt sie sich die Hände vor die Augen. Er bemerkte einen kleinen Riss auf der rechten Hand, eine Hautabschürfung. Sonst nichts. Der Pullover war immer noch um ihre Hüfte, und das dünne Trägerhemdchen gab makellose, leicht gebräunte Schultern frei. Er wollte sie festhalten, aber sie machte sich los. Er sah, dass sie ihre Sonnenbrille aufs Bett geworfen hatte. Sie sah auch heil aus.

»Jetzt erzähl mal, was los war«, sagte er.

»Ich wollte zum Hafen runter, und da war diese Gasse. Ich dachte, ich könnte abkürzen … Das war aber eine Sackgasse, mit Neubauten, alles verbaut, Bretter und Sand und Ziegel, und als ich zurückging, war dieser Typ da.«

»Was war das für ein Typ?«

»Dieser Kerl mit dem Fahrrad, der uns die ganze Zeit gefolgt ist, seit der Moschee.«

»Ich habe niemanden gesehen.«

»Du hast ja auch nur deine Moscheen im Kopf.«

»Und er war in dieser Gasse?«

»Er kam, hörst du denn nicht. Mit seinem Fahrrad.«

Sie lag auf dem Bett und starrte an die Decke. Der Mann stand auf und holte das Glas Wasser vom Balkon und gab es ihr. Sie leerte es gierig und nahm das Papiertaschentuch, das er ihr gab, und wischte die Tränen ab.

»Und was ist dann passiert?«

»Er hat das Fahrrad fallen lassen und hat mich …« Sie fing wieder an zu weinen und verbarg den Kopf in den Händen.

»Jetzt sag schon, Li. Du musst es mir sagen.«

»Ich muss dir überhaupt nichts sagen!«

Der Mann setzte sich zu ihr und legte einen Arm um ihre Schulter. Er spürte, wie sie steif wurde.

»Und dann haben wir gekämpft«, stieß sie hervor, »und dann habe ich geschrien, und dann ist er weggerannt und hat das Fahrrad liegen lassen, und dann kamen diese Männer.«

»Welche Männer?«

»Weiß ich doch nicht. Männer. Zwei Männer. Männer, verstehst du nicht?«

»Was haben die gemacht?«

»Die haben irgendetwas gesagt, Police, Police, was weiß ich, und wollten mich mit ihrem Auto wegbringen, zur Polizei, haben sie gesagt. Vielleicht gehörten sie alle zusammen.

Ihr gehört doch alle zusammen.«

»Nein. Und dann?«

»Bin ich weggerannt, oder glaubst du, ich habe gewartet, bis die mich auch noch anfallen wie die Tiere?«

»Vielleicht wollten sie dir helfen.«

»Ja, so wie du.«

Der Mann stand auf und steckte sich eine Zigarette an, wobei er auf die Uhr sah. Wenn das so schnell passiert war, kurz nachdem sie sich getrennt hatten, hätte sie doch viel eher hier sein müssen. Die Geschichte klang reichlich mysteriös. Etwas war passiert, aber was? Er hätte sie nie allein lassen dürfen. Hatte er aber. Sie hatte es darauf angelegt und er hatte es geschehen lassen.

»Und dieser Kerl, sagst du, ist uns die ganze Zeit gefolgt?«

»Mir, mir ist er gefolgt. Von mir wollte er was, nicht von dir.«

»Wollen wir nicht da mal hingehen?«

»Was willst du denn da noch? Spuren sichern?«

»Vielleicht holt er sein Fahrrad. Dann kauf ich ihn mir.«

»Mach doch, was du willst. Kauf ihn dir. Du kannst auch sein Fahrrad kaufen, das ist sicher billiger.«

»Verdammt noch mal, bin ich jetzt schuld?«

Aber er wusste, dass er Schuld hatte, und nicht Zypern, und nicht ihre blonden Haare und ihre nackten Schultern und die dunkle Brille und die Brüste unter dem Fetzen Tuch und das Jod in der Luft und die Streichhölzer mit Aphrodites Torso und die Aphrodite-Apartments und der Venus-Complex und schon gar nicht die Flüchtlingslager und die Teilung, sondern er, weil er sich nicht genug Mühe gegeben hatte mit ihr. Was immer vorgefallen war, er hatte auf dem Balkon gesessen und den Palmen zugesehen, und sie konnte jetzt ebensogut in der Gasse liegen mit zerschlitzten Brüsten oder auf einer Jacht Richtung Griechenland mit der Brille vor den schönen Augen und einem eisgekühlten Drink in der Hand. Es war lange ruhig, und er hörte die Tränen, die sie nicht mehr weinte, deutlicher als das Rauschen der Wellen in der Bucht.

Schließlich stand die junge Frau auf und zog das Hemd aus und betrachtete ihre Brüste. Sie hielt die Brüste in ihren Händen und blickte sie an und strich mit den Fingerspitzen über sie, während der Mann zusah, und als sie damit fertig war, sah sie ihn an.

»Ich bade jetzt.«

»Meinst du nicht, dass wir …«

»Was?«

Der Mann sagte nichts.

»Ich bade jetzt«, sagte die junge Frau, »und dann gehen wir aus.«

»Wir können auch hierbleiben.«

Sie sah ihn an, als hätte er den Verstand verloren und sie wäre jetzt endlich dahintergekommen, und ging ins Bad, dessen Tür sie fest schloss. Der Mann stand an der Balkontür und sah zu, wie die Schatten auf der Uferpromenade immer länger wurden.

Im Zimmer schräg über ihrem telefonierte eine andere deutsche Touristin mit ihrem Mann, der in Dortmund geblieben war, sie fragte ihn, was die Arbeit machte, und Hans fiel ein, dass er übermorgen auch wieder arbeiten konnte, er dachte, dass er allen Grund hatte, sich darauf zu freuen, er hatte Arbeit und er arbeitete gern. In die Ferien fahren und Aphrodite-Zucker essen und Gräber und Grenzen besichtigen und mysteriöse Geschichten erleben war vielleicht auch manchmal wichtig, aber das Wichtigste war die Arbeit.

Da kam die junge Frau aus dem Bad, und er sah, dass sie sich fein gemacht hatte, ihren besten Rock und eine neue Bluse angezogen und ihre Ohrringe angelegt und sich geschminkt hatte.

»Du siehst wunderbar aus«, sagte er.

»Natürlich. Mir geht es auch wunderbar. Das ist der letzte Abend.«

»Wollen wir essen gehen?«

»Ich setze mich jetzt in die Hotelbar«, sagte die junge Frau, »und bestelle mir etwas zu trinken, und dann vielleicht noch etwas. Wenn du willst, kannst du mitgehn, aber du musst nicht. Niemand muss.«

Sie hatte sich, was sie selten tat, ihre Lippen angemalt. Es war ein leuchtendes, werbendes Rot, ein Rot, das eine Aufforderung war, aber Rot war natürlich auch die Farbe, die eine Warnung ausdrücken sollte, und die junge Frau hatte ziemlich viel davon auf ihre Lippen gemalt und ging jetzt, ohne auf den Mann zu warten, in die Hotelbar, weil es der letzte Abend war, der Abend vor der letzten Nacht, und weil sie vielleicht auch bald den Verstand verlor, wenn sie nicht endlich diesen unsinnigen Schlager in ihrem Kopf betäubte oder ausstrich, den mit der Kasbah, durch die man nicht allein gehen soll.

Japan

Ich bin zum ersten Mal in Japan und bin nicht mehr ich selbst, weil ich nicht mehr reden kann. Keiner versteht Englisch, und ich spreche kein Japanisch. Mit einem Mal bin ich stumm, meiner sprechenden Persönlichkeit beraubt, und das empfinde ich als seltsam beglückend. Zurückgeworfen auf Mimik und Gestik komme ich zu mir selbst. Aus japanischer Sicht bin ich wahrscheinlich einfach nur groß und gelb: eine riesengroße junge Frau mit blondem Punkhaarschnitt in einem sonnengelben Trenchcoat. Wie eine Flamme stehe ich an der Straße und halte den Daumen raus. Was will diese Person nur? Der erhobene Daumen ist eine Geste, die man entweder gar nicht oder nur aus amerikanischen Filmen kennt. Immer wieder halten Autos vorsichtig an, fahren sogar ein Stückchen zurück, hoffnungsvoll laufe ich los, wie man das als Tramper so macht, um gleich einzusteigen, aber keine Autotür öffnet sich, nur die Fenster werden runtergekurbelt, ich verbeuge mich, wie ich es inzwischen gelernt habe, eine Fotokamera wird auf mich gerichtet, klick, die Fenster werden wieder hochgekurbelt, und das Auto verschwindet. Statt nun in Verzweiflung oder Wut zu verfallen, packt mich unverhoffte Heiterkeit und Leichtigkeit. Als ich am Ende doch in einem winzigen japanischen Sportwagen mitgenommen werde, in den ich mich umständlich hineinfalte, singe ich mit dem Fahrer amerikanische Popsongs, zu denen wir beide den Text nicht kennen. Wir singen in einem Phantasie-Englisch, das sich erstaunlich gleicht, da wir beide den Radiostationen des amerikanischen Militärs gelauscht und die Songs mitgesungen haben, ohne sie zu verstehen. Auch die abgrundtief hässliche Nachkriegsarchitektur der grauen Trabantenstädte, durch die wir fahren, ist mir seltsam vertraut und doch fremd. Diese Gleichzeitigkeit von Vertrautem und Fremdem führt zu einer Art ekstatischem inneren Dauerkichern. Vor Hitze, Überanstrengung und Aufregung bin ich ständig kurz davor, in Ohnmacht zu fallen, was tausend Tassen grüner Tee knapp verhindern. Man schaut mir diskret dabei zu, wie ich riesengroß und unübersehbar durch das Land wandere und mir Mühe gebe, nicht zu oft anzurempeln. Ich bin wie ein großer gelber *fish out of water,* der genau hier jedoch sein wahres Gewässer entdeckt. Ziellos glückselig schwimme ich umher, sichtbar und unsichtbar zugleich, denn aus reiner Höflichkeit schenkt man mir keine übermäßige Aufmerksamkeit. Das kommt einem Idealzustand ziemlich nah: gesehen werden, ohne belangt zu werden. Ich darf sein, wer ich will, da man nicht von mir erwartet, irgendwelche Erwartungen zu erfüllen oder irgendwo hineinzupassen. Weder in die alten, niedrigen Holzhäuser, in denen ich mir den Kopf anschlage, noch in die schmalen Holztoiletten, auf denen ich mich nicht umdrehen kann. Ich passe kaum in die Betten, geschweige denn in die Badewannen. Ich bin ein *gaijin,* jemand von draußen und dadurch vollkommen frei, oder fühle mich zumindest so. Verzaubert und wie mit einer Tarnkappe versehen, beobachte ich das Leben um mich herum, den anstrengenden Alltagstakt und die komplizierten Konventionen, die akkurate Kleidung und die abgezirkelten Bewegungen, Verbote und Gebote, die mich belustigen. Nicht im Gehen rauchen, steht auf den Bürgersteigen. Gleichzeitig passt man auf mich auf. Wenn ich mich verirre, nimmt mich jedes Mal ein wildfremder Mensch beherzt an der Hand und führt mich zur nächsten Bushaltestelle, Pension, zum Bahnhof oder auch zu einem amerikanischen Fastfoodladen, in der Annahme, dass ich vielleicht eine große Portion Hackfleisch und einen Liter Cola brauche, um mich heimisch zu fühlen.

Sie nehmen mich an der Hand wie ein Kind. Alte Frauen, Geschäftsleute, Teenager und Hausfrauen führen mich und reden mir beruhigend zu wie einem etwas störrischen, aber gutmütigen Esel. Ich bin der Esel, der Tanzbär, werde lächelnd bestaunt in meiner Tapsigkeit und Unkenntnis. Geduldig erklärt man mir den Gebrauch der diversen Puschen, ohne die man kein Haus, keinen Tempel, kaum ein Restaurant betreten darf. Raus aus den Straßenschuhen, rein in die braunen Plastikpuschen, raus aus den Plastikpuschen, rein in die Klopantoffeln, raus aus den Klopantoffeln, rein in die Plastikpuschen. Wenn ich dann prompt aus Versehen in Klopantoffeln bei Tisch erscheine, lachen sich alle kaputt über diesen schaurigen Fauxpas. Ich sorge für Unterhaltung und allgemeine Erheiterung, fast dankbar scheint man zu sein für dieses kleine Loch, das ich in die strengen Vorschriften reiße. Das wird meine Rolle: Ich sorge für Stimmung. Manchmal entstehen dadurch Begegnungen, die gerade durch den mühsamen sprachlichen Austausch erstaunlich tief und herzlich sind. In rudimentärem

Englisch berichten mir Frauen nach wenigen Minuten ihre Lebensgeschichte. Im Zug erzählt mir eine schüchterne Klavierlehrerin in blasslila Rüschenbluse, sie sei im Bett ein wildes Tier und könne deshalb niemals heiraten. *One man not enough,* kichert sie und hält sich die Hand vor den Mund. *I am so wild,* sagt sie, *I also beat men.*

Eine alte Dame im Kimono berichtet von ihrem Café, das sie Frank Zappa gewidmet hat, den sie verehrt. Eine elegante Angestellte erzählt mir von ihrer seit dreißig Jahren andauernden Affäre mit einem verheirateten Mann, aber als Ehemann wolle sie ihn nicht geschenkt haben. Eine etwa fünfzigjährige Frau lebt noch bei ihren Eltern, bis vor kurzem hat sie ihr Zimmer kaum verlassen, aber ihre Eltern haben es geduldig ertragen. Neben mir in der U-Bahn liest eine gebrechliche Dame *Der kleine Lord* auf Deutsch. Sie zeigt mir das Buch, als ich sie darauf anspreche. Jedes Wort ist in hauchdünnem Bleistift mit seiner japanischen Übersetzung versehen. Seit zweieinhalb Jahren liest sie dieses Buch. Sie ist auf Seite achtzig. Laut lese ich ihr ein paar Seiten vor, verstehe das altmodische Deutsch nur mit Mühe. Glühend bedankt sie sich und sagt auf Deutsch: Ein guter Tag.

Jeder Tag ist ein guter Tag. Ja, ja, die alte Zen-Maxime, die ich in ihrer Härte oft verfluche.

Als ich selbst schon fast alt bin, stehe ich an einer Straßenkreuzung in Kyoto, unentschieden, welchen Tempel ich mir heute ansehen will, als sich ein alter Mann neben mich stellt. Er muss um die neunzig sein, spindeldürr und gebeugt wie ein Strohhalm, tadellos gekleidet in einem weißen, gebügelten Sommerhemd und dunklen Hosen. Er hebt den

Kopf und schaut mich klar und neugierig an, unverwandt, als versuche er, mich zu erkennen. Ich nicke freundlich, da greift er mit einer schnellen Bewegung nach meiner Hand, lässt sie nicht mehr los. Ich stehe Hand in Hand mit ihm da, als kennten wir uns gut. Passanten werfen uns schnelle, scheue Blicke zu. Ich bin mir bewusst, wie ungewöhnlich es ist, dass ein alter Japaner eine deutlich jüngere westliche Frau an der Hand hält. Das Klischee funktioniert nur andersherum. Wir stehen einfach weiter so da, seine Hand ist trocken und kühl, eine Zeitlang geschieht rein gar nichts. Ich spreche ihn an, sage in allen Sprachen, die mir einfallen: *hello*, guten Tag, *ohayo goseimas.* Er reagiert nicht. Der Verkehr umtobt uns, zwei Touristen-Rikschas mit weiß geschminkten Geisha-Schülerinnen ziehen an uns vorbei. Ich teste, ob ich meine Hand vorsichtig zurückziehen kann, aber nein, er hält sie eisern fest, und als die Ampel auf Grün springt und als Hörzeichen das Vogeltschilpen erklingt, geht er entschlossen in kleinen, schnellen Schritten mit mir an der Hand über die Straße, als würde er mich führen. Ich sehe mich um, steht irgendwo seine Frau, sein Sohn, seine Tochter, eine Betreuerin? Er scheint genau zu wissen, wohin er will. Wir biegen ab von der Hauptstraße, ich versuche, seine Schritte aufzuhalten, indem ich mich behutsam widersetze und langsamer werde, aber sein Griff ist so entschlossen wie der eines Vaters, der in Eile ist und sein Kind hinter sich herzieht. Ich werfe einen letzten Blick auf die Hauptstraße, vielleicht ruft ihn jemand, sucht ihn, aber nichts. Die kleine Straße ist still, fast dörflich, vor den schmalen Häusern stehen Blumenkästen und Fahrräder, der Eingang zu einem Tempel, eine kleine Bar, ein Soba-Restaurant. Ich könnte mich losreißen, das wäre nicht schwer, aber in einer Mischung aus Neugier und Besorgnis gehe ich mit ihm weiter, was sich immer mehr so anfühlt, als würde ich entführt. Abrupt bleibt er schließlich vor einem grauen Haus stehen. Er will nicht hineingehen, steht davor und bewegt sich nicht weiter. Lässt aber immer noch nicht meine Hand los, sondern sieht mich abermals konzentriert an, als warte er auf eine Reaktion von mir. Ich nicke, da nickt er zurück. Meine Hand in seiner ist inzwischen verschwitzt, seine dagegen immer noch kühl. Ich frage mich, wie das weitergehen soll. Keinem Polizisten könnte ich in meinem mangelhaften Japanisch klar machen, dass ich diesen alten Herrn gefunden habe, beziehungsweise er mich. Ich kann ihn jetzt auch nicht einfach vor dem Haus stehenlassen. Warum dieses Haus? Wohnt er hier? Hat er hier gewohnt? Hat jemand in dem Haus gewohnt, an den er sich erinnert? Wer weiß, welche Strecke er schon zurückgelegt hat. Wieder versuche ich, meine Hand aus seiner zu ziehen, aber als sie ihm beinahe entschlüpft, fasst er fest nach. Ich erinnere mich an die buddhistische Aufforderung, in jedem Menschen seine Mutter oder seinen Vater zu sehen. Er könnte tatsächlich mein Vater sein, mein Vater ist zu dem Zeitpunkt noch jünger und rüstig, nie würde er nach meiner Hand greifen, nie sich führen lassen. Das geschieht erst viele Jahre später, als er nicht mehr der sportliche, große und starke Mann ist, sondern alt und gebrechlich. Es zerreißt mir das Herz. Mein Vater ist zu schwach, um zu schwimmen, aber er lässt sich an meinen Händen durch einen Pool ziehen, gemächlich schreiben wir gemeinsam Kreise durchs Wasser wie in einem zärtlichen Tanz, unvorstellbar mit dem Vater meiner Jugend. Wie in einer russischen Steckpuppe scheinen wir verschiedene Versionen von uns selbst in uns zu beherbergen, die geduldig auf ihren Auftritt warten.

Mein japanischer Vater rührt sich nicht vom Fleck. Ich werde ungeduldig, mag nicht mehr, möchte wieder meiner eigenen Wege gehen. Nur noch ein Minütchen, gestehe ich ihm zu. Es werden mindestens zehn. Er bewegt sich keinen Millimeter, unter seinem weißen Hemd hebt und senkt sich schwach sein Brustkorb. Um der Langeweile zu entgehen, versuche ich, in seinem Rhythmus zu atmen, aber komme dabei fast aus der Puste. Hinter mir schreit jemand, Fußgetrappel, eine Frau Anfang sechzig kommt auf uns zugerannt, mit einem Ruck entreißt sie mir den alten Mann, redet aufgebracht erst auf ihn, dann auf mich ein. Ich kann nicht unterscheiden, ob sie sich bedankt oder beschwert. Er reagiert nicht. Schaut mich noch einmal an, freundlich und ungerührt. Kurzerhand packt sie ihn am Arm und führt ihn mit sich weg. Ich sehe ihnen nach. Über mir kreischen Krähen. Vor mir blüht eine winzige rosa Nelke in einem Balkonkasten, ich höre das Geräusch eines Reisigbesens. Wusch, wusch. In einem japanischen Kloster habe ich gelernt, den Wald zu fegen. Zutiefst sinnlos, aber schön. Wusch, wusch, wusch.

Ein paar Jahre später, in Chigasaki am Meer, geschieht mir genau die gleiche Geschichte ein zweites Mal. Ich sitze am Strand und esse ein Sandwich. Ein alter Mann setzt sich neben mich. Nimmt meine Hand. Er sieht dem anderen Mann ähnlich. Er sagt kein Wort, wir lauschen der Brandung, bewegen uns nicht, ich lasse das Sandwich sinken. Er lächelt, ich lächele. Dann steht er auf und geht. Sieht sich nicht um. Eine Krähe stürzt mit lautem Krächzen vom Himmel und schnappt sich das Sandwich aus meiner Hand. Ich schreie laut vor Schreck. Der berühmte Mönch Ikkyu wurde durch einen Krähenruf erleuchtet. Ich nicht.

ALFRED ANDERSCH

Wanderung im Norden

Anfang Juli war die Station des Schwedischen Touristen-verbandes noch fast leer. Außer Ken, Lena und Daniel hielten sich nur vier oder fünf Gäste im Hause auf, Schweden vom Geologen- oder Botanikertyp und zwei junge Engländer, Leute, die so aussahen, wie noch vor zwanzig Jahren die meisten Besucher von Schutzhütten in den Alpen ausgesehen haben, ehe die Massenflut ein-setzte. Die Engländer waren den Königspfad von Süden heraufgekommen und schlossen ihre Ferien mit Tages-touren im Gebiet von Kvikkjokk ab, ehe sie über den See ins Flachland zurückkehrten. Daniel unterhielt sich mit ihnen beim Frühstück. Die Frau, die dem Hause vorstand, blieb ziemlich unsichtbar. Von Zeit zu Zeit sahen sie eine der Studentinnen aus Uppsala, die hier den Sommer als freiwillige Helferinnen verbrachten. Sie waren bemerkens-wert hübsch, und Ken ermunterte Daniel, ihre genaue An-zahl festzustellen, aber Daniel quittierte die Aufforderung mit Schweigen.

Lena verließ das Haus zu einem Spaziergang, während Ken und Daniel sich in das Lesezimmer zurückzogen, um noch einmal gründlich über den Karten zu brüten. Die Engländer hatten Daniel gesagt, der Königspfad sei ein guter Weg. Es ist der vom Schwedischen Touristenverband angelegte Weg, der von Abisko am Torneträsk im Norden durch die Gebirgsgruppe der Kebnekajse hindurch nach Saltoluokta am Akka-See und von dort, einen weiten Bogen um die Sarekberge schlagend, nach Kvikkjokk und weiter nach Süden führt. In Abständen von je einem Tagmarsch sind an diesem Wege kleine, unbewohnte Hütten errichtet, in denen man schlafen und kochen kann. Ken hatte die Absicht, dem Königspfad nach Nordosten bis zum Faunaive-Pass zu folgen, dann aber nach Nord-Nord-Westen vorzudringen, in die Zentralregion der Sarekberge, und durch sie hindurch das Westende des Akka-Sees zu erreichen. Wieder trug Daniel seine Einwände vor. Er erinnerte Ken an das Schweigen und Achselzucken, als sie sich in Stockholm nach diesem Gebiet erkundigt hatten, an den allgemeinen Rat, sich an den Königspfad zu halten. Er deutete auf die Karte und sagte: »Da gibt es keinen Weg.« Auch Ken blickte auf die Karte, auf das ungeheure unberührte Land zwischen dem Viri-See an der norwegischen Grenze und dem Lule-See im Osten, zwischen dem Großen See-Fall im Norden und dem Sulitelma-Stock im Süden. In der Mitte des Hochlandes aus Granit und Sümpfen erhoben sich die Sarekberge. Dann nahm Ken sich zusammen und rechnete Daniel die Entfernung vor. »Wir haben höchstens hundertzwanzig Kilometer zu machen. Selbst wenn wir nur zwanzig am Tag schaffen, sind wir spätestens in einer Woche durch.« – »Unser Proviant reicht für sechs Tage«, sagte der junge skeptische Daniel. Schließlich gab er nach. Die Fenster im Lesezimmer waren geöffnet; es waren Mückennetze aus engmaschigem Draht vor ihnen angebracht. Sie konnten die Sonne auf den stürzenden

Wassermassen des Kamajokk blitzen sehen. Frischer Wind strich herein.

Sie folgten dem Königspfad nach Norden, durch die Waldregion. Es gab im Wald manchmal lichte Trockenböden, von locker stehenden Fichten bewachsen und mit grauen Felsen bestreut. Aber der größte Teil des Waldes war Birkenwald über feuchten Böden. Das Laub der großen Birken schloss den Himmel aus. Es herrschte eine glasige und dumpfe Dämmerung aus hellem Grün und dem Weiß der Stämme, ein Treibhauslicht, das in Schwaden über die verschimmelte Rindenfarbe umgestürzter Bäume sickerte. Schlinggewächse krochen an den Rauhbirken hoch, unter denen der Boden mit Farnen bedeckt war. Die Sumpfwälder brüteten Myriaden von Mücken aus, und Ken, Lena und Daniel eilten daher den Pfad entlang, der tatsächlich einem Pfad so ähnlich wie möglich war; manchmal lagen Baumstämme dort, wo das Wasser ihn überquoll. Ken gab der Hoffnung Ausdruck, wenn sie erst einmal aus der Waldregion heraus wären, würde es leichter werden mit den Mücken. Einmal ließen sie sich von einer Birkhenne ins Innere des Waldes verlocken. Der Vogel war so groß, dass sein weißer Kopf über die Farne ragte. Er schien es für nötig zu halten, die Wanderer von den Küken abzulenken, die sich winzig und piepsend im Unterholz bewegten, und sie taten ihm den Gefallen und folgten ihm lange, weil es seltsam war, sich von dem weißen Tier verführen zu lassen, dessen Kopf und Hals sich ruckend über den Farnen fortbewegte. Es stieß gedämpfte und rauhe Schreie dabei aus, weiße Zauberformeln aus dem Beschwörungsschatz irgendeiner Hennenmagie, in das gläserne Licht über das Chlorophyllgrün der Farne geraunt.

Um Mitternacht gelangten sie an den Sjaptjakjaure, an dessen Ufer sie inmitten von Felsen ihr Zelt aufschlugen, weil dort ein kühlender Wind strich, der die Mücken vertrieb. Ken sah sprachlos zu, wie Lena und Daniel sich auszogen und ins Wasser stürzten. Später, das Lagerfeuer schürend, enthielt er sich nicht, die Geschwindigkeit, mit der sie sich aus dem See wieder an Land gerettet hatten, als affenartig zu bezeichnen. Er sprach auch längere Zeit überzeugend von den Wirkungen der geographischen Lage auf die Temperatur von Gewässern. Lena und Daniel hörten ihm angeekelt zu.

Ihr Zelt war ein kleines leichtes Bergsteigerzelt. Zu dritt konnte man sich darin nur auf eine Art aufhalten, die Lena als ›Löffelchen liegen‹ bezeichnete. Auf dem Faunaive-Pass versuchte Daniel, im Freien zu schlafen, in seinem Schlafsack, aber mit den Mücken war an ein Einschlafen nicht zu denken. Sie hingen als singender Schwarm um seinen Kopf. Er begründete seinen nächtlichen Antrag, ins Zelt eingelassen zu werden, mit dem Hinweis auf Kens vage Theorie, nach Verlassen der Waldregion würden die Stechmücken sich diskret zurückziehen. Ken warf ihm vor, er konstatiere den Zusammenbruch ihrer Hoffnungen hinsichtlich der Mücken mit einem Geräusch, das in Büchern gern als ›trockenes Auflachen‹ bezeichnet werde. Weil er gleich darauf wieder einschlief, hörte er nicht mehr, wie Daniel noch etwas von Staatsmännern murmelte, die ihren Völkern lieber Blut, Schweiß und Tränen in Aussicht stellten, anstatt falsche Hoffnungen in ihnen zu erwecken.

Sie waren dem Königspfad bis zum Pass hinauf gefolgt, zuerst noch einmal stundenhin durch den Wald, dann über ein Bachdelta auf einer langen Traverse aus Baumstämmen, an deren Ende ein Schild an einen Pfahl genagelt war: Sarek National Park. Danach verkrüppelte der Wald zu Zwergbirken, bis sie schließlich über eine freie Bergschulter den Pass erreichten. Lena hatte von seinem höchsten Punkt aus den Blick nach Osten gezeichnet: im Vordergrund ein paar riesige Granitblöcke, dahinter, in die Ebene hinab, den unabsehbaren Wald, in dem ein halbes Dutzend großer Seen schimmerte. Als sie sich umwandte, sah sie den Wald, durch den sie heraufgekommen waren, darin den Sjaptjak-See, im Süden das sagenhafte Sulitelma-Massiv und die Berge im Nordwesten, an der norwegischen Grenze, über denen um elf Uhr nachts die Sonne stand. Die Sonne leuchtete nicht. Der Faunaive-Pass lag als graue, geisterhafte Mulde unter einem Himmel, der so unbeweglich war wie Eis. Irgendjemand hatte ein Loch hineingehackt: in den Eishimmel ein bleiches Sonnenloch.

Am nächsten Morgen gaben sie ihren Plan auf, durch das Hochtal am Fuß des Parte-Gletschers vorzudringen. Sie stellten fest, dass es den Weg durch die Sümpfe dieses Tals, der auf der Karte angedeutet war, nicht gab. Da sie die Beschaffenheit des Gebirges weiter oben, vor allem aber des Alka-Gletschers, den sie hätten traversieren müssen, nicht kannten, kehrten sie zum Partevarc-Berg zurück und sondierten das Gelände nach Nordosten. Daniel war der

Erste, der das Rapa-Tal erblickte. Er war, wie üblich, Ken und Lena weit voraus, und sie hörten, wie er einen Pfiff ausstieß. Er winkte ihnen aufgeregt. Aufregung war etwas sehr Seltenes bei Daniel, und sie näherten sich ihm daher neugierig.

Als sie ihn eingeholt hatten, sahen auch sie den Rapa-Fluss. In den Jahrbüchern des Schwedischen Touristenverbandes hatten sie Abbildungen des Flusses gesehen, die von Geographen der Universität Uppsala aufgenommen worden waren. Außer solchen Leuten schien selten jemand in das Rapa-Tal zu kommen, denn als sie auf der Touristenstation danach gefragt hatten, war nur Kopfschütteln die Antwort gewesen. Da, wo sie standen, fiel der Partevare in ein paar Terrassen zum Fluss hinab. Auf den unteren Terrassen begann der Birkenwald, an seinem Rand stand eine verlassene Lappenkate, nichts weiter als ein Gerüst aus drei gebleichten Stangen. Zu ihrer Linken rauschte in einer Schlucht der Gletscherbach des Partefjäll, der sich weiter unten in breiten Katarakten in die Rapa ergoss. Jenseits der Rapa erhoben sich steile, nach Norden immer höher ansteigende Felsenberge, kleine Gletscher um ihre Gipfel. Zwischen ihnen und den Wänden des Pelloreppe drehte sich der Fluss nach Norden und entschwand in ein Geheimnis. Nach Süden öffnete er sich in ein von Wäldern umstandenes Delta, ein silbernes Wassergeflecht, das sich bis zum Horizont hin in einem mächtigen See, dem Laidaure, aufgab. Einen solchen Urstrom, meinte Ken, gäbe es sonst in ganz Europa nicht mehr. Weil er bemerkte, dass Daniel bei dem Wort ›Urstrom‹ zusammenzuckte wie an den Tagen vorher bei den Worten ›Einödhof‹ oder ›Polarkreis‹, deutete er auf den See. »Der Laidaure«, erzählte er, zu Lena gewandt, »ist ein wunderlicher See, auf die Weise, dass da zuweilen schrecklich viele Fische sind, und zuweilen ist da nicht ein einziger Fisch. Dieser Laidaure ist ein etwas merkwürdiger See; man ist sich nicht richtig klar darüber geworden, was für Seen es sind; aber das Wissen hat man halbwegs erlangt, dass da zwei Seen übereinander sind und nur ein Loch in der Mitte wie das Rauchloch in einer Kate. Und die Fische gehen durch das Loch auf und nieder.« Lena lachte, und sogar Daniel grinste ein wenig, nachdem Ken die läppische Lügengeschichte erzählt hatte.

In der Nacht, die keine Nacht war, wachte Lena auf. Es kam ihr vor, als habe sie etwas gehört. Sie sah auf die Uhr: es war ein paar Minuten über Mitternacht. Sie starrte zum Zeltdach hinauf, hinter dem graues diffuses Licht lag. Da war das Geräusch wieder, ein sehr fernes, sekundenlanges Dröhnen. Sie fragte Ken, ob er wach sei. »Ja, ich hab's auch gehört«, antwortete er. »Was war das?«, fragte Lena. »Ein Felsblock, der vom Pelloreppe heruntergestürzt ist«, sagte Ken. »Oder ein kalbender Gletscher«, meinte Daniel. Er war also auch wach. »Oder eine verspätete Lawine.« Lena hörte ihnen zu, wie sie Hypothesen aufstellten und schließlich sogar in ein schläfriges philosophisches Gespräch gerieten, in dem sie sich darüber stritten, ob der dunkle Klang mehr enthielte als die Nachricht von einer durch Erosion hervorgerufenen Bewegung anorganischer Materie. Ken beschwor Daniel zuzugeben, auch er habe mehr gehört als einen akustischen Eindruck, der naturwissenschaftlich ganz leicht zu analysieren sei; er sprach von einem Rest, der nicht aufginge, und dieser Rest sei die Offenbarung Gottes in der Natur; da die Offenbarung ein Akt der Freiheit sei, gäbe es also auch in der Natur Freiheit. Der sogenannte Ruf der Wildnis, den sie soeben gehört hätten, sei kein romantisches Gefühl des Menschen, sondern eine reale Eigenschaft der Dinge. Daniel war platt. Er sagte, es handle sich um einen physikalisch bedingten Krach und nichts weiter. Empört drehte er sich um und schlief ein, aber da man in dem Zelt, nach Lenas Definition, nur ›Löffelchen liegen‹ konnte, mussten sich die beiden anderen auch umdrehen. So blieb er Sieger. Eine Weile später fragte Ken Lena, was sie denn von der Natur des fernen Dröhnens halte. Sie erwiderte, ohne zu zögern: »Es war eine Warnung.«

Als sie ins Rapa-Tal hinabstiegen, fanden sie gleich zu Beginn eine Brücke über die Wasserstürze des Parte-Gletscherbachs hinweg, eine Traverse aus grauen Stangen, an Baumstämmen aufgehängt, wahrscheinlich eine Lappenarbeit; es überraschte sie, ein Zeichen menschlicher Wanderungen zu finden, denn bis zur Brücke hin hatte sie kein Weg geleitet, und hinter ihr führte keiner weiter. Vorsichtig balancierten sie auf dem primitiven schwankenden Bauwerk über die weißen reißenden Strudel des Eisflusses hinweg. Nachträglich sollte ihnen diese Brücke wie eine böse Verführung erscheinen, denn ohne sie wären sie niemals ins Rapa-Tal gelangt, sondern hätten sich wieder nach Süden wenden müssen. Sie hatten das Gepäck verteilt; obwohl Lena etwas weniger trug als die beiden Männer, wog auch ihr Rucksack, mit dem Material zum Zeichnen und Malen, etwa vierzig Pfund. Das Zelt, die Schlafsäcke, der Proviant, der Spirituskocher und das Aluminiumgeschirr, die Pullover und Windjacken, Wäsche zum Wechseln, Trainingsanzüge und Turnschuhe – in Kvikkjokk hatten sie sinnend einen Lappen betrachtet, der aus der Wildnis aufgetaucht war und nichts bei sich trug als eine Kaffeetasse.

Sie folgten dem Katokjokk, wie der Abfluss des Parte-Gletschers heißt, bis zu seiner Mündung in die Rapa und gingen dann den Fluss aufwärts nach Norden. Sie brachten bis zum Abend eine Strecke von sechs bis sieben Kilometern hinter sich, für die sie ebenso viele Stunden brauchten. Der weglose Wald des Urstromtals erwies sich als Dschungel. Dicht stehende Rauhbirken, zwischen denen die Leichen der gestürzten Stämme lagen, ein Chaos aus Weiß und Grün, steil abfallend und schwierig zu begehen, aber sie sehnten sich in die Birkenzone zurück, als sie in die Weidenwälder gerieten. Die Weidenwälder bestanden aus übermannshohen Grauweiden, aus dichtgewebten Vorhängen zäher, sperriger Gerten, durch die hindurch sie sich jeden Schritt erkämpfen mussten. Nach Stunden bekamen die Bewegungen, mit denen sie die Gerten auseinanderbogen, um sich durch sie zu zwängen, etwas Verzweifeltes und Tobendes. Lena hielt sich hinter Daniel, der sich verbissen, aber methodisch durch das Dickicht focht, während Ken einige Male seiner Neigung zum Jähzorn nachgab. Von Schweiß überströmt, brachten sie nur noch wenig Energie dafür auf, die Stechmückenschwärme abzuwehren, die im Weidendschungel als singende Wolken hingen. Die Weiden standen auf Sumpfboden, über den sie sich von Wurzelstock zu Wurzelstock vorwärtstasteten; aber schließlich quoll doch das Wasser in ihre Schuhe. Verbittert stellte Ken fest, dass ihre fehlerfreien, konstruktiv hochgezüchteten und absolut wasserdichten Schweizer Bergstiefel sich als Fehlanschaffung erwiesen: das Wasser floss von oben in sie hinein. Laute Selbstanklagen ausstoßend, erinnerte er sich jetzt an Bilder von Lapplandtouristen, die auf diesen Abbildungen mit hohen, oft bis an die Hüften reichenden, konstruktiv ganz simplen Gummistiefeln bekleidet waren; doch ein heftiger Regenguss, dessen Kommen sie gar nicht bemerkt hatten, weil der Urwald den Blick in die Ferne niemals freigab, schnitt ihm das Wort ab, so dass er die Sorge, wie sich ihr Marsch gestalten würde, wenn das Leder ihrer Stiefel durch die Nässe beinhart wurde, für sich behalten musste. Der Regen hörte ebenso plötzlich auf, wie er gekommen war; durchnässt warfen sie ihre Rucksäcke nach einiger Zeit am Ufer der Rapa ab.

Ihr Lagerplatz täuschte ein Stück aus dem Garten Eden vor: ein sanft gewölbter Hügel aus braungrünem Moos, mit ein paar Birken bestanden, an dem der Fluss nicht sehr schnell und lehmgelb und lautlos vorbeifloss, durch Kiesbänke hindurch, auf denen Wasservögel standen, die sich von den Wanderern überhaupt nicht stören ließen, während die gletscherbedeckten Berge im durchsichtigen arktischen Sommergrau irgendetwas zu murmeln schienen, eine Litanei aus Wasser und Licht. Aber die Stechmücken machten, bis Daniel das Feuer in Gang hatte, das Idyll am Rande des Dschungels zu einem Stück Hölle in einem Paradies.

Als das Feuer richtig brannte und Lena begann, die nassen Sachen zum Trocknen aufzuhängen, schlenderte Daniel zum Fluss hinunter, an dessen Ufer Ken stand und angelte. Daniel sah ihm zu, wie er die Schnur immer wieder einholte und aufs Neue auswarf; Kens Wurftechnik war beachtlich hoch entwickelt, wie Daniel feststellte. Von Zeit zu Zeit wechselte Ken das Vorfach und befestigte eine andere Fliege an der Schnur.

»Darf man eigentlich in einem Naturschutzpark Fische fangen?«, fragte Daniel nach einer Weile.

»Ich weiß es nicht«, sagte Ken. »Auf jeden Fall darf man eine Angel ins Wasser halten. Das scheint hier keinem Fisch etwas zu schaden.«

»Vielleicht drängeln sie sich so, dass keiner rankommt«, sagte Daniel.

Sie hockten neben dem strömenden Fluss und ließen sich von den Mücken auffressen. Auf Daniel hatten sie es stärker abgesehen als auf Ken, was dieser auf die Tatsache zurückführte, dass er sich schon seit Tagen nicht mehr wusch und eine instinktive Abneigung dagegen zeigte, seine Kleider abzulegen. Dicht vermummt, unrasiert, ungewaschen und an Gesicht und Händen mit einer immer fettiger glänzenden Schicht von Djungel-Öl bedeckt, warnte er Daniel und Lena, während er ihnen zusah, wie sie sich wuschen, vor den Folgen übertriebener Hygiene. Seine aufklärenden Vorträge endeten regelmäßig mit der Behauptung: »Schmutz isoliert!«

Daniel wechselte das Angelthema. »Diese ganze Sache«, meinte er, »kann ziemlich kritisch werden.«

Ken erwiderte nichts. Er blickte auf und beobachtete einen Raubvogel, der sehr hoch über dem Weiß eines Schneefelds rüttelte.

»Manchmal ist es mutiger, eine Sache abzubrechen, statt sie weiterzuverfolgen«, sagte Daniel.

Ken gab ihm die Angel und bat ihn, es eine Weile mit dem Fischfang zu versuchen. Er ging zum Feuer und wärmte sich. Lena kochte neben dem Feuer auf dem Spritkocher; sie hatte ihren Trainingsanzug an. Das Wasser sprudelte schon, und Lena schüttete Reis in den Topf.

»Wie viel Proviant haben wir noch?«, fragte Ken.

»Ein Pfund Reis«, zählte Lena methodisch auf, »ein Paket Nudeln, eine Büchse Corned Beef, eine halbe Dauerwurst, ein halbes Pfund Butter, Milchpulver, Zucker und Kaffee. Leider nur noch ein kleines Brot.«

»Und der Reis geht jetzt weg?«

»Nein, nur die Hälfte. Aber natürlich ein Teil der Butter und der Dauerwurst. Ich mache einen Risotto.«

Sie tat Salz in den Topf und begann mit kleinen Würfeln aus Dauerwurst, Butter, Pfeffer, einer Zwiebel und einem Kochlöffel geheimnisvolle Manipulationen anzustellen. Auf dem Mooshügel am gelb fließenden Fluss verbreitete sich ein Duft, der Ken an ein kleines Ristorante in Portofino erinnerte. Der Risottoduft machte das tückische Idyll noch idyllischer.

Lena rief Daniel zum Essen. Sie warf einen Blick auf die Angel und seine leeren Hände, als er den Hügel heraufkam.

»Forelle blau hätte gut geschmeckt zum Reis«, sagte sie.

»Ich finde, zu Forelle blau kann man doch nur gekochte Kartoffeln servieren«, sagte Ken.

Sein Witz kam nicht recht an. Eigentlich hatte ich mit Fischen gerechnet, dachte Lena, aber sie sprach es nicht aus.

Sie richtete es unauffällig so ein, dass die beiden Männer den Löwenanteil des Risotto bekamen, aber die übertriebene Art, in der sie ihre Kochkunst rühmten, bewies ihr, dass sie trotzdem nicht recht satt wurden.

»Ich müsste meine hohen Fischerstiefel dabeihaben«, sagte Ken, »und den Strom aufwärts gehen und flugfischen. Dann bekäme ich etwas an die Angel. Aber man kann ja nicht alles mitschleppen.«

Er lehnte sich zurück, zog seine Pfeife hervor und deutete mit dem Pfeifenstiel auf den Berg Birnapakte im Norden. »Da stand vorhin ein Falke über dem Gletscher«, sagte er. »Sicherlich jagte er Lemminge dort oben.«

Sie folgten seinem Blick und sahen, was er sah: den hellblauen, fast weißen Nachthimmel, das Schneefeld, den Berg aus durchsichtigem Grau.

Die Krise brach am Ende des nächsten Tages aus. Da es sich als unmöglich herausgestellt hatte, am Flussufer entlang weiterzukommen – die Talsohle war gänzlich von Weidendschungel bedeckt –, schlugen sie sich durch den Wald hindurch wieder in die Felszone zurück, ein Aufstieg von etwa fünfhundert Metern Höhendifferenz bei einer Wegstrecke von zwei bis drei Kilometern, zu dem sie einen vollen Tag brauchten.

Als sie oben auf einem Sattel standen, stellten sie fest, dass sie sich noch immer erst am Eingang zum Rapa-Tal befanden. Wenn sie sich umwandten, konnten sie den Abhang des Partevare und die Stelle sehen, an der in der vorletzten Nacht ihr Zelt gestanden hatte. Über die Katokjokk-Brücke hinweg würden sie sich, wenn sie wollten, in

wenigen Stunden wieder auf den Partevare retten können.
»Ich schlage vor, wir kehren um«, sagte Daniel.

»Es ist noch zu früh dazu«, sagte Ken schnell. »Wir können noch immer etwas riskieren.«

»Wir haben für eine Woche Proviant mitgenommen. Heute ist der fünfte Tag zu Ende. Den Weg nach Kvikkjokk zurück kennen wir. Wir können in drei Tagen dort sein, wenn wir alle Umwege vermeiden.« Daniel sprach ohne Erregung, aber sein Ton war so hart wie ein Brett.

»Nach Salto brauchen wir nicht länger«, sagte Ken. »Wir brauchen zwei Tage bis zur Tjägnoris-Furt, und von dort sind wir in einem Tag in Salto.«

»Nuts«, sagte Daniel. Er gebrauchte das englische Wort. Ken war zwanzig Jahre älter als er, und deshalb scheute sich Daniel davor, das deutsche Wort zu verwenden. »Du rechnest immer noch mit Entfernungen, als seien wir in den Alpen. Aber hier ist alles ganz anders.«

»Hier oben, auf der Hanghöhe, werden wir schneller weiterkommen als unten«, sagte Ken.

Er sah, dass Daniel diese Ansicht für falsch hielt, und er glaubte sie selber nicht. Es war verantwortungslos, den Weitermarsch zu riskieren, mit ungeeignetem Schuhzeug, zu wenig Proviant, Milliarden von Stechmücken und in einem Gelände, das alle gewohnten Zeitmaße und Distanzen außer Kraft setzte. Ken wusste nicht, was ihn veranlasste, sich verantwortungslos zu verhalten, aber der Gedanke, am Eingang des Tales umzukehren, kam ihm unerträglich vor.

Daniel blieb stur. Er war jung und nüchtern und stur. Zum ersten Mal in diesen Tagen nahm er ein großes Wort in den Mund. Düster in die Richtung des Tales blickend, sagte er: »Es kann lebensgefährlich werden.«

Es war eine Krise. Es war keine Krise, bei der es sich darum handelte, wer recht hatte. Daniel hatte recht: der Marsch durch das Tal war ein größeres Wagnis als die Umkehr. Die Krise entsprang der Konstellation zwischen einem jungen nüchternen und einem älteren enthusiastischen Mann. Erst nachdem er diesen Gedanken zu Ende gedacht hatte, erlaubte sich Ken, an ein gewisses Mädchen mit dunklen, feingesponnenen Haaren und einem hellen, intelligenten Gesicht zu denken, das Daniel mit einem skandinavischen Knicks die Hand zum Abschied gereicht hatte. Gelassen hatte Daniel sich vom Zaun geschwungen und ins Unabänderliche gefügt; wie aber, wenn es sich unter dem Zwang der Umstände herausstellte, dass man das Unabänderliche abändern konnte, indem man ganz einfach zurückkehrte? Ken war nicht so unfair, sich eine Anspielung darauf zu erlauben; außerdem wusste er, was Daniel darauf erwidern würde. »Du bist unsachlich«, würde Daniel sagen, die Achseln zucken und sich abwenden.

Ich bin unsachlich, dachte Ken, und er kam sich egoistisch vor, als er sich entschloss, nicht nachzugeben. »Wir wollen hören, was Lena dazu meint«, sagte er.

Sie sahen sich nach ihr um. Lena saß hundert Schritt von ihnen entfernt auf einem Felsblock, dort, wo der Sattel sich senkte, und blickte ins Tal hinab.

Sie blickte auf das große und geheime Herzstück des Tals, das auf den Karten den Namen Rapasälät trug. Das verborgenste Geheimnis des Tals enthüllte sich als ungeheures

Schwemmland, in dem sich der Fluss zu Seen aufstaute. Er lag dort unten als Schlaf, als spermatische Flut, schlafend, lehmgelb und mongolisch, zwischen Bänken aus blauer Tonerde; zwischen graublauen Lavendellasuren träumte das Sperma, gobigelb, von Ebenen, Überschwemmungen, Fruchtbarkeit. Lena sah dem Fluss zu, wie er dort unten schlief, träge und fürchterlich, in der Schlafnacht der Berge aus schwarzem Amphibolit, aus Blei, aus Grau, aus Eiszeit, aus Rabenmythen.

Der Himmel hatte sich eingetrübt, stundenweise fiel feiner Nieselregen, doch das Zelt widerstand ihm. Dann klarte es wieder auf.

Ken trank Wasser aus den Bächen, den Rinnsalen, den Quellen, die zu Dutzenden, zu Hunderten an den Flanken des Pelloreppe quollen, und weil es einen bitteren Beigeschmack hatte, fand er, es müsse eisenhaltig sein. Er zeigte auf die karminroten Steine, über die das Wasser schoss, und meinte, sie seien vom Rost so rot, sicher gäbe es Erzadern im Gestein, alle alten Gebirge enthielten Erze und andere Mineralien, und man habe auch schon Silber in Lappland gefunden. Er bezeichnete das bittere Eisenwasser als pure Medizin.

Zu Anfang war es ein spannendes Vergnügen, an den breiteren und reißenden Bächen nach Übergangsstellen zu suchen. Sie schossen in silbern ausgebreiteten Katarakten und manchmal in gewaltigen Fällen den Berg hinab, und da sie tief und von unwiderstehlich drängenden Strudeln gefüllt waren, dauerte es lange, bis die Wanderer eine Anordnung von Steinen fanden, die es ihnen erlaubte, sie zu überschreiten. Das Spiel in den Bachbetten war so anregend, dass sie in der ersten Hälfte des Tages nicht merkten, wie sie oft eine Stunde damit verloren, Möglichkeiten auszuprobieren, die sich als ungangbar erwiesen, gebannt von dem Rauschen des Wassers, seinen weiß schäumenden oder blau durchsichtigen Bewegungen, oder mit dem Blick seinen Lauf verfolgend, wie es hoch oben in oft auf die Länge eines Kiefernstammes ungebrochenen Stürzen in den Felsen stieß, in wahren Bäumen aus Glas, das zersplitterte, zersplittert weiterstürzte bis dorthin, wo sie standen, bis es weiter unten im Urwald der Birken und Weiden verschwand. Das Schwemmland des Rapasälät, das nun genau unter ihnen lag, gab nichts von der Bewegung der Wildbäche wieder.

An einem dieser Bäche entledigte sich Lena ihrer klammen, von der unaufhörlichen Berührung mit dem Wasser hart gewordenen Bergschuhe. Seit Tagen schon hatte sich dieser Entschluss in ihr vorbereitet; er entsprach ihrem Instinkt, der danach drängte, sich lautlos und elastisch durch die Wildnis zu bewegen, sich dem Boden anzupassen. Sie durchschritt den Bach barfuß, brach allerdings an seinem jenseitigen Ufer mit einem leisen Schrei zusammen und brauchte zehn Minuten, um ihre Füße wieder warmzureiben, aber dann kramte sie frische Wollsocken und ihre Turnschuhe aus dem Rucksack und zog sie an; Ken schüttelte den Kopf, es schien ihm absurd, Lappland in Turnschuhen bewältigen zu wollen, aber er konnte nicht leugnen, dass er noch immer steif und ungelenk am diesseitigen Ufer stand, vorsichtig nach einer Stelle äugend, die es ihm erlauben würde, trockenen Fußes hinüberzukommen. Er blieb jedoch fest und nahm dafür in der Folge gelegentliche Stürze ins Wasser ebenso in Kauf wie Lenas sich daran anschließendes und nur ungenügend unterdrücktes Gelächter; zwar fand er es unpassend und warf Lena mangelnden Sinn für Würde sowie die Neigung zu primitiveren Arten des Humors vor, ohne jedoch Einsicht zu bewirken: Lenas Vorliebe für frühe Chaplin-Filme bildete einen ihrer prägnantesten Charakterzüge.

Immerhin war Daniel kaum einmal Zeuge solcher Zwischenfälle, denn er bewegte sich an diesem und den folgenden Tagen weit vor ihnen durch das Gelände. Am Morgen frühstückte er hastig, brach schweigend das Zelt ab, packte seinen Anteil des Gepäcks zusammen und brach auf, während Lena und Ken noch Kaffee tranken. Er verschwand nur selten aus ihrer Sichtweite, aber es war offensichtlich, dass er Unterhaltungen aus dem Wege ging.

Zwischen den Bächen breiteten sich, an den immer steiler werdenden Flanken des Gebirges, Geröllfelder aus, die sie überquerten, indem sie von Stein zu Stein sprangen, eine mühsame Art, sich fortzubewegen, aber sie zogen die granitenen Schotterhalden dem sumpfigen Moos und dem niedrigen Weidengestrüpp vor, das der Wald heraufsandte, um sie bis zur Erschöpfung aufzuhalten, bis zu einer Erschöpfung aus Nässe, Kälte und Müdigkeit in einem immer graueren Tag.

Ihre Bewegungen wurden langsamer, belebten sich nur, wenn sie wieder an die tiefeingeschnittene Schlucht eines Gletscherbachs gerieten, vorsichtig traversierten, über die tobenden Strudel hinweg. Oder sie blieben stehen, um sich auf die graugrünen oder rostroten Muster der versteinten Moose, der Flechten auf den schwarzen und grauen Felsen aufmerksam zu machen. Überall sahen sie die große gelbe Trollblume und die hundert verschiedenen Polster des arktischen Steingartenfrühlings, darunter die Diapensia lapponica mit ihren kurzgestielten weißen Blüten, das gift-gelbe lappländische Läusekraut inmitten der Heideinseln, den Siebenstern, die Hahnenfüße, die Bärentraube und den Knöterich, aber am schönsten fanden sie die Blüte der Rosmarienheide, blutrot auf den Bülten im nassen Sumpf. Linné habe ihr, als er in Lappland war, den Namen Andromeda gegeben, berichtete Ken, und er erzählte Lena von Linnés *Iter lapponicum* im Jahre 1732 und wie er auf dieser Wanderung die Grundlagen zu seinem Sexualsystem des Pflanzenreiches gelegt hatte.

Ob er auch im Rapa-Tal gewesen sei, wollte Lena wissen. Ken musste dies verneinen; Linné sei, so sagte er, von Kvikkjokk aus über die Grenzgebirge nach Norwegen gegangen. Also war er nicht so verrückt wie wir, wollte Lena sagen, aber sie sagte es nicht.

Daniel hatte das Zelt genau dort aufgebaut, wo sie ihre Kräfte zu verlassen drohten. Er hatte auch schon ein Feuer im Gang. Nach einer Weile war Lena in der Lage, ein Abendessen zu bereiten. Sie kochte auf dem Primuskocher etwas Reis und verteilte das letzte Brot. Sie aßen schweigend; keiner von ihnen verlor ein Wort darüber, dass sie nun nur noch Kaffeepulver und Zucker besaßen sowie Salz, das zu nichts mehr nütze war. Dies war der siebte Zeltplatz seit ihrem Aufbruch von Kvikkjokk. Eine Umkehr wäre nun sinnlos gewesen. Sie waren die Gefangenen des Rapa-Tales.

Aber am nächsten Abend produzierte Lena aus den Tiefen ihres Rucksacks nach der letzten noch eine allerletzte Mahlzeit, mit Hilfe des Pakets Nudeln, das sie zurückbehalten hatte, einem Rest Butter und drei Scheiben Corned Beef. Das unerwartete Essen löste bei den Männern einen euphorischen Zustand aus, der sie vergessen ließ, dass sie, trotzdem sie wieder bis zur Erschöpfung marschiert waren, höchstens fünf Kilometer zurückgelegt hatten. Den Fortschritt ihrer Wanderung konnten sie nur daran feststellen, dass sie sich umwenden mussten, um das Rapasälät zu erblicken; der Fluss im Tal drunten war wieder ein Fluss geworden: breit, reißend und schmelzwassergrau. Aber sie befanden sich noch immer in den Flanken des Pelloreppe-Stocks, durchquerten Wildwasser, sprangen über Blockmeere, kämpften sich durch Grauweidendickicht.

Sie hatten sich mit den Birkhühnern aufgehalten. Alle zweihundert Schritte waren sie auf eine Birkhuhnfamilie gestoßen. Die Küken waren so klein, dass sie sich in wenigen Augenblicken im Unterholz verloren und unsichtbar blieben. Ein paarmal versuchten Daniel und Ken, eine der Hennen zu fangen, aber die weißen Laufvögel waren schnell und geschickt; sie wichen immer in der richtigen Richtung aus, und die Männer vermochten es nicht, ihnen zu folgen. Immer wenn sie abgehetzt stehen blieben und die Jagd aufgaben, spürten sie Erleichterung, weil ihnen der Frevel erspart blieb, obgleich andererseits die Art und Weise, in der die Henne sie aus einiger Entfernung betrachtete, den Kopf schiefgelegt, etwas ungemein Aufreizendes hatte. Lena beteiligte sich nicht an diesen Jagden, und dies nicht nur aus der Solidarität ihres Geschlechts mit den Müttern von jeweils einem halben Dutzend unmündiger Kinder; da sie die Tochter eines Jägers und selber eine kompetente Jägerin war, fühlte sie ihren Sinn fürs Weidgerechte empfindlich verletzt; sie imaginierte sich vielmehr eine Schrotflinte. Eine Schrotflinte würde im Sarek-Nationalpark alle Proviantprobleme gelöst haben, aber natürlich richtete man nicht Nationalparks für Leute ein, die Wanderungen unternahmen, bei denen sie am Ende auf Schrotflinten angewiesen waren. Doch bedauerte sie es nicht, mit einem Philosophen und einem Studenten des Ingenieurwesens durch Lappland zu ziehen; es war lustig, einen Metaphysiker und einen Methodiker gänzlich aussichtslos hinter einer kleinen weißen Birkhuhnfrau herrennen zu sehen. Es war spannend für sie zu studieren, wie Daniel, wenn er dem grinsenden Huhn ein paar erbitterte Steinwürfe nachgesandt hatte, sein wütendes Gesicht wieder zum Ausdruck des Gleichmuts ordnete, sobald er den Ausdruck von Spott in Lenas Augenwinkeln wahrnahm. Er ging jedoch schweigend darüber hinweg, während Ken offen und eindringlich von den verhängnisvollen Wirkungen eines Hangs zur Schadenfreude auf die allgemeine Charakterbildung sprach.

Am Nachmittag fanden sie in einer Geländefalte frische Exkremente, die von einem sehr großen Tier stammen mussten. Dies konnte nur Bärenlosung sein. Erregt blickten sie um sich, aber natürlich war der Schauplatz leer, und in der grauen Luft hörten sie nichts als das Rauschen des Flusses, tief unten. Vorsichtig, mit witternden Blicken nach dem Waldrand unter ihnen, in die Granitwände über ihnen, waren sie weitergegangen, bis sie in der Anstrengung des Marsches schließlich auch den Bären vergaßen, bis sie nur noch mechanisch vorwärtsdrangen, in einer dumpfen, monotonen Bewegung ihrer Körper, auf die schließlich Regen gefallen war, nieselndes Gewölk und Nebel.

Jetzt waren sie beinahe satt und fühlten sich wohl, aber Ken blickte schließlich doch mit Unbehagen in die grauen Wolkenschwaden, die sich durch das Tal schoben. Er wusste, was es bedeutete, wenn sie hier von einem Wettersturz überrascht würden.

Er fuhr auf, als er Lena zusah, wie sie ihre Füße wusch, als er bemerkte, worüber sie nie ein Wort verloren hatte: dass ihr Fußrist und ihre Gelenke von den Stichen der arktischen Moskitos geschwollen waren und sich an einigen Stellen Wunden gebildet hatten, die eiterten. Er befühlte Lenas Kopf und maß ihren Puls: zweifellos hatte sie leichtes Fieber. Sie beschmierte die Wunden mit Vaseline und umwickelte sie mit Binden, und Ken flößte ihr, trotz ihres Widerspruchs, zwei Aspirintabletten ein. Zum ersten Mal dachte er mit großer Sorge an die nächsten Tage.

»Wenn man sich vorstellt, dass er jetzt irgendwo da draußen ist«, sagte Lena, als sie im Zelt lagen. Ihre Stimme war ohne Furcht, und auch die beiden Männer dachten ohne Furcht an den, der jetzt braun und zottig draußen herumtappte, in der grauen Mitternachtshelle.

An jedem Tag gab es eine Zeitspanne des vollkommenen Glücks: die halbe Stunde vor dem Einschlafen, nachdem sie ins Zelt und in ihre Schlafsäcke gekrochen waren. Dann entzündete Ken seine Pfeife, in deren Rauch die letzten drei Mücken, die sich noch im Zelt befanden, ihren Geist aufgaben, und sie dösten angenehm vor sich hin, tauschten ein paar halblaute Bemerkungen aus, schoben sich zurecht, fühlten sich warm und behaglich.

Am Abend dieses siebten Tages erzählte Ken seinen Begleitern die Geschichte der Rapa. Er erzählte sie so, als spräche der Fluss, dessen Rauschen sie aus dem Tal vernahmen, selbst zu ihnen. Offenbar hatte Ken den Text tagsüber auswendig gelernt.

»Zu meinen Quellen«, begann er, »wagt sich nicht einmal das Rentier. Ich bilde mich aus drei Bächen, die den Gletschern im Norden entspringen. Wo die Zunge des Gletschers über den Fels leckt, sickere ich hervor, liege einen Augenblick, dem Eisleib entsprungen, blinzelnd in der Sonne, ein Tümpel mit Rändern aus Schnee, und springe dann über Steine hinab.

Dort oben gibt es nur Steine, Schnee, ein wenig Moos, den Adler und die kleinen grauen Lemminge, die zwischen den Steinen huschen. Die Hänge sind steil, und ich werde immer schneller und wuchtiger. Ich pralle gegen gigantische Klötze, sprenge sie auseinander und falle in hohen Kaskaden zwischen ihnen hinab. Wolken von Silberstaub rauchen über meinen Fällen. Wo die lotrecht fallenden Wasserstämme auftreffen, bilden sie zuerst ein Wurzelwerk aus Gischt und dann blaugrün kreisende Wirbel, die glatt und durchsichtig sind wie Glas. Dort oben bin ich das reinste Ding auf der Erde; genährt nur vom polaren Eis, stürze ich schimmernd über die dunkelsten und ältesten Steine der Welt.

Inzwischen habe ich viele Bäche und Schmelzwasser in mich aufgenommen. Zu Füßen des Sarektjakko trinke ich den Smailajokk in mich hinein und werde zum Fluss. An meinen Ufern bildet sich eine dichte Decke aus Moos und Heide, und Weidengestrüpp, niedrig noch, wurzelt sich sumpfig an. Dort nistet das zauberkundige Schneehuhn. Wenn es in der Abenddämmerung gackert, dann kommt Schneetreiben; wenn das Schneehuhn gluckst, dann kommt nur Schnee, kein Wind.

Ich bin schon so breit, so tief und fließe so schnell, dass die Rentiere meine seltenen Furten suchen müssen, wenn sie mich durchqueren wollen. Schließlich grabe ich mich tief in die Berge ein und wende mich nach Süden. Mit immer neuen Wildbächen senden mir die Berge Geröllströme bis an mein Bett. Aber nun kommen mir die Birken und die hohen Weidengebüsche entgegen, sie streuen ihre Samen über die Felsenhalden hinweg, und der Boden meiner Ufer ist bedeckt von Heidel- und Krähenbeeren, von Heidekraut und Moosen, Pfeifengras, Wollgras und Sonnentau. Und plötzlich werde ich still. Eben noch hat sich der breite, laut schäumende Sarvesvagge mit mir vermischt, da halte ich ein, weil sich mir der gewaltige Berg Pelloreppe in den Weg schiebt. Besäße ich noch die Macht jener Jahrtausende, in denen der Eisschild, der über dem ganzen Norden lag, in mich hineinschmolz – ich würde den Berg einfach beiseitedrücken. So aber dämmere ich lautlos und lauernd in Schwemmland hin, staue mich, zwischen riesigen Wänden, zu Seen auf, umfließe Inseln aus toniger Erde und überziehe die Ufer mit Sümpfen.

Noch immer hat mein Wasser die Temperatur geschmolzenen Eises, aber Fische werden dennoch schon in mir geboren, schmale Forellen und Rödinge, und die Wasservögel tragen sich wie verwischte Zeichen einer Schrift, die ich nicht lesen kann, in den seidenfarbenen Grund der nördlichen Wildnis ein. Ein paar Brachvögel und Regenpfeifer, Wildenten und Kraniche schreien meine Einsamkeit in den Himmel von Lappland.

Breit und undurchdringlich verfilzt ist hier der Uferwald aus Birken und Weiden, und hoch steigt er, über Sümpfen brütend, den Pelloreppe hinauf. An seinen Rändern kehren die Rentierherden um, und die Nomaden meiden den Dschungel, weil sie den Bären darin wittern, den Pelzgreis, und das Wolfspack, das manchmal, aus den fernsten Felsentälern hervorbrechend, zwischen den gestürzten Birkenstämmen nach Leckerbissen streunt.

Dann aber entrinne ich dem Bannkreis des Bergs. Der Katokjokk, der vom mächtigen Parte-Gletscher herabkommt, strömt mir zu, und zusammen schaffen wir uns Platz, einen Trichtermund aus Wäldern, durch den ich mich in zahllosen silbernen Strähnen hin auflöse, bis ich im Laidaure nur noch der Spiegel des Himmels bin.«

Schnee am Morgen. Als Ken erwachte, sah er, wie das Licht im Zelt sich verändert hatte: Es war kalt und weiß. Er öffnete den Zeltverschluss und sah hinaus, auf den Schnee, der die Erde bedeckte, und den Schnee, der in großen wässerigen Flocken vor einer Wand aus dunkelgrauem Nordwind dahinjagte. Der Wettersturz, dachte Ken, und er fluchte. Er sah, dass Lena die Augen geöffnet hatte und ganz still in den Schneesturm blickte. Ihre Stirne fühlte sich heiß an, als Ken sie berührte. Daniel brachte das Kunststück fertig, im Schutz eines Felsblocks Kaffee zu kochen. Sie verständigten sich mit wenigen Worten darüber, dass es sogleich nötig war, die Höhe aufzugeben und wieder die Talsohle zu gewinnen, und sie packten eilig die Rucksäcke und brachen auf. Der Schnee lag bereits hoch, und sie mussten sich nach Karte und Kompass orientieren, weil vom Fluss und den Bergen nichts mehr zu sehen war. Ihre Schritte hinterließen tiefe Stapfen im Schnee, die sich mit Schmelzwasser füllten. Der Schnee verhüllte alle Hindernisse, sodass sie in tiefe Wasserlöcher traten, über Steine und Gesträuch stolperten, in steilem Gelände abrutschten. Sie erreichten die Waldgrenze und arbeiteten sich im Birkenwald nach unten. Nach Stunden bemerkten sie, dass das Schneetreiben aufhörte; es verwandelte sich in strömenden, eiskalten, nicht nachlassenden Regen. Nässe, dachte Lena, o du meine Güte, ich bin durch und durch nass. Der stundenlange Frostregen vermischte sich durch ihre Windjacke, durch ihren Pullover hindurch mit dem Schweiß, den die Arbeit mit dem Birkendickicht, dem Weidendschungel aus ihrem Körper hervortrieb; auf ihrem Rücken gerann er zu klammer Kälte. Im Schweiß zähneklappernd watete sie durch Bäche, durch Sümpfe, durch Wälder aus Nässe, aus Wasserbäumen. Die Anfälle der Erschöpfung kamen in Wellen. Aber Ken und Daniel stießen sie vorwärts. Oder sie erlaubten ihr, sich zwei Minuten auf einen Baumstamm zu setzen; dann trieben sie Lena wieder hoch.

Sie erreichten die Einmündung des Sarvesvagge in die Rapa um sechs Uhr abends, nach einem Marsch von zwölf Stunden. Der Sarvesvagge erwies sich als breiter, vom Regen angeschwollener und gefährlicher Wildfluss. Wir müssen noch hinüber und weiter, dachte Daniel, wenn wir am

Sarvesvagge haltmachen, haben wir heute viel zu wenig geschafft, aber plötzlich gab er auf, vielleicht weil der Regen nachließ, sogar aufhörte. Das Zelt war noch nass, aber die Schlafsäcke erwiesen sich als leidlich trocken. An diesem Abend brachten sie kein Feuer mehr zustande; sie mussten mit dem Benzin sparsam umgehen, um noch Kaffee kochen zu können; es war ein Wunder, dass sie überhaupt noch Benzin hatten. In den Stunden, in denen es nicht regnete, riss das Grau aus Nord Wind und Wolken auf und enthüllte das Rapa-Tal. Sie sahen, dass sie sich auf einer flachen Bank aus Sand und Felsen in der Mitte des Tals befanden, am Grunde einer Schlucht zwischen den bleifarbenen Wänden der Berge Pelloreppe und Laddepakte. Lena fühlte, dass es ein eigentümlich schöner, ebener Platz war, an dem sie sich befanden, ein Platz der hellen Ruhe am Grund einer tiefen Finsternis, aber sie sah ihn sich nicht weiter an, sondern schlüpfte sogleich in ihren Schlafsack. Sie spürte, dass sie kein Fieber mehr hatte, nur eine große Mattigkeit füllte sie gänzlich aus. Daniel schlenderte noch eine Weile umher, weil es ein tolles Gefühl war, auf flachem Boden bequem dahinschlendern zu können. Er sah, dass der Berg dort, wo sie gestern kampiert hatten, weiß von Schnee war. Auf der Handvoll rötlich-grauer Ebene, welche die Mitte des Rapa-Tals bildete, standen ein paar große Rauhbirken, und der lappländische Fluss, der nördliche und mongolische, der arktische und Gobi-Fluss, strömte glatt und seidenhäutig an ihnen vorbei. Daniel suchte nach trockenem Holz, aber er fand keins, sondern stattdessen das Skelett eines Renkalbs. Es war so frisch gerissen, dass die Knochen noch nicht gebleicht und die Sehnen noch nicht vertrocknet waren. Daniel pfiff leise durch die Zähne, als ihm der Gedanke an Wölfe kam. Sie hatten gelesen, dass es im Sarek-Nationalpark Wölfe gab. Im Sommer, dachte Daniel, sind sie wahrscheinlich ungefährlich, weil sie genug Nahrung finden; im Sommer verziehen sie sich, wenn sie Menschen wittern. Er zeigte Ken das Skelett. Es war das erste Mal seit drei Tagen, dass er Ken wieder auf etwas aufmerksam machte.

In der Nacht aus Eisenlicht regnete es wieder, gegen drei Uhr morgens begann das nasse Zeltdach Flecken von Feuchtigkeit zu ziehen, und kurz darauf tropfte es an mehreren Stellen ins Innere. Sie lagen alle drei wach und dachten daran, dass von nun ab, wenn das Wetter sich nicht änderte, auch das Zelt keine Zuflucht mehr bot. Sie schlüpften am Morgen in ihre feuchten Kleider. Lena sah Ken und Daniel zu, wie sie den Sarvesvagge durchquerten, wie das Wasser bis zu ihren Hüften schäumte, und sie wartete, bis die beiden Männer hinter einer Geländefalte am anderen Ufer verschwanden, dann zog sie sich aus und ging so schnell wie sie konnte durch den Fluss, der ihre Beine so eisig umschloss, dass er fast jedes Gefühl auf ihrer Haut auslöschte; aber ein kurzes Eisbad, dachte sie, als sie sich mühsam mit klammen Händen wieder anzog, war besser, als stundenlang in vollständig nassen Kleidern zu gehen. Doch war ihr Opfer vergeblich, denn hinter dem Sarvesvagge legte sich ihnen Wildbach nach Wildbach in den Weg, und nach dem zweiten oder dritten war Lena so durchnässt wie ihre Gefährten. Davon abgesehen, ließ sich der Tag eher günstig an. Es regnete nicht, das Wetter wurde fast hell, und das Gelände war nicht allzu beschwerlich. Gelegentlich konnten sie sogar den Sand- oder Kieselstrand der Rapa ausnutzen, um vorwärtszukommen, bis dorthin, wo der Fluss gegen Westen scharte und sie auf die Felsen der Steilufer zwang. Sie hatten nun endlich das riesige Massiv des Pelloreppe in ihrem Rücken, und Ken konnte auf der Karte sehen, dass sie nach Norden Raum gewannen. Er rechnete sich aus, dass sie gegen Mittag die Rapa-Furt erreichen mussten. Wenn sie den Fluss überschritten und noch ein paar Kilometer die Hochebene nach Westen verfolgten, so konnten sie am Abend des folgenden Tages Saltoluokta am Langas-See erreichen. Sie spürten zum ersten Mal Hunger, scharfen, heftigen Hunger. Seit dem Abend vor der Schneenacht hatten sie nichts mehr gegessen, und sie besaßen nur noch Kaffeepulver und Zucker.

Dann sahen sie den Hang, der sich bewegte. Sie sahen ihn schon von weitem, er lag dort, wo nach Kens Schätzung das Rapa-Tal sich öffnen musste, in einer sanften Drehung des Flusses von Norden nach Nordwesten, drei Kilometer südlich der Furt. Lena war die Erste, die bemerkte, dass der Hang in der Ferne sich bewegte. Sie blieb stehen und machte die Männer darauf aufmerksam. Der Hang unterschied sich nicht von den übrigen Hängen an den Wurzeln der Berge ringsum, er war grau und vergilbt, mit blauen und grünen Segmenten und mit Schneeflecken gesprenkelt, ein Stück Bergtundra des Nordens; nur dass eine flimmernde Bewegung über ihn hinwegging, machte ihn merkwürdig. Sie konnten die Natur dieser Bewegung zunächst nicht ausmachen, aber nun eilten sie vorwärts, und noch ehe sie erkannten, was da flimmernd und fließend den Hang bewegte, hörten sie Schreie, grelle und dumpfe, sehr fremdartige Schreie. »Rentiere«, rief Ken, zuerst zweifelnd, aber da nahmen sie auch schon die Tiere wahr; der ganze Hang in der Ferne wimmelte von Rentieren. Die Schreie hielten an, es waren fremdartige, aber dennoch fast menschliche Schreie, und jetzt hörten sie auch Glocken, ein dünnes, immer wieder von sausendem Wind unterbrochenes Läuten. Eine ungeheure Hoffnung bewegte sie. »Rentiere«, rief Ken noch einmal, »wir werden auf Lappen stoßen.« Er sagte nicht »wir werden zu essen bekommen«, aber sie dachten alle drei das Gleiche. Vor den Hang schob sich noch ein Wald; als sie ihn durchquert hatten, standen sie am Fuß des Hanges, dicht unterhalb der Tiere, die sich witternd zusammendrängten, als sie die Wanderer gewahrten. Hunderte von Tieren hatten über den Hang gegrast, und nun schoben sie sich zu Trupps zusammen und äugten zu Ken, Lena und Daniel hinab. Sie scharten sich um alte eisgraue Hirsche mit großen Geweihen, es gab Tiere mit farblosen, struppigen, wie bereiften Fellen oder solche mit Fellen aus Holzkohlenasche und blonde, sanft glänzende Kühe, da und dort war ein weißes Tier zu sehen, und die Kälber waren mondmilchfarben und zierlich. Ihre Köpfe hatten den Ausdruck nicht von Rehwild, sondern von Wildrindern, schwer und sagenverschleiert; über starke Kruppen glitten die Hälse in die Rücken, die Felle, die Vliese in den Sommerfarben. Die Hufe, die Gelenke ihrer sehr schlanken Geläufe vollführten ein unaufhörliches knisterndes Geräusch; ja, das war vielleicht das Seltsamste, dass ein trockenes, prasselndes Knistern über den ganzen Hang ging, auf dem die Herde weidete. Es schwoll an, als sie nun begann, sich zurückzuziehen. Irgendein Leittier gab mit dem Läuten seiner Glocke das Zeichen, und in Gruppen aufgelöst, zogen sich die Tiere vor den Menschen zurück, nicht in wilder Flucht, sondern zögernd, voller Grazie und unaufhaltsam. Es gelang nicht einmal Daniel, näher als auf zehn Meter an eines der Rentiere heranzukommen. Eine Weile folgten die drei den Tieren, die ohne Hast immer höher stiegen, aber als sie auf der Kimmung des Hangs angelangt waren, befand sich die Herde schon hoch über ihnen, in unwegsamem Gelände und auf den Schneefeldern. Wieder vernahmen die Wanderer die grellen und dumpfen Schreie, aber sie wussten nun, dass es keine Rufe von Menschen waren, sondern die grausamen Lebensschreie der Tiere. Von der Höhe aus eröffnete sich ihnen der erste Blick auf die Hochebene, die Rapaädno heißt, und sie sahen überall die Herden, wie sie sich langsam äsend nach Norden bewegten. Ken begriff, dass es keine Hoffnung gab, die Rentierjäger zu treffen; dies waren die herrenlosen Herden auf der Sommerwanderung in den Norden, die seltsamen Geschöpfe in jener Phase, während der man sie der Wildnis überlässt. Die Hochebene, vom Wassergeflecht durchzogen, über dem nun in der Ferne das mächtige Haupt des Sarektjakko erschienen war, gehörte den wandernden Tieren, und ihnen allein. Kein menschlicher Laut war zu hören, kein Rauch eines Feuers zu sehen. Ken deutete zur Rapa hinab und sagte: »Wir werden in einer Stunde an der Furt sein.«

Aber statt die Furt zu erreichen, brachten sie den Rest des Tages in der Hölle des Grauweidendschungels zu, der den

Talgrund zwischen den letzten flachen Hängen des Alkasfjäll und der Rapa bedeckte. Sie gerieten in Dickichte, in denen sie manchmal eine halbe Stunde zäh arbeiteten, um zehn Meter zurückzulegen. Sie sahen das Rapa-Tal nicht mehr. Es mochte irgendwo auf der Welt liegen, außerhalb dieser biegsamen Mauer, die sie allmählich unter sich begrub, in einer Woge aus seltsam elastischem grauen Schutt, aus Schweiß, der ihnen die Augen verklebte, aus rasend gewordenen Mückenschwärmen, aus eisiger Nässe, aus Verzweiflung. Ken nahm, während seine Energie nachließ, wahr, wie Lena in einiger Entfernung von ihm traumverloren und methodisch die Maschen dieses Gewebes auftrennte, verlor und wieder aufnahm, ja, Lena strickte geradezu an diesem Dschungel, aber ihm, Ken, war es auf einmal völlig gleichgültig, was Lena tat, denn er entschloss sich jetzt aufzugeben. Er setzte sich plötzlich auf den Boden und nahm sich vor einzuschlafen. Hier also, dachte er, wird alles ein Ende haben. Wir kommen nicht mehr heraus. Das Rapa-Tal hat uns. Mit toten Augen blickte er auf die grauen Grauweidengerten, die ihn einschlossen, auf ihre grauen Blätter, auf ein Lot grünlichen Sumpfbodens an ihren Wurzeln, auf dem eine einzelne, gelb glühende, höhnische Trollblume stand. Niemand weiß, was Ken in jenem Augenblick dachte oder was er fühlte oder sogar wer er da überhaupt war. Er selbst weiß es nicht mehr. Er behauptet wenigstens, es vergessen zu haben.

Es geschah jedoch etwas. Nach ein paar Minuten, in denen es im Grauweidengrab völlig still geworden war, denn auch Lena hatte sich erleichtert zu Boden gleiten lassen, als sie sah, dass Ken saß und vor sich hin starrte – nach ein paar Minuten also, oder vielleicht nach einer Viertelstunde, kam Daniel zurück. Er trug keinen Rucksack. Als er Ken und Lena erblickte, wie sie da saßen und im Begriffe waren einzuschlafen, blieb er stehen, und es schien, als wolle er die Lautlosigkeit, die um die Körper war, erst eine Weile auf sich wirken lassen. Aber er besann sich und sagte: »Kommt! Los! Wir sind gleich draußen.« Und nach einer Minute des Zögerns: »Drüben am anderen Ufer ist eine Hütte.«

Er ergriff Lenas Rucksack, trug ihn voran, und indem sie ihre letzten Kräfte aufboten, stolperten Ken und Lena hinter ihm her, und sie erreichten tatsächlich das Freie. Sie befanden sich plötzlich am Ufer des Flusses. Mitten auf dem Tundrahang an der anderen Seite des Flusses stand eine Hütte, ein kleines festes Haus. Sie konnten erkennen, dass es sich nicht um irgendein zerfallenes Balken- oder Bretterwesen handelte, sondern um ein kleines Haus, das mit starken Blechplatten verkleidet war. Es war unbewohnt, denn seine Fenster waren gleichfalls mit Blechplatten verschlossen, und kein Rauch stieg aus seinem Kamin auf.

Ken hatte seinen Rucksack abgeworfen und stierte zu dem Haus hinüber, und dann zog er die Karte hervor, und gemeinsam studierten sie Quadratmillimeter nach Quadratmillimeter des in Frage kommenden Raumes der Svenska Fjällkartan, auf dem jede Lappenkate und jegliche Vermutung auch nur einer Lappenkate und jedes Steinmal eingetragen war, aber von einem festen Haus in dieser Wildnis war da nichts zu lesen. Jenes Haus dort drüben konnte also nur ein Wunder sein, und erst nachdem sie sich damit abgefunden hatten, dass es ein Wunder war, wandten sie ihre Aufmerksamkeit der Furt zu, denn hier, wo sie sich befanden, musste sich unzweifelhaft die Furt befinden, ein gangbarer Weg durch die Rapa. Doch der Fluss war hier so breit wie nirgends vorher; sie schätzten seine Breite auf zweihundertfünfzig Meter, und erst nach einiger Überlegung begriffen sie, dass es gerade seine Breite war, die ihn an diesem Ort seicht und passierbar machte. In Trockenperioden brauchte man – wenn man ein solches Greenhorn war, dass man ohne hohe Gummistiefel nach Lappland kam, dachte Ken – wahrscheinlich nur die Hosen hochzukrempeln, um ihn hier durchschreiten zu können, aber jetzt war der Fluss von den Regengüssen des vergangenen Tags angeschwollen, trüb und gelb verfärbt wälzte sich sein Wasser zwischen den Lehmufern dahin. Immerhin lagen die Flächen von Sandbänken in seiner Mitte noch frei, und Daniel entschloss sich, wie immer als Erster, den Strom anzugehen. Ken und Lena sahen ihm zu, wie er in die Flut stieg, wie er sichernd mit den Beinen tastete, und sie prägten sich den Weg, den er machte, genau ein, um ihn nachher verfolgen zu können. Sie sahen, dass Daniel, ehe er die erste Sandbank erreichte, bis zur Brust im Wasser versank, aber dann erreichte er die graue Tafel, ging rasch über sie hinweg, versank noch einmal – er hielt die ganze Zeit über seinen Rucksack auf dem Kopf fest – und gewann das andere Ufer. Ken hatte verstohlen die Zeit gemessen – Daniel hatte für die Durchquerung der Rapa sieben und eine halbe Minute gebraucht. Er erhob sich und leerte seine Taschen; als er dabei war, alles, was er in ihnen trug, in den Rucksack zu füllen, hörte er Lena sagen: »Ich geh nicht.«

Sie sagte: »Ich geh nicht. Ich kann nicht mehr. Das kann ich nicht mehr.« Und dann weinte sie. Sie weinte richtig hemmungslos und beinahe lauthals. Ken hatte sie noch niemals so weinen hören, und er verfluchte sich selbst und das Rapa-Tal. Er setzte sich wieder neben sie und begann, seine Pfeife zu rauchen. Nach einiger Zeit stand Lena auf und ging in den Fluss. Ken ging dicht hinter ihr her. Der Fluss fühlte sich an wie blankes Eis. Als sie an die tiefe Stelle gerieten, spürte Ken, wie das Wasser an seinen erhobenen Armen und an seiner Brust entlangschoss. Es bildete hinter Lenas Hals einen Wirbel aus schäumendem Eis.

Daniel betrachtete das Haus und stellte sogleich fest, dass es sich hier nicht um Zimmermanns-, sondern um Schlosserarbeit handelte; er fühlte sich in seinem Element. Türe und Fenster waren nicht mit Schlössern gesichert, sondern mit Blechplatten, die in die Füllungen verschraubt waren. Er suchte daher die Profillinie der Hütte methodisch nach einem Schraubenschlüssel ab und fand ihn sogleich unter einem Dachvorsprung; als Lena und Ken die Hütte erreichten, hatte er bereits eines der Fenster geöffnet – die Fenster waren mit nur zwei Schrauben gesichert, während in der Türplatte mindestens ein Dutzend Schrauben staken – und sich hindurchgezwängt; für Ken hatte die Windeseile, mit der sie in das Innere des Hauses gelangten, etwas von Zauberei. Ihr erster Blick galt dem Ofen, Brennholz befand sich in einer Kiste neben ihm, und während Lena die Trainingsanzüge aus den Rucksäcken wühlte, richteten Ken und Daniel mit fliegenden Händen ein Feuer ein; der Ofen rauchte erst ein bisschen, aber dann prasselte das Feuer und verbreitete nach Minuten bereits eine höllische Hitze. Sprachlos saßen sie um den Ofen gedrängt; die Rapa-Furt war nichts gewesen als ein böser Traum. Es gab das also noch: trockene heiße Haut, Wärme, die bis in den Bauch hinein wärmte, Hitze, die das Herz versengte, glühend und wunderbar.

Etwas später durchsuchten sie die Hütte nach Essbarem, sie krochen in alle Winkel, aber sie fanden nichts außer einem Topf voll Salz. Ihre Enttäuschung war grenzenlos. Dennoch verließ Ken das Gefühl, gerettet zu sein, nicht. Sie waren dem Erschöpfungstod so nahe gewesen wie nur möglich, und ein paar Stunden Wärme und Schlaf statt Nässe, Kälte und Gewaltmärschen konnten ihre Rettung bedeuten. Lena holte Wasser in einem Eimer und machte es auf dem Ofen heiß und wusch sich vom Kopf bis zu den Füßen. Sie schmierte ihre Fußgelenke mit Vaselin ein; anstelle der eitrigen Wunden hatte sie nun Löcher von Münzengröße im Fleisch. Die Hütte bestand aus zwei kleinen Kammern, in denen drei mit Rosshaar gepolsterte und mit Leder bespannte Bänke standen; Daniel hatte sich hingelegt, während Ken rauchte und vor sich hin döste; er betrachtete ein Bild, das an der Wand hing, ein Foto der Hütte, aus dessen Unterschrift hervorging, dass sie sich in der Tjägnoris-Hütte befanden und dass die Tjägnoris-Hütte für wissenschaftliche Beobachtungen der Universität Uppsala erbaut worden war. Lena erhitzte von neuem Wasser in einem Topf; als es kochte, löste sie Zuckerstücke in ihm auf und brachte den Männern Becher voll heißen Zuckerwassers. Sie kam aus dem Nebenraum zurück und sagte: »Daniel geht es nicht gut, ich glaube, er ist ziemlich fertig.« Sie legte sich ebenfalls hin, häufte Decken über sich und verfiel in einen Schlaf mit offenen Augen. Dass sie ihren Fieberanfall überwunden hatte, war ein Wunder, dachte Ken; trotz der Eisbäder, der Strapazen und des Hungers war sie ihr Fieber losgeworden. Aber sie musste sich elend fühlen. Ken legte seine Pfeife weg, aber ehe er einschlief, musste er noch einmal aufstehen, weil eine Mücke durch das offene Fenster hereingekommen war. Er schloss das Fenster, dann stand er regungslos und horchte auf das feine Singen der Mücke. Er erwischte sie. Erst danach war es gänzlich still in der Hütte. Ken wusste, dass die Berge nun grau um die Hütte mit ihren drei Schläfern standen, grau unter einem Himmel, der von Norden her hell war, eishell und lautlos.

Am Morgen raffte Daniel sich auf und ging zur Rapa hinunter, um es mit dem Angeln zu versuchen; er betrieb es stundenlang, legte auch Schnüre aus, an die er verschiedene Fliegen und Köder tat, aber er hatte kein Glück. »Es muss doch hier Fische geben«, sagte er, als er gegen Mittag zurückkam, »ich möchte nur wissen, warum es nicht klappt.« – »Man muss im Strom flugfischen«, erklärte Ken, »oder man muss sich erst ein paar Tage lang einfischen, bis man das richtige Gefühl für den Fluss hat, und wir sind nicht darauf eingerichtet und haben keine Zeit.« Nach einer Weile sagte er: »Wir sind domestizierte Tiere; wenn man uns in der Wildnis aussetzt, gehen wir ein. Wir können keine Fische fangen, und wir kriegen kein Birkhuhn, und wir brächten es nicht über uns, ein Rentier zu schlachten, selbst wenn wir eins einfangen würden. Wir haben uns ganz schön domestizieren lassen.«

Ken sah auf die Uhr; es war eine Stunde nach Mitternacht, als Lena ihn wachrüttelte.

»Wir müssen sofort weg«, sagte sie.

»Bist du übergeschnappt?«, fragte er. »Warum sollen wir jetzt weg?« Er fragte es müde, eine dumpfe Schlappheit hielt ihn gefangen.

»Weil wir sonst liegen bleiben«, sagte Lena. Sie sagte es leise und eindringlich. »Ich weiß genau, dass wir nicht mehr aufstehen, wenn wir noch ein paar Stunden hier liegen bleiben.«

Es muss ein hysterischer Anfall sein, dachte Ken, komisch, sie ist doch nie hysterisch. Er hörte Daniel im Nebenraum rumoren, Daniel war aufgestanden und packte, und plötzlich kapierte Ken, dass Lena recht hatte. Die Tjägnoris-Hütte war im Begriff, eine Falle für sie zu werden.

Sie packten rasch, und auf einmal überkam sie wieder eine ruhige, entschlossene Methodik; sie ließen sich Zeit, sie versorgten die Hütte mit Brennholz und kehrten sie aus, sie spülten die Tassen ab und löschten das Feuer, ehe sie durch das Fenster ausstiegen. Daniel schraubte den Lukendeckel wieder fest und genau über das Fenster und legte den Schraubenschlüssel an seinen Platz zurück.

Sie schritten rasch aus und sahen von der Höhe des Hangs aus noch einmal auf die Hütte hinab. Sie sah aus, als hätte niemals ein Mensch in ihr gewohnt; verschlossen und verloren stand sie winzig auf dem Tundrahang, inmitten der Hochebene, aus deren Norden die Rapa geflossen kam – der Tag war hell, und die drei konnten den ganzen Oberlauf der Rapa mit Blicken abmessen –, die Rapa war ein Flechtwerk aus silbernen Strängen, zum Strom sich drehend wie eine Spindel, oder sie war ein großer arktischer Fisch, der durch die wilde Ebene schwamm, hechtkalt, eisschuppenfarbig und fabelhaft. Sie wandten sich ab und verließen das Rapa-Tal in nordöstlicher Richtung.

Sie gingen zwei Tage lang über eine Hochebene, die von Felstrümmern besät war. Über diese zwei Tage ist nicht viel zu sagen. Das Wetter war trocken und schön, und sie kamen langsam und stetig vorwärts. Am Abend des ersten Tages rasteten sie an einem See, der so blau war wie ein Osterei. Rings um die Hochfläche standen graue Berge und weiße Gletscher. Die Rentiere zogen in kleinen Trupps an den Wanderern vorüber. Einmal hörten sie Rufe, diesmal ohne Zweifel menschliche Rufe, aus sehr weiter Ferne, und sie sahen in der Tiefe eines Tals, das in die Berge hineinstrich, riesige Rentierherden. Dort also mussten sich Menschen befinden, aber es wäre zwecklos gewesen, eine Tagesreise zu riskieren, um sie zu erreichen, denn sie wussten nun, dass sie nicht durch wenige Kilometer von den Renjägern getrennt waren, sondern durch viele Stunden. Und Ken sagte, nicht durch Stunden, sondern durch Jahrtausende, denn diese Rufe seien Rufe aus der Eiszeit. So brachte er noch ein letztes Mal auf ihrer Wanderung ein großes Wort an. Sie fühlten sich auf der Felsensteppe ganz wohl, unter einem blauen arktischen Himmel, der sehr hoch über den Gletschern und den fast schwarzen Bergen gespannt war. Von Zeit zu Zeit kochten sie gezuckerten Kaffee. Eigentlich fühlten sie keinen Hunger, nur eine eigentümliche angenehme Ermattung, in der sie traumverloren weitertappten. Wahrscheinlich können Menschen sehr lange ohne Nahrung auskommen, überlegte Lena; wir haben nun schon seit fünf Tagen nichts mehr gegessen. Hinter einem Pass, auf den sie zugingen, fiel eine Wand lotrecht ab. Sie seilten ihre Rucksäcke ab und durchkletterten die Wand. Der Fluss Sluggajokk, der in den See Pätsaure fließt, war ein besonders unangenehmer Fluss, nicht breit, aber schnell und reißend. Daniel und Lena kamen gut über ihn hinweg, aber Ken fiel in ihn hinein, weil er zu lange sichernd stehen geblieben war, ehe er den entscheidenden Schritt wagte. Er stand in dem reißenden Wasser und überlegte sehr lange und gründlich, und als er schließlich sein linkes Bein bewegte, riss es ihm sein rechtes weg, und er schlug in voller Länge ins Wasser. Er musste sich am anderen Ufer ausziehen, und Daniel und Lena setzten ein paar Quadratmeter Tundra in Brand, um seine Kleider zu trocknen, denn sie brachten nicht mehr die Energie auf, einen Holzstoß herzurichten. Das Feuer brannte knisternd über die trockene Heide, und sie hatten Mühe, es wieder einzudämmen. Sie wussten, dass sie sich ihr Leben lang an das trockene prasselnde Geräusch erinnern würden, das die brennenden Gräser und Zweige unter dem kalten blauen, dem erbarmungslosen Himmel machten. Es hörte sich an wie das Geräusch, das die Rengelenke und die Renhufe gemacht hatten. Danach gerieten sie in Wald, der steil zum Langas-See abfiel, aber durch den Wald führte ein Weg, ein richtiger Weg, breit, mit Trittspuren und mit Brettern, die über sumpfige Stellen gelegt waren. Dort, wo die Wanderer den See erreichten, standen auf einer Landzunge ein paar braune Holzhütten unter hohen Kiefern. In einer der Hütten fanden sie einen

Mann, der wortlos Brot aus einem Schrank holte, nachdem sie mit ihm gesprochen hatten, Brot und getrocknetes Rentierfleisch und dunkelbraunen süßen Käse, Ost genannt. Auf seinem Ofen stand eine Emailkanne mit Milchkaffee. Langsam und vorsichtig begannen sie zu essen, aber sie aßen, bis sie satt wurden, und dann saßen sie schläfrig und steif um den Ofen. Der Mann war hinausgegangen. Nach einer Weile stand Daniel auf und sah zum Fenster hinaus. Er sah Kiefern, eine Telefonstange, den See, dahinter Berge. »Man kann von hier aus telefonieren«, sagte er, ohne sich umzuwenden. Während Lena ihn am Fenster stehen sah, fühlte sie, wie das Ungeheuer seine Tatzen langsam zurückzog. Sie blickte auf Ken, um festzustellen, ob auch er spürte, wie es seinen Griff lockerte, aber Ken hörte und sah nichts mehr, wenn man von den Dingen absieht, die man in Träumen erblickt, falls Ken gerade träumte.

PETER STAMM

Der Lauf der Dinge

Ich sage nicht, sie haben uns belogen, sagte Alice, aber sie haben uns nicht die Wahrheit gesagt. Das ist doch immer so, sagte Niklaus seufzend und legte einen Finger zwischen die Seiten des Reiseführers, in dem er geblättert hatte, es ist immer anders, als man es sich vorgestellt hat. Es ist immer anders, als die Leute im Reisebüro behaupten, sagte Alice, es ist immer schlechter. Meinetwegen, sagte Niklaus. Die Diskussion hatten sie schon mindestens fünfmal geführt, seit sie hier waren. Alice hatte sich das Ferienhaus größer vorgestellt, schöner eingerichtet und mit einem gepflegteren Garten. Sie hat sich ihr Leben anders vorgestellt, dachte Niklaus, das ist das Problem, nicht ein durchgesessenes Sofa oder ein schmutziger Backofen. Der Backofen starrt vor Schmutz, sagte Alice. Fünf Minuten bis zum Meer!, sagte sie mit einem höhnischen Lachen. Du benutzt den Backofen doch sowieso nie, sagte Niklaus. Und ob es fünf oder zehn Minuten sind zum Meer, was spielt das für eine Rolle, wir sind in den Ferien. Natürlich ging es nicht um fünf Minuten. Es ging darum, dass Alice sich betrogen vorkam, übervorteilt, und dass Niklaus sich wieder einmal nicht für sie einsetzte und alles einsteckte. Du lässt dir alles gefallen, sagte sie. Er sagte, wir könnten nach Siena fahren.

Ursprünglich war Siena eine etruskische Siedlung, sagte Niklaus. Unter den Römern hieß die Stadt Sena. Den Höhepunkt ihrer Geschichte erlebte sie im dreizehnten Jahrhundert. Damals wurde die Universität gegründet und das Rathaus gebaut.

Sie waren auf der Flucht vor dem Strom der Touristen in enge Nebengassen ausgewichen und hatten sich verirrt. Niklaus hatte gezögert, den kleinen Stadtplan im Reiseführer zu konsultieren, obwohl sie ohnehin jeder als Touristen erkannte. Als er es endlich doch tat, hatten sie die Altstadt längst verlassen und standen an einer dichtbefahrenen Straße, die auf dem Plan nicht zu finden war. Das ganz normale Leben, sagte er, das ist doch auch mal interessant. Aber Alice hatte alles gesehen, was sie sehen wollte, den Palazzo Pubblico, das Kunstmuseum, den Campo und die Kathedrale. Das normale Leben konnte sie auch zu Hause haben. Jetzt taten ihr die Füße weh, und der Regen konnte jeden Moment wieder einsetzen. Du hast keine Ahnung, wo wir sind, nicht wahr? Ich glaube, sagte Niklaus und drehte den Plan auf den Kopf, wir müssten ungefähr hier sein. Alice winkte einem Taxi. Es fuhr, ohne abzubremsen, an ihnen vorbei.

Auf dem Weg zurück beklagte sich Alice über die Touristen, die die Altstadt verstopften, nur um ein paar hässliche Souvenirs zu kaufen. Sie hätten keine Ahnung von den Schätzen der Museen und der Schönheit der Architektur. Was man nicht weiß, erkennt man nicht, sagte sie. Du weißt ja nicht, was sie suchen, sagte Niklaus, irgendetwas werden sie davon haben, sonst würden sie nicht hierherreisen. Sie kommen, weil alle kommen, sagte Alice. Und wenn sie wieder zu Hause sind, erzählen sie, die Toiletten seien sauber gewesen oder schmutzig. Und das Essen preiswert oder teuer. Darauf reduziert sich ihr Leben, essen und ausscheiden. Sie lachte bitter. Du hast ja recht, sagte Niklaus. Er bereute es, den Ausflug vorgeschlagen zu haben.

Am nächsten Tag regnete es in Strömen. Alice und Niklaus lasen den ganzen Morgen. Als der Regen gegen Mittag aufhörte, gingen sie kurz an den Strand, aber der war voller lärmender Familien und Beachvolleyballspieler. Sie waren noch nicht lange da, als es wieder anfing zu regnen. Alice reichte Niklaus seinen Schirm und spannte ihren auf. Sie schauten den Badegästen zu, die hastig ihre Sachen zusammenräumten und lachend an ihnen vorbeirannten, um unter den Vordächern der Restaurants Schutz zu suchen. Geschieht ihnen recht, sagte Alice. Ihre Laune schien sich etwas gebessert zu haben.

Auf dem Weg zurück kauften sie im kleinen Lebensmittelladen an der Hauptstraße ein. Als sie wieder auf der Straße standen, machte Alice sich über die Leute lustig, die den Ladeninhaber in aller Selbstverständlichkeit auf Deutsch ansprachen und sich zu wundern schienen, dass er sie nicht verstand. Wenigstens die paar Worte könnten sie lernen, sagte sie, *pane* und *prosciutto* und Guten Tag und Danke.

Vor dem Nachbarhaus stand ein schwarzglänzender Offroader mit getönten Scheiben und einem Stuttgarter Kennzeichen. Der Laderaum war offen. Auf der Straße standen Koffer und Taschen, ein Kinderfahrrad und ein Dreirad. Ein Mann kam aus dem Haus auf sie zu. Alice grüßte auf

Italienisch. Der Mann gab keine Antwort. Vielleicht hat er dich nicht gehört, sagte Niklaus, als sie durch den Garten zum Haus gingen. Alice zuckte mit den Schultern. Hoffentlich sind die Kinder auch so schweigsam.

Im Haus war es klamm, und es roch nach alten Möbeln und nach kaltem Zigarettenrauch. Es sollte verboten sein, in Ferienhäusern zu rauchen, sagte Alice. Wenn wenigstens der Kamin funktionieren würde, dann könnten wir ein Feuer machen. Sie holten die Steppdecken aus dem Schlafzimmer und verbrachten den Nachmittag lesend auf dem Sofa.

In den folgenden Tagen war kaum etwas von den neuen Nachbarn zu sehen. Das Wetter war gut, und wenn Alice und Niklaus auf der Terrasse vor dem Haus frühstückten, war der Geländewagen schon weg, und erst, wenn sie abends vom Nachtessen zurückkamen, stand er wieder da, und im Nachbarhaus war Licht. Die Frau und die Kinder hatten Alice und Niklaus noch nie gesehen. Vielleicht gibt es sie gar nicht, sagte Niklaus. Sie waren den ganzen Tag durch die Hügel im Landesinneren gefahren, auf der Suche nach Weingütern, und hatten ziemlich viel Wein eingekauft und Olivenöl. Als sie gegen fünf zurück zum Ferienhaus kamen, war der schwarze Wagen nicht da, aber im Garten des Nachbarhauses lag eine schöne junge Frau auf einem Liegestuhl. Sie trug einen knappen Bikini mit Blumenmuster und löste Sudokus. *Buona Sera,* sagte Alice, aber die Frau reagierte ebenso wenig wie vor einigen Tagen ihr Mann. Nachdem Niklaus und Alice sich frisch gemacht hatten, gingen sie ebenfalls in den Garten, um vor dem

Abendessen noch ein wenig zu lesen. Kaum hatten sie sich hingesetzt, fuhr das Auto des Nachbarn vor, und der Mann und zwei kleine Kinder stiegen aus und gingen in den Garten. Niklaus sah, wie der Mann sich über die Frau im Liegestuhl beugte und ihr einen schnellen Kuss gab, dann verschwand er im Haus. Die Kinder begrüßten die Mutter nicht, sie waren schon streitend aus dem Wagen gestiegen und stritten sich weiter über eine Belanglosigkeit. Die Mutter schien nicht die Absicht zu haben, etwas gegen den Lärm zu unternehmen. Sie lag auf dem Liegestuhl und grübelte über ihren Rätseln. Einmal sagte sie mit gehässiger Stimme und in breitestem Schwäbisch, hört endlich auf, aber sie sah noch nicht einmal hoch dabei, und der Streit ging unvermindert weiter.

Alice ließ die Zeitung auf ihren Schoß sinken und hob den Kopf zum Himmel. Niklaus tat, als läse er. Nach einer Weile warf sie die Zeitung auf den Boden und verschwand im Haus. Niklaus wartete einen Moment, bevor er ihr folgte. Er fand sie im Wohnzimmer am Tisch sitzen und ins Leere starren. Er setzte sich ihr gegenüber und schaute sie an, aber sie senkte den Blick. Sie atmete heftig, und plötzlich fing sie an, wütend zu schluchzen. Niklaus ging um den Tisch herum und blieb hinter ihr stehen. Er wollte ihr die Hand auf die Schulter legen oder ihren Kopf streicheln, aber dann sagte er nur, stell dir vor, das wären unsere Kinder.

Alice hatte nie Kinder gewollt. Als Niklaus das herausgefunden hatte, war er erleichtert gewesen und hatte gemerkt, dass er nur aus Konvention davon ausgegangen war, irgendwann eine Familie zu haben. Wenn sie gelegentlich über das Thema sprachen, war es nur, um sich gegenseitig zu versichern, sie hätten die richtige Entscheidung getroffen. Vielleicht stimmt etwas nicht mit mir, sagte Alice dann mit selbstzufriedenem Gesicht, aber ich finde Kinder anstrengend und langweilig. Vielleicht fehlt mir ein Gen. Sie arbeiteten beide gerne und viel, Alice als Kundenberaterin in einer Bank, Niklaus als Ingenieur. Hätten sie Kinder gehabt, hätte einer von ihnen auf seine Karriere verzichten müssen, und dazu war keiner von ihnen bereit. Sie reisten in exotische Länder, hatten eine Trekking-Tour in Nepal gemacht und eine Kreuzfahrt in die Antarktis. Sie gingen oft ins Konzert oder ins Theater, und auch sonst waren sie viel unterwegs. Das alles wäre mit Kindern nicht möglich gewesen. Nur manchmal dachte Niklaus, dass eine Familie vielleicht nicht nur Unfreiheit bedeute, sondern auch Freiheit, dass er und Alice unabhängiger voneinander geworden wären, wenn erst ihre Liebe und später ihr Überdruss nicht so ausschließlich gewesen wäre.

Alice war als Einzelkind aufgewachsen, Niklaus' Geschwister waren alle kinderlos geblieben, so hatten Alice und er fast nur Kontakt zu Erwachsenen. Waren Freunde von ihnen Eltern geworden, war der Kontakt meist bald abgebrochen. Kamen doch einmal Familien zu Besuch, waren Niklaus und Alice angespannt und ungeduldig und reagierten hilflos auf die Annäherungsversuche der Kinder. Dann schämte sich Niklaus. Er hatte es nie bedauert, keine Kinder zu haben, aber manchmal vermisste er es, nicht einmal den Wunsch verspürt zu haben.

Von nun an war die Familie aus Stuttgart oft im Garten. Die Hälfte der Zeit stritten sich die Kinder, wenn sie keinen Streit hatten, waren sie nicht weniger laut. Das Ältere war ein Mädchen von vielleicht sechs Jahren. Von Zeit zu Zeit stieß sie ohne ersichtlichen Grund schrille Schreie aus. Ihr Bruder war wohl halb so alt wie sie. Er konnte sich eine Viertelstunde lang damit vergnügen, mit irgendeinem Gegenstand auf einen anderen zu hauen. Er hörte erst auf, wenn der Vater ihn anschrie. Darauf keifte die Mutter ihren Mann an, und er gab mit lauter Stimme zurück. Ihr Dialekt machte die Sache nicht besser. Dann wieder sah Niklaus durch die Sträucher, die die beiden Grundstücke trennten, wie der Mann neben dem Liegestuhl der Frau im Gras saß und sie mit Sonnencrème einrieb. Sie hatte das Bikinioberteil ausgezogen, und er knetete an ihren Brüsten herum, ohne sich darum zu kümmern, ob jemand ihn sah. Irgendwann verschwanden die beiden, und eine Viertelstunde später hörte Niklaus, wie eins der Kinder an die Haustüre hämmerte und nach den Eltern schrie.

Alice hielt den Lärm nie länger als zehn Minuten aus. Nach einigen Tagen kehrte sie, wenn sie die Familie im Garten sah, gleich wieder um. Auch die Mahlzeiten nahmen sie, wenn sie nicht im Restaurant aßen, von nun an drinnen ein. Niklaus machte Vorschläge für Ausflüge, aber Alice lehnte alle ab. Sie war im Krieg und durfte ihr Territorium nicht verlassen. Warum sagst du nichts?, fragte sie. Niklaus machte ein ratloses Gesicht und breitete die Arme aus. Was soll ich sagen? Wenn sie draußen Musik hören würden oder nachts Lärm machen, dann könnte ich etwas unternehmen. Aber ich kann ihnen das Reden nicht verbieten. Und Kinder machen nun mal Lärm. Schlechte Erziehung ist nicht strafbar. Sie sind vulgär, sagte Alice, und Niklaus nickte nachdenklich.

Wenn Niklaus alleine auf der Terrasse saß, ertappte er sich dabei, wie er immer wieder in den Nachbargarten hinüberschaute. Die fremde Frau lag den ganzen Tag auf dem Liegestuhl und löste ihre Rätsel. Sie hatte angefangen, sich oben ohne zu sonnen. Ihre Brüste waren klein und fest und erinnerten Niklaus an jene der Frauen auf Gauguins Bildern aus Polynesien. Er hatte das unstillbare Verlangen, hinüberzugehen und sie zu berühren.

Manchmal ging der Mann mit den Kindern an den Strand, und Niklaus schlenderte unruhig auf dem Grundstück herum und stellte sich vor, wie er mit der Frau ins Gespräch kommen würde. Er machte eine beiläufige Bemerkung, sie fragte, woher er komme. Ach, die Schweiz, da fahren wir immer nur durch. Dann fiel ihr ein, dass sie noch die Wäsche aufhängen musste. Sie zog das Bikinioberteil an, und er folgte ihr ins Haus, wo es kühl war und still. Sie schaute ihm lange in die Augen. Komm, sagte sie und nahm ihn bei der Hand.

Als Niklaus sich umdrehte, sah er Alice am Fenster stehen. Sie schien ihn zu beobachten. Er ging ins Haus. Alice hatte sich nicht gerührt, sie stand am Fenster und schaute hinaus, als wäre er noch immer da. Er legte ihr eine Hand auf die Schulter, sie wollte sie abschütteln, aber er ließ es nicht zu, drehte sie zu sich und küsste sie auf den Mund. Es dauerte eine Weile, bis Alice seinen Kuss erwiderte, und nach kurzer Zeit machte sie sich los und sagte mit einem spöttischen Lacher, die Wäsche müsste fertig sein. Niklaus folgte ihr in den Abstellraum neben der Küche, wo die Waschmaschine stand, und schaute zu, wie sie die Sachen aus der Maschine nahm und jedes Teil ausschüttelte. Er ging hinter ihr her in den Garten und half ihr, die nassen Kleider aufzuhängen. Die Unterwäsche sortierte sie aus und hängte sie drinnen über den kleinen Wäscheständer, wie sie es auch zu Hause tat. Ich habe das Gefühl, die Sachen werden hier nie ganz trocken, sagte sie. Ihre Stimme klang weicher als sonst. Das macht die hohe Luftfeuchtigkeit, sagte Niklaus. Und richtig sauber werden sie auch nicht, sagte Alice. Diesmal wehrte sie sich nicht, als Niklaus sie küsste.

Sie lagen schweigend nebeneinander. Alice hatte sich mit dem Leintuch zugedeckt, obwohl es heiß war. Sie schaute an die Decke. Ihr Gesichtsausdruck wechselte dauernd, es war wie ein Flackern verschiedenster Gefühle, Erstaunen, Spott, Zärtlichkeit, Trauer. Sie schien sich für keines entscheiden zu wollen. Niklaus steckte die Hand unter die Decke und streichelte ihre Brüste, die mit dem Alter voller geworden waren und weich wie Samt. Sie hatten seit Ewigkeiten nicht miteinander geschlafen, er konnte sich an das letzte Mal nicht erinnern. Wenn man denkt, sagte er und fuhr nicht fort. Alice drehte den Kopf kurz zu ihm, lächelte zärtlich und schaute wieder weg. Er wollte etwas sagen über das, was geschehen war, wollte die Nähe der letzten halben Stunde herüberretten in den Tag, der vor ihnen lag, aber schließlich fragte er nur, worauf Alice Lust habe. Wollen wir irgendwohin fahren? Sie sagte, sie habe Hunger, aber es war Niklaus, als hätte sie gesagt, es war schön mit dir. Wir sind immer noch ein Paar. Es ist gut. Wir könnten in der Stadt essen, sagte er. Nein, sagte Alice, ich brauche sofort etwas, mir ist schon ganz flau. Sie atmete tief und stand auf. Einen Moment lang blieb sie neben dem Bett stehen und schaute auf Niklaus herunter. Er mochte es, so vor ihr zu liegen, schlaff und nackt und ausgeliefert. Alice machte oft Bemerkungen über sein Gewicht, er wusste, dass sie schlanke Männer mochte, aber ihr Blick war wieder zärtlich. Ich stelle mich nur schnell unter die Dusche, sagte sie. Auch Niklaus stand auf. Von draußen hörte er Rufe. Er trat ans Fenster und sah die Familie aus Stuttgart, die sich offenbar auf den Weg zum Strand machte, beladen mit Taschen, aufblasbarem Spielzeug und einer Kühlbox. Alle vier trugen bunte Cloggs und lächerliche Sonnenbrillen, die Mutter hatte ein kurzes Wickelkleid angezogen, der Vater Shorts und ein T-Shirt, auf dem in großer Schrift *Baywatch* stand.

Am Nachmittag machten Alice und Niklaus zum ersten Mal seit fast einer Woche wieder einen Ausflug. Sie fuhren ins Naturschutzgebiet, nicht weit vom Feriendorf entfernt. Als sie schon fast da waren, merkte Alice, dass sie den Feldstecher vergessen hatte, und sie kehrten noch einmal um.

Nur wenige der Parkplätze beim Besucherzentrum waren besetzt. Bei dieser Hitze war alles am Strand, niemand außer ihnen dachte daran, Vögel zu beobachten. Niklaus und Alice gingen einen staubigen Kiesweg entlang, der zwischen Büschen und einem kleinen Rinnsal gegen den Wald führte. Niklaus fühlte sich müde vom Mittagessen, und er schwitzte, aber er war guter Stimmung und pfiff vor sich hin. Alice sagte nicht viel, nicht einmal über die Hitze beklagte sie sich. Nach einer Weile kamen sie in den Wald, in dem es kaum kühler war als auf dem freien Land. Niklaus hielt immer wieder an und schaute auf den Plan des Naturparks, den er im Ferienhaus gefunden hatte. Wenn wir immer in diese Richtung gehen, sollten wir in einer guten halben Stunde am Meer sein, sagte er.

Es dauerte fast eine Stunde, bis sie endlich an den Strand kamen. Alice machte nur ein paar ironische Bemerkungen über Niklaus' Orientierungssinn. Sie hatte gelesen, im Park gebe es Nachtigallen, aber sie hatten nur einen Mäusebussard gesehen und in einem Tümpel einige Graureiher und Blässhühner.

Im Sand lag viel Schwemmholz, dicke Äste, manchmal halbe Bäume, die glattgeschliffen waren von der Witterung und silbern gebleicht von der Sonne. Alice zog die Schuhe aus und ging barfuß weiter den Strand entlang. Willst du baden?, fragte Niklaus. Alice schaute ihn fragend an. Es kommt bestimmt niemand, sagte er.

Hastig zogen sie sich aus und rannten ins Wasser. Sie waren beide aufgeregt und schauten immer wieder zurück zum Ufer. Stell dir vor, jemand stiehlt unsere Kleider, sagte Niklaus. Dann müssen wir im Wald bleiben, sagte Alice, und Beeren sammeln und Wildschweine jagen. Und ich schleiche mich nachts auf die Bauernhöfe, sagte Niklaus, und stehle Eier und eine Flasche Wein.

Nach dem Baden legten sie sich in die Sonne, um zu trocknen, und danach wischten sie sich gegenseitig den Sand von den Körpern. Alice musste lachen, als sie sah, dass Niklaus eine Erektion bekam. Das nicht auch noch, sagte sie. Sie ließ ihre Hand einen Moment lang auf seinem Oberschenkel liegen, als denke sie nach, dann stand sie auf und zog sich an.

Es dämmerte, als sie wieder zum Besucherzentrum kamen, ihr Wagen war der letzte auf dem Parkplatz. Da sie keine Lust hatten zu kochen, beschlossen sie, in der Stadt zu essen. Sie waren erst gegen Mitternacht zurück. Im Nachbarhaus war noch Licht.

Am nächsten Tag frühstückten Alice und Niklaus draußen. Von nebenan war nichts zu hören. Sie lasen den ganzen Morgen über. Es blieb still. Der Geländewagen stand auf der Straße, also mussten die Nachbarn da sein, aber sie kamen nicht in den Garten, auch am Nachmittag nicht. Vielleicht hat jemand sich beschwert, sagte Alice, oder sie haben etwas Falsches gegessen und liegen alle mit Bauchschmerzen im Bett. Die Ruhe schien ihr nicht recht geheuer, sie schaute immer wieder von ihrem Buch auf. Sei doch froh, sagte Niklaus. Ich habe ja nicht gesagt, sie müssen sich im Haus einsperren, sagte Alice, natürlich müssen Kinder sich austoben. Es ist alles eine Frage des Maßes. Einmal betrat ein Mann im Anzug das Grundstück und verschwand im Haus, kurz darauf ging er wieder. Später kam ein anderer Mann, aber auch er blieb nicht lange.

So müsste es immer sein, sagte Alice, als es auch am nächsten Tag ruhig blieb. Sie saßen draußen und spielten Scrabble. Alice hatte den Duden von zu Hause mitgenommen, damit sie bei allfälligen Unstimmigkeiten ein Wort hätten nachschlagen können, aber dazu kam es nicht. Sie schienen beide nicht recht konzentriert. Einmal sah Niklaus jemanden am Fenster des Nachbarhauses vorbeigehen, er konnte nicht erkennen, wer es war. Ich muss dauernd an sie denken, sagte Alice, der Lärm hat mich fast weniger gestört. Dem konnte man wenigstens ausweichen.

Am späten Nachmittag gingen sie an den Strand. Sie cremten sich gegenseitig den Rücken ein, und Niklaus war es, als würde Alice ihn anders berühren, seit sie miteinander geschlafen hatten, nicht zärtlicher, aber aufmerksamer. Auch er nahm sich mehr Zeit und merkte, wie Alice es genoss, als er mit den Fingerkuppen an ihrem Rückgrat und ihren Schulterblättern entlangfuhr. Jetzt sind es doch noch schöne Ferien geworden, sagte sie. Eine Woche schlechtes Wetter, eine Woche gutes Wetter, sagte Niklaus, ich glaube, wir können uns nicht beklagen. Brauchen wir noch etwas? Brot und Rohschinken, sagte Alice, Käse haben wir noch. Und etwas für morgen. Ich habe Lust, mal wieder selbst zu kochen. Hast du Geld dabei?

Der Ladeninhaber, der sie sonst immer überschwänglich begrüßt hatte, nickte ihnen nur zu und murmelte etwas. Was ist dem für eine Laus über die Leber gelaufen, sagte Alice und füllte den Einkaufskorb. Oliven?, fragte sie und hielt ein Glas mit schwarzen Oliven in die Höhe. Niklaus nickte und ging zum Weinregal, um die Preise zu studieren und sie mit jenen zu vergleichen, die sie bei den Winzern bezahlt hatten. Als er sich umdrehte, sah er Alice an der Fleisch- und Käsetheke stehen. Der Ladeninhaber redete auf sie ein. Niklaus trat vor das Geschäft und las die Schlagzeilen der deutschen Zeitungen im Ständer. Kurz darauf kam Alice mit verstörtem Gesicht aus dem Geschäft. Sie ging weiter, ohne sich nach ihm umzusehen. Mit ein paar schnellen Schritten holte er sie ein und fragte, was los sei. Sie blieb abrupt stehen. Der Junge ist tot, sagte sie, der Vater hat ihn überfahren. Er hat auf der Straße wenden wollen und das Kind dabei übersehen. Schweigend gingen sie zurück zum Ferienhaus. Niklaus räumte die Sachen ein, Alice stand an den Küchentisch gelehnt und schaute ihm zu. Was sollen wir tun?, fragte sie, als er fertig war. Wir können nichts tun, sagte Niklaus, wir wissen ja nicht mal, wie sie heißen. Wir könnten fragen, ob sie etwas brauchen, sagte Alice. Es muss passiert sein, als wir im Naturschutzgebiet waren. Der Ladeninhaber hat erzählt, der Schrei des Vaters sei in der ganzen Feriensiedlung zu hören gewesen. Ich bin froh, dass wir nicht hier waren, sagte Niklaus und kam sich feige vor. An diesem Abend aßen sie stehend in der Küche.

Als Niklaus erwachte, dämmerte es. Er schaute auf die Uhr, es war kurz nach fünf. Alice lag nicht neben ihm. Er stand auf und fand sie im Wohnzimmer. Sie hatte kein Licht gemacht und stand im Nachthemd am Fenster. Als er eintrat, drehte sie sich kurz zu ihm um und schaute dann wieder hinaus. Er trat hinter sie und legte ihr die Hände auf die Schultern. Eine Weile lang standen sie schweigend da, dann sagte Alice, sie gehen. Jetzt erst schaute auch Niklaus hinaus und sah, dass die Heckklappe des schwarzen Wagens geöffnet war. Schau, sagte Alice, und Niklaus sah den Mann aus Stuttgart durch den Garten gehen, in der Hand einen Koffer, der sehr schwer zu sein schien. Gemeinsam schauten sie zu, wie er noch ein paarmal hin und her ging. Zuletzt trug er das beschädigte Dreirad zum Wagen. Er fand keinen Platz dafür und nahm einen Teil der bereits verstauten Sachen noch einmal heraus, schaute ratlos alles an und räumte es wieder ein. Dann ging er zurück ins Haus.

Vielleicht habe ich deshalb nie Kinder gewollt, sagte Alice sehr leise. Aus Angst, sie zu verlieren. Wir werden uns auch irgendwann verlieren, sagte Niklaus. Das ist nicht dasselbe, sagte Alice, das ist der Lauf der Dinge.

Niklaus ging in die Küche, um Kaffee zu machen. Da hörte er, wie Alice ihn rief. Er ging zu ihr und legte den Arm um ihre schmalen Schultern. Jetzt!, flüsterte sie atemlos, als geschehe etwas lange Erwartetes, und zeigte aus dem Fenster. Der Mann war wieder aus dem Haus getreten, er stützte die Frau, die mit hängenden Schultern und gesenktem Kopf neben ihm ging und die Tochter an der Hand führte. Über ihren Sommerkleidern trug die Frau einen dicken Wollpullover. Der Mann führte sie zum Wagen und half ihr beim Einsteigen wie einer Behinderten oder einer alten Frau. Das kleine Mädchen war neben der hinteren Tür stehen geblieben, bis der Vater zu ihm kam, auch ihm half und es sorgfältig auf dem Kindersitz festschnallte. Schließlich stieg er selber ein. Durch die Scheibe war zu hören, wie der Motor startete, die Scheinwerfer flammten auf, und der Wagen rollte sehr langsam davon.

Aus der Küche drang das Zischen des Kaffeekochers, aber Niklaus beachtete es nicht. Er streifte seine Pyjamahose ab und zog Alice an den Hüften gegen sich. Hastig hob er ihr Nachthemd hoch und griff mit einer Hand zwischen ihre Beine. Sie liebten sich im Stehen, heftiger als vor ein paar Tagen. Alice sagte kein Wort, er hörte kaum ihren Atem.

SIMONE LAPPERT

Goldkopfnymphen

Heute würde er früher gehen. Kleeber tastete nach der Fasanenfeder in seiner Manteltasche und umschloss sie mit der Hand wie den Griff eines Messers. »Am Montag werde ich wieder da sein«, hatte Carla gesagt, »weiter unten, in der Biegung, wo die Forellen stehen, dort, wo die Krautbetten bei Sunk aus dem Wasser ragen.«

Kleeber schaute auf seine Armbanduhr. Noch zwanzig Sekunden. Um Punkt halb fünf schaltete er den giftgrünen Ventilator auf der Fensterbank ab und fuhr den Rechner herunter. Er schwitzte, ein Schweißtropfen löste sich aus seiner Kniekehle, rann die Wade entlang und versickerte im Bund seiner feingerippten Socke. Kleeber entfernte die Flusen vom Polster seines Bürostuhls, nahm den Mantel von der Lehne, knipste die Schreibtischlampe aus und verbrannte sich dabei ein wenig die Kuppen von Daumen und Mittelfinger am heißen Blech. Sein Kopf dröhnte, aus allen Ecken drängelte Telefongeklingel, und hinter jedem Klingeln schien ein nörgelnder Anrufer zu warten, der sich eine Versicherung gegen jegliche Zufälle wünschte.

»Schon Feierabend?« Emmenegger deutete auf den Rucksack, den Kleeber unter dem Schreibtisch verstaut hatte.

»Was Besonderes vor?« Kurz war Kleeber versucht, die Wahrheit zu sagen. Er hätte Lust gehabt, von Carla zu erzählen und ein bisschen anzugeben, nur um Emmenegger vor den Kopf zu stoßen. Er griff in die Manteltasche, drehte die Garnrolle zwischen den Fingern, die er aus dem Nähkasten seiner Frau gestohlen hatte und sagte stattdessen: »Ich habe mein Telefon zu dir rüber geschaltet. Falls die Entenfrau wieder anruft. Ich habe ihr heute mehrmals erklärt, dass es bei Entenbissen an öffentlichen Gewässern sehr schwer ist, jemanden für die beschädigte Kleidung haftbar zu machen. Sie ruft aber bestimmt noch mal an.«

Emmenegger öffnete den Mund, um etwas zu sagen, aber da war Kleeber schon halb zur Tür hinaus. Auf dem Weg zum Lift öffnete er das Fenster im Flur und hielt seinen Kopf hinaus. Es kam ihm nur warme Luft entgegen. Die Frühsommerhitze flimmerte über den Dächern, wie ein Bremsklotz schob sie sich ins Getriebe der Stadt, zwischen die Vorhaben der Bewohner und zwischen ihre Gedanken.

Erst als er von der Autobahn abzweigte, löste sich sein Griff ums Lenkrad. Er fuhr viel zu schnell, aber das war ihm egal, links schob sich schon die Birs ins Blickfeld, später die Sorne, kühl und blau. Kalkfelswände zogen vorbei, die ersten jurassischen Tannen warfen ihre Schatten auf die Straße, und die Luft, die durchs Fenster kam, wurde allmählich kühler. Kleeber begann zu pfeifen, im Fahren löste er einhändig die Schnürsenkel seiner Lederschuhe, zog sie aus, streifte die Socken ab und warf alles auf den Rücksitz. Kurz vor Ortseingang machte er an einem Rastplatz halt, um sich umzuziehen. Der kleine Holzkiosk, in dem ein alter Mann manchmal Konfitüre, Käse und Früchte verkaufte, war geschlossen. Kleeber faltete seine Kleidung zusammen, stieg in die Fischerhose, zog frische Socken und die hüfthohen Watstiefel an, bei Carla wusste man nie. Die Weste hatte er schon in der Mittagspause bestückt, unten in der Tiefgarage, mit Arterienklemme, Schwimmmittel und Fliegenbüchse, die Polaroid-Brille baumelte an einer Schnur um seinen Hals. Den Rest seiner Ausrüstung packte er in den Rucksack. Er schloss den Wagen ab und ging das letzte Stück zu Fuß.

Der Doubs hob sich spiegelnd gegen das grüne Ufer ab, stand stellenweise fast still, schlängelte sich dann wieder um Felsen, schäumte über Kiesbänke, unterströmte Büsche und Trauerweiden oder floss dem kniehohen Ufergras entlang. Kleeber kniff die Augen zusammen und suchte das Ufer in der Nähe der Flussbiegung ab, aber Carla war nirgends zu sehen.

Durch das mittelalterliche Tor betrat er nach einer guten Viertelstunde den kleinen Ort, ein schwerer Lindenblütengeruch hing in der Luft. Nur der Kirchbrunnen war zu hören und weit weg ein Rasenmäher. Am geschlossenen Hotel du Cerf bewegte sich das Drei-Sterne-Schild quietschend hin und her, ansonsten war es still. Kleeber ging an weiteren geschlossenen Hotels und Herbergen vorbei. In einem Café saß eine Frau in Schluppenbluse und drehte eine Flasche *Rivella Blau* in den Händen, als wollte sie die Zukunft daraus lesen. Vor fast allen Fensterbrettern hingen Blumenkästen mit fetten Geranien, Petunien und Vergissmeinnicht, vor dem Imbiss neben der Post versprach ein Schild hausgemachtes Zitroneneis.

Kleeber begann zu zweifeln, dass heute ein guter Tag zum Fischen war. Er hatte schon erlebt, dass alle fünfzig Meter ein Fischer im Wasser stand und man Angst haben musste, von einem fremden Haken getroffen zu werden. Er hoffte, dass wenigstens das Hotel du Sanglier geöffnet war, wo man die Tagespässe zum Fischen kaufen konnte. Er stieß die Tür auf, drinnen roch es nach Kaffee und Frittierfett. Die einzige Lichtquelle war der Fernseher neben der Kasse, der eine dicke Kellnerin beleuchtete, die mit dem Rücken zur Tür am Tresen lehnte, sich gedankenversunken am Oberarm kratzte und in die Quizshow auf dem Bildschirm vertieft war. Kleeber räusperte sich, die Kellnerin fuhr herum. »Ja«, sagte sie, mehr nicht.

Kleeber verlangte einen Tagespass und bestellte das Stück Aprikosenkuchen, das unter der Plastikglocke neben den eingepackten Nussgipfeln und Spitzbuben lag, dazu einen Apfelsaft. Die Kellnerin schaufelte den Kuchen auf einen Teller, schenkte ungeduldig den Saft ein, hielt ihm den Taschenrechner mit dem Gesamtbetrag vor die Nase und kassierte schweigend ab, eine Gabel bekam er nicht.

Draußen setzte sich Kleeber an einen der Gartentische im Schatten. Er packte den Bindestock aus, spannte einen Fischerhaken mit Goldkopf ein, trennte mit der Schere ein paar Fibern von der Fasanenfeder, montierte das Bindegarn im Spulenhalter und begann, die Fibern auf den Hakenschenkel zu binden. In wenigen Minuten hatte er eine hübsche Goldkopfnymphe gefertigt, die er zu den anderen Fliegen in die Büchse legte. Damit würde er heute kaum einen Fisch fangen, trotzdem war es sein wichtigster Köder. Er spannte einen kleineren, dünndrahtigen Haken ein und präparierte ihn mit Fasanenfedern, wie einen Kragen legte er am Ende die letzten Fibern um den Hakenkopf und hielt nach kurzer Zeit eine täuschend echte Eintagsfliege in der Hand.

Aus dem Supermarkt an der Ecke trat eine Verkäuferin auf die Straße und räumte das Schild mit der Kalbswurstaktion hinter die Glasschiebetür. Kleeber stand auf und verstaute seine Sachen, in wenigen Schlucken trank er den Saft aus, den Kuchen ließ er stehen.

Am Ufer tanzten Mücken im Gras, auch auf Bremsen musste er aufpassen. Kleeber holte eine PET-Flasche mit kaltem Kamillentee aus seiner Tasche und rieb sich damit Gesicht und Arme ein, ein Trick, den er sich von Carla abgeschaut hatte. Der Rucksack wurde ihm jetzt schwer auf dem Rücken, bis zur Flussbiegung hinunter war es weiter, als er gedacht hatte. Die Sonne brannte und er schwitze unter seinem Hut. Kleeber ging weiter, vorbei an säuberlich angelegten Gemüsegärten, verwilderten Wiesenstücken und grasenden Kühen, hin und wieder traf er zwischen den Böschungen auf einen Graureiher oder eine Katze, sonst begleiteten ihn nur der Fluss und die Insekten, mal laut, mal leise. Hinter einem Brombeerbusch, der die Sicht auf den Doubs verdeckte, blieb er stehen. Er hörte etwas, das klang wie das Quaken eines kleinen Froschs. Carlas Fischerschnur. Er lief den Brombeerbusch entlang und fand eine lichte Stelle, durch die er hindurchsteigen konnte. Unten im Fluss sah er Carla auf einer Kiesbank stehen, das Wasser bis zu den Knien. Wie ein Reiher auf der Pirsch stand sie da, schwang die Schnur über den Kopf und ließ ihre Fliege übers Wasser tanzen. Ein paar Forellen befanden sich bereits im Abendsprung, für Sekundenbruchteile blitzten ihre hellen Bäuche auf, eine kunstvolle Choreografie allein für Carla. Sie warf ihre Fliege immer wieder in Richtung einer Weide auf der anderen Uferseite aus, interessierte sich nicht für die leicht zu täuschenden Fische. Vermutlich befand sich unter den herabhängenden Zweigen ein misstrauischer älterer, den sie aus der Reserve locken wollte. Kleeber versuchte leise aufzutreten, er wollte sie nicht stören, noch nicht. Er ging gute fünfzig Meter flussabwärts, legte seine Ausrüstung ins Gras und setzte seine Rute zusammen. Die Insekten flogen dicht übers Wasser, am Horizont zogen die ersten Gewitterwolken auf, die besten Bedingungen, um mit Trockenfliegen den Tiefflug zu simulieren. Stattdessen aber klaubte Kleeber die Goldkopfnymphe aus der Büchse, die er im Hôtel du Sanglier gebunden hatte, ein Köder der nach dem Auswerfen absank.

Vor einigen Wochen hatte Carla plötzlich hinter ihm gestanden, die Hände in die Hüften gestützt, die Augen gegen die Sonne zusammengekniffen. Kleeber hatte vor Schreck die Rute fallen lassen.

»Durchsichtige Schnüre sind etwas für Fischer, die denken wie Menschen. Ein Fischer aber sollte denken wie ein Fisch. Bei den Lichtreflexionen, die das Ding da über dem

Wasser erzeugt, kannst du den Döbeln auch gleich mit bloßen Händen und einer Taschenlampe nachstellen.« Sie zog eine Rolle mit kobaltblauer Schnur aus der Westentasche. »Nimm die, dann weißt du auch, wo deine Fliege treibt. Für die Fische ist deine Schnur nichts als ein Schatten. Schatten haben immer dieselbe Farbe.«

Kleeber spähte hinüber zu Carla, die gerade dabei war, eine große Bachforelle vom Haken zu trennen. Sie nahm keine Notiz von ihm. Sie hielt den Fisch hoch wie ein Haustier, küsste ihn auf die Rückenflosse und setzte ihn zurück ins Wasser, sah zu, wie er davonzog. Kleeber fragte sich, wie oft er wohl in seinem Leben schon aus dem Wasser gezogen worden war. Vielleicht, dachte er, war ihm schon einmal dieselbe Forelle auf den Haken gestiegen wie Carla. Nichts wusste er über diese Frau, außer, dass sie hier war, jeden Tag, dass sie gern Apfelbier trank und lieber schwieg als redete, es sei denn es ging um Fische, Krautbetten, Kiesbänke und Laichplätze. Allerdings kam sie nur, wenn er etwas fing. Oder einen Fehler machte.

Kleeber befestigte die Nymphe und ließ sie in der Nähe eines Krautbetts ins Wasser sinken. Es dauerte nicht lange, da hörte er Carla hinter sich die Böschung hinunterklettern. »So kannst du auch warten, bis sie von alleine an Land kriechen! Gib her!« Sie deutete auf Kleebers Rute. Flink holte Carla die Schnur ein, löste die Goldkopfnymphe und steckte sie in die Hosentasche.

Sie öffnete Kleebers Fliegenbüchse, die auf dem Felsen neben seiner Ausrüstung lag. »Die da«, sagte sie und zeigte auf die Eintagsfliege, die er im Hôtel du Sanglier gebunden hatte, »mit der wird's klappen.«

Kleeber sah ihr zu, wie sie die Rute umrüstete. Alles an ihr, was sie zum Fischen brauchte, war groß geraten, die Ohren, die Augen, die Hände, bestimmt auch die Füße. Sonst war sie zierlich, fast zerbrechlich in ihrer grünen Wathose und den schweren Stiefeln. Das rote Haar hatte sie unter die Werbemütze eines örtlichen Stromanbieters gestopft, die Haut im Schatten der Hutkrempe war hell wie der Bauch einer Forelle. Kleeber stellte sich vor, wie sie in einem der windschiefen Häuser lebte, Petunien goss und über einem alten Keramikwaschbecken Fische putzte, während ihr Mann in der Postbar Schnaps trank. Bestimmt hatte sie einen Mann.

»Wie heißt du eigentlich«, fragte Carla und drückte ihm die Rute in die Hand. »Walter«, sagte Kleeber. Der Name kam ihm fremd vor, fast verwegen. Seine Frau nannte ihn Walli oder Hase, selbst im Streit, und im Büro wurde er nur mit Nachnamen angesprochen. Carla nickte. »Im Winter werde ich weiter oben fischen, bei La Goule, im Hechtwasser.« Das war alles, was sie an diesem Abend noch sagte. Als Kleeber gegen neun zusammenpackte, hob sie bloß schweigend die Hand zum Gruß.

Es begann dunkel zu werden, als Carla sich auf den Weg machte. Kurz nach Ortsausgang fuhr sie auf den Rastplatz und zog sich um, bis auf ein paar frühe Grillen war sie allein. Einen Moment lang stand sie nur da und atmete den Duft der Dämmerung ein. Dann legte sie Wathose, Stiefel, Weste und Hut feinsäuberlich auf den Rücksitz, der hellblaue Kittel und die Turnschuhe lagen schon daneben bereit. Ein bisschen wehmütig blickte sie hinunter auf die Lichter des kleinen Orts und den Fluss, der sich stellenweise schaumhell gegen die Felsen abhob. Bestimmt saß Walter irgendwo hinter einem der Fenster und goss Geranien, weil seine Frau ihn darum bat. Bestimmt hatte er eine Frau. Und trotzdem stellte Carla sich vor, wie es wäre, mit Walter auf einem der knarrenden Holzbalkone zu sitzen und Reizfliegen zu binden, und wie er sie ins Bett tragen würde, sobald sie über dem Binden zu gähnen begann. Solange sie beim Fischen auf Walter traf, kam es ihr vor, als gäbe es in der eingeschworenen Friedlichkeit dieses Städtchens eine Tür, zu der sie den Schlüssel hatte.

Zurück in der Stadt war es laut und heiß, die Anhänger einer Fußballmannschaft drängten hupend und kreischend durch die Straßen, ein Hubschrauber kreiste über dem Landeplatz des Krankenhauses und vor der Einfahrt zum Versicherungsgebäude kickten angetrunkene Jugendliche leergetrunkene Bierflaschen gegen die Wand. Carla parkte in der Tiefgarage. Die anderen warteten bereits am Eingang zum Lift. »Auch schon da«, sagte die Beringer und schob ihr einen Putzwagen zu, »12. Stock, zuerst die Büros, dann die Toiletten, aber bisschen mit Hummeln, wenn ich bitten darf.«

Das Büro auf der 12. Etage war stickig und schlecht beleuchtet, eine der Neonröhren gab flackernd den Geist auf, als Carla den Lichtschalter drückte. Sie steckte den Staubsauger ein und entdeckte auf der Fensterbank einen giftgrünen Ventilator. Als sie sich über den Schreibtisch zum Einschaltknopf bückte, klang es, als wäre ihr etwas Metallisches aus der Tasche gefallen. Sie knipste die Schreibtischlampe an und sah sich um, entdeckte aber nichts, weder auf dem Tisch noch am Boden. Sie nahm den Staubsauger auf und saugte die Krümel ein, die unter dem Bürostuhl des Nachbarschreibtischs lagen. Beim Verlassen des Büros knipste sie die Schreibtischlampe wieder aus und verbrannte sich dabei ein wenig die Kuppen an Daumen und Mittelfinger.

Am nächsten Morgen fand Kleeber in der obersten Schreibtischschublade zwischen Heftklammern und Gummibändern eine Goldkopfnymphe, die genau so aussah wie jene, die er am Vortag im Hôtel du Sanglier gebunden hatte. Er legte sie in einen Briefumschlag mit Firmenaufdruck und steckte sie in die Hosentasche. Wenn es irgendwie ging, würde er heute wieder früher gehen.

PHILIPP LAAGE
Nach Hause, hinaus in die Welt

Der Blick in die Vergangenheit ist wie der Blick in die Zukunft: Je größer der Abstand, umso verschwommener erscheinen Orte, Szenen und Ereignisse vor meinem inneren Auge. Liegt eine Reise mehr als zehn Jahre zurück, kann ich aus einer Zeitspanne von drei Wochen vielleicht noch zwei Dutzend Momente bewusst abrufen. Das Gehirn löscht, was ich einmal so klar sah wie die Hand vor meinem Gesicht, und schafft wieder Platz für Neues. Die Erinnerung besteht irgendwann nur noch aus einem diffusen Gefühl. Das war eine gute Zeit, sagen wir, ohne dieses Empfinden noch an bestimmten Umständen festmachen zu können. Während die Gegenwart ein gestochen scharfes Bild ist, sehen wir in der Retrospektive eher ein Aquarell, in den Farben unserer damaligen Gemütsverfassung. Fotos bringen die Sinneswahrnehmung von früher manchmal für ein paar Sekunden zurück, oder ein bestimmtes Lied, ein Geruch, ein altes Kleidungsstück. Für einen kurzen Augenblick fühlt sich alles exakt so an wie damals. Dann verflüchtigt sich der Eindruck.

Was bleibt vom Reisen? Man könnte annehmen, es seien vor allem Erinnerungen, die irgendwann verblassen. Wir wollen etwas mitnehmen, das bleibt. Deshalb machen wir allerlei Fotos. Und kaufen Souvenirs. Das Wort kommt aus dem Französischen. *Le souvenir* ist die Erinnerung, *se souvenir* bedeutet sich erinnern. Im Deutschen sagen wir auch Andenken. Das Souvenir ist gewissermaßen eine Denkstütze, mit der wir Erinnerungen abrufen, auf die wir andernfalls keinen Zugriff mehr hätten.* Wenn es denn gelingt. Ich fürchte, was genau uns einmal an die Gegenwart von heute erinnern wird, ist unmöglich zu sagen. Wir erkennen das immer erst im Rückblick, genauso wie die Bedeutung bestimmter Ereignisse in unserem Leben. Wir glauben, es sei die Buddha-Figur aus Bronze, aber tatsächlich ist es ein bestimmter Song auf dem MP3-Player, der Geruch von Sonnencreme auf der Haut, eine abgegriffene Bordkarte, ein löchriges Paar Schuhe – sofern wir es nicht weggeworfen haben.

Souvenirs sagen oft mehr über uns selbst als über das Land, in dem wir gewesen sind. Sie zeigen, wer wir sind. Es gibt kitschige Souvenirs, ironische Souvenirs (der Eiffelturm in einer Glaskugel), illegale Souvenirs** und exklusive Souvenirs, die wir nach Hause tragen wie Abzeichen. Ich habe aus dem Kongo ein Stück erkaltete Lava von den Hängen des Nyiragongo mitgebracht. Der Stein ist der Beweis, dass ich einmal dort war. Und eine Erinnerung an das Abenteuer: Ich will nicht vergessen, dass es dort draußen in der Welt zu erleben ist. Souvenirs sind immer auch Symbole für das, was wir gesucht haben. Die Olivenholz-

---

* Der deutsch-amerikanische Schlagersänger Bill Ramsey trällerte fröhlich: »Souvenirs, Souvenirs / einer großen Zeit / sind die bunten Träume / unsrer Einsamkeit.«
** Elfenbein, Jagdtrophäen, Korallen, Krokodilleder, Steine bedeutender Tempel.

schale aus Andalusien als Erinnerung an einen nachhaltigen Lebensentwurf, als Absage an die Wegwerfgesellschaft. Der Sombrero aus Mexiko als Ausdruck eines zwanglosen Lebens unter einer Sonne, die alle Sorgen halb so schlimm aussehen lässt. Die afrikanische Maske als Allegorie eines Kontinents voller Geheimnisse und Mythen, die sich unserem rationalen Zugriff entziehen. »Everyday life is composed by souvenirs of life elsewhere«, schreibt Dean MacCannell. Das Leben, zusammengesetzt aus Souvenirs. Ich glaube, dass jeder Mensch ideelle Gegenstände braucht, die keinen praktischen Nutzen haben, weil wir unterbewusst spüren, wie flüchtig die Momente noch unseres größten Glücks sind. Daher das Bedürfnis, diese Erlebnisse mögen sich in etwas manifestieren, das wir in den Händen halten können. Wir stellen Souvenirs ins Regal, um die Erinnerung wachzuhalten.

Gleichzeitig bleiben die wichtigsten Veränderungen in unserem Leben lange Zeit unsichtbar, wir erkennen sie erst im Rückblick. Die Verschiebungen in unserem inneren Verhältnis zur Welt – im Denken, in der Wahrnehmung – zeigen sich irgendwann in Worten, Gewohnheiten und Entscheidungen, die sich nur noch schwer auf bestimmte Ereignisse zurückführen lassen. Wir können meist nicht sagen, was nun genau den Ausschlag gegeben hat, eine bestimmte Entscheidung so und nicht anders getroffen zu haben. Aber ich glaube, dass uns das Reisen dabei hilft, aus einer anderen Perspektive auf die Wegweiser zu schauen. Was nehmen wir mit – abseits von Fotos, Souvenirs und schönen Erinnerungen? Wir müssen die Frage zunächst andersherum stellen: Was lassen wir los?

Als ich noch jünger war, wollte ich besonders viele Länder sehen. Als wäre das ein Ausweis für – was eigentlich? Mut, Weltgewandtheit, Erfahrung, kulturelles Kapital? Mit der Zeit habe ich verstanden, dass es nicht darum geht, möglichst viele Orte von einer Bucket List streichen zu können nach dem Motto: *Been there, done that.* Die Erfahrung des Reisens ist nichts, das sich quantifizieren lässt. Wer viel reist, merkt irgendwann, dass er nichts gewinnt, indem er Dinge abhakt und Sehenswürdigkeiten sammelt. Wenn wir diesen Glauben ziehen lassen, ist Raum, um uns Unternehmungen zu widmen aus ehrlichem Antrieb, glühendem Interesse, spielerischem Genuss. Die Fülle des Erlebens auf Reisen führt uns irgendwann zu der Einsicht, wie begrenzt unser Leben ist. Die Welt ist voller unendlicher Möglichkeiten. Wir müssen herausfinden, was uns wirklich angeht, berührt und begeistert – und es vertiefen.

Auf der Strecke bleibt hoffentlich auch der heilige Ernst, mit dem wir unseren Standpunkt zum Mittelpunkt des Universums machen, diese Überzeugung, dass alles nur passiert, um uns persönlich zufriedenzustellen. Wer kennt nicht jene Mitmenschen, die jede Petitesse »völlig unzumutbar« und für eine »absolute Katastrophe« halten, ohne auch nur einmal darüber nachzudenken, warum andere Leute die gleichen Dinge anders angehen als sie selbst. So sollte man niemals werden. Wenn auf Reisen wieder einmal nichts funktioniert, bringt uns Empörung nicht weiter. Es ist eine Lektion in Demut. Wir sollten das – wie viele andere alltägliche Ungerechtigkeiten im Leben – nicht persönlich nehmen. Bleiben wir heiter. Erleichtern wir unser

Ego um einige Gewichtsklassen. So können wir unsere Aufmerksamkeit und unseren Fokus neu ausrichten.

Auf Reisen trennen wir uns im besten Fall auch von ein paar Glaubenssätzen über das Glück: die Einbildung, dass vor allem zählt, ob andere unser Leben für schillernd und aufregend halten; die Annahme, dass eine möglichst enge Taktung krasser Erlebnisse wichtiger ist als die Art und Weise, wie wir den Tag beginnen, Gespräche führen und unsere Arbeit verrichten; die Überzeugung, das Glück warte am Ende eines langen Weges in einem prunkvoll eingerichteten Haus, in dem wir es für immer einsperren können; dass die Frage, wer wir sind und sein wollen, entscheidender ist als die Frage, wofür wir morgens gerne aufstehen; dass wir erst uns selbst finden müssen. Mir scheint die ganze Suche nach Glück eine ergebnislose Beschäftigung zu sein. Mark Manson schreibt, die amerikanische Kultur sei darauf fixiert, dass alle sich die ganze Zeit gut fühlen. Dabei würde vergessen, dass es wichtigere Dinge auf der Welt gebe, als glücklich und entertained zu sein. Das gilt nicht nur für die US-amerikanische Kultur mit ihrem *pursuit of happiness.* Wenn wir aufhören uns darüber Gedanken zu machen, wie wir glücklich werden, können wir uns Sinnvollerem hingeben als uns selbst: Menschen, einer kreativen Aufgabe, einem erfüllenden Schaffensprozess – und manchmal einfach einer Verzückung.

Das Reisen hilft uns dabei. Wir schärfen unsere Neugier. Wir erleben, dass Anstrengung und Überwindung uns beflügeln können. Wir sammeln Mut und Zuversicht mit jeder Entscheidung, die wir treffen. Wir trainieren uns die natürliche Furcht davor ab, nicht zu wissen, was die Zukunft für uns bereithält (oder auch nur der nächste Tag). Wir sehen, dass es für fast jedes Problem eine Lösung gibt, dass Dinge möglich sind, die uns immer undenkbar vorkamen. Wir schulen uns in Menschenkenntnis, in dem Gespür, ob jemand uns wohlgesonnen ist oder nicht, ob er uns etwas andrehen will – sei es einen Teppich oder eine idiotische Idee – oder echtes Interesse an uns hat. Uns wird bewusst, dass wir den meisten Menschen auf der Welt völlig egal sind, was die Grenzen dessen, was wir tun oder lassen können, deutlich verschiebt. Wir bekommen eine Ahnung davon, wie privilegiert wir sind, weil wir reisen können. Wir lernen unsere Institutionen zu schätzen, die Selbstverständlichkeit, kein Bestechungsgeld für eine Dienstleistung bezahlen zu müssen. All dies passiert nicht zwangsläufig auf Reisen und möglicherweise ebenso zu Hause. Aber die Heimat zu verlassen hilft enorm.

Und dann gibt es eine Erfahrung, die exklusiv dem Reisenden vorbehalten ist. Sie speist sich daraus, physisch in die Welt einzutauchen und nicht bloß intellektuell, sie aus erster Hand zu erleben statt durch Bücher und das Internet. John Shotter nennt es »ontologisches Wissen«, im Gegensatz zu angelesenem Expertenwissen. Er spricht vom »feeling of doing«: das Spüren der eigenen Anwesenheit in der Welt, ganz körperlich. Die Welle, die mich umwirft. Die Luft auf 2600 Metern Höhe. Die Hitze am 12. Breitengrad. Der Duft der Gewürze auf dem Markt, der Ruf des Muezzins, der Singsang der arabischen Händler. Nicht die Erkenntnis über etwas, sondern durch etwas. Ich kann diesen Bewusstseinszustand am ehesten mit diesem Wort beschreiben: Weltverbundenheit.

Was heißt das? Es ist ein unscharfes Gefühl. Ich spüre es meist eher unterbewusst. Es ist das Empfinden, mich mit der Welt in Verbindung zu setzen, aber es geht auch darüber hinaus. Die Welt kehrt auch in mich ein. Ich begreife mich als winzigen Teil von allem, was mich umgibt. Als Sandkorn im Universum. Welchen Orten, Menschen und Situationen ich mich aussetze, was zu mir durchdringt, was ich in mich hineinlasse, bestimmt darüber, wie ich denke, was ich sage, wer ich bin. Der Mensch ist ja gewissermaßen eine fortwährende Input-Output-Maschine, und das Reisen versorgt sie mit dem besonders hochwertigen Material. Wenn ich mit der Welt in Kontakt trete, meine Sensoren ausgerichtet habe, dann wirkt die Welt in mir und durch mich. Wenn ich das Ego loslasse und meine Existenz als Puzzleteil akzeptiere, kann ich meine Wirklichkeit und die Wirklichkeit der Welt zusammen denken. Dann gibt es keine Trennung mehr und ich gehe ganz in den Dingen auf. Das Leben wird zu einem poetischen Daseinszustand, der an Schwere verliert.

Für das Gefühl der Weltverbundenheit müssen wir nicht ohne einen Cent in der Tasche nach Rumänien trampen, den Amazonas mit Kajaks hinabpaddeln oder einen Monat unter Aborigines leben. Manchmal reicht gewöhnliches Sightseeing. Beim Betrachten alter Bauwerke kann der Reisende das Glück empfinden, »sich nicht ganz willkürlich und zufällig zu wissen, sondern aus seiner Vergangenheit als Erbe, Blüte und Frucht herauszuwachsen und dadurch in seiner Existenz entschuldigt, ja gerechtfertigt zu werden«, wie Friedrich Nietzsche es beschrieb. Ein erbauendes Gefühl, das die Seele erleichtert.

Es gibt so vieles, das wir nicht wissen. Aber das ist kein brauchbarer Ansatz, um sich praktisch dem Leben zu stellen. Was wir also mitnehmen vom Reisen, ist immer auch ein Stück Welterkenntnis, eine kleine Einsicht darin, warum Menschen sich so oder anders verhalten, wie die Dinge zusammenhängen und wie wir sie zusammenbringen können in einer schlüssigen Theorie, mit der wir die Wirklichkeit bewältigen. Und vielleicht bringen wir dann, in dem Wissen, immer nur unsere eigenen Grenzen zu verschieben, auch so etwas wie – Achtung, großes Wort! – eine Haltung mit nach Hause. Denn die Welt ist zwar höllisch komplex, aber nicht alles ist relativ oder Ansichtssache. Um es an einem Beispiel deutlich zu machen: Man wird zu einer anderen Bewertung des Nahost-Konflikts kommen, wenn man einmal selbst in Israel war und das Leben der Menschen dort gesehen, vielleicht sogar daran teilgenommen hat, für einen kurzen Augenblick. Man kann dann die israelische Regierung kritisieren, aber wird sich wundern, was das sein soll: Israelkritik? »Politisches Denken und Urteilen bewegt sich zwischen der Gefahr, Tatsächliches für notwendig und daher für unabänderbar zu halten, und der anderen, es zu leugnen und zu versuchen, es aus der Welt zu lügen«, schrieb Hannah Arendt. Ich befasse mich mit der Wirklichkeit und frage: Muss das so sein? Und was lässt sich einfach nicht abstreiten? Reisen hilft, ein politischer Mensch zu werden.

Reisen konfrontiert uns mit der Fremde. Und vermittelt die Einsicht, dass diese nur halb so furchteinflößend ist wie befürchtet. Wenn überhaupt. Wir sehen plötzlich mehr das Verbindende als das Trennende. Dabei besteht die Gefahr, zu tolerant zu sein.* Der Tourist kehrt heim und will die Ferne, die er sich angeeignet hat, in den Alltag integrieren, zum Beispiel durch den Besuch eines libanesischen Restaurants. Mag sein, dass es so leicht nicht ist. Trotzdem bin ich davon überzeugt, dass das Reisen uns zu Kosmopoliten macht. Und der Kosmopolit ist ein Humanist. Was wir mitbringen von unterwegs, ist also hoffentlich ein zuverlässiger Bullshit-Filter für die Parolen der Intoleranten.

Ich bin in mehr als 70 Ländern gewesen – wohlwissend, dass diese Aussage keinen Wert an sich hat und dass sie so daherformuliert allein zum Angeben taugt –, ich war auf allen Kontinenten bis auf die Antarktis, ich bin gereist unter den Armen und den Reichen, ob in einem schrottreifen Bus im Senegal oder auf einem Kreuzfahrtschiff in der Südsee. Die Welt zu sehen, ist Teil meines Berufs geworden. Doch irgendwann ist da, wie bei jedem reisebegeisterten Menschen, die Einsicht: Der Welthunger ist niemals gestillt. Ich kann den Dingen nie ganz auf den Grund gehen, meine Neugier bleibt unbefriedigt, eine umfassende Bewertung unmöglich, der Zweifel wird immer größer sein als die Wahrhaftigkeit. Niemals werde ich sagen können: Ich klappe das Buch zu, ich habe genug gesehen. Wie damit umgehen?

Ich bin der Ansicht, dass es nicht das Ziel ist, anzukommen, sondern in Bewegung zu bleiben. Das klingt so, als wollte ich mich praktisch auf nichts festlegen, aber so ist es nicht gemeint. Es geht mehr um die Beweglichkeit des

---

* Mit dem Toleranz-Paradoxon beschrieb Karl Popper den Umstand, dass Toleranz gegenüber Intoleranten dazu führen kann, dass diese die Toleranz irgendwann beseitigen.

Denkens, die Lust an der fortwährenden Entdeckung, um die Verschiebung des Horizonts. Reisen als Bewusstseinserweiterung. Was bewirkt die Welterkundung, wenn wir wieder zu Hause sind? Was bleibt übrig, wenn der Alltag uns zurück hat? Da ist zunächst einmal dieses wunderliche Gefühl: Die Welt ist größer geworden, vor allem im Kopf. Man schaut zum Beispiel in eine Straße hinein, die man seit Jahr und Tag kennt, und sieht sie zum ersten Mal mit anderen Augen. Vielleicht wahrhaftiger als je zuvor. »And the end of all our exploring will be to arrive where we started and know the place for the first time«, so die berühmte Feststellung von T. S. Eliot. Frei übersetzt: Nach all unseren Entdeckungen kehren wir nach Hause zurück und kennen den Ort zum ersten Mal wirklich. Was uns zuvor langweilig vorkam, keiner Beachtung würdig, weckt nun wieder Neugier und Aufmerksamkeit, regt Assoziationen und frische Gedanken an. Der Blick für das Schöne ist schärfer geworden, aber auch für das Tragische. Vormals Selbstverständliches verlangt plötzlich nach Begründungen, die wir bislang nicht versucht haben zu finden. Unbekannte Orte zu sehen, steigert unsere Empfänglichkeit und macht uns wieder aufnahmefähig. Nicht nur unsere Wahrnehmung richtet sich neu aus, auch unsere Handlungen. Nicht immer, aber doch viele Male bin ich von einer Reise zurückgekehrt und konnte intensiver, tiefergehender und aufrichtiger am Leben teilhaben und es zugleich klarer von außen betrachten. Das ist die große Dialektik des Reisens.

Das Reisen ist die beste Medizin gegen das Ressentiment, die Bequemlichkeit der eigenen Position, die sich im Lauf der Jahre und Jahrzehnte in das eigene Leben schleicht.

Reisen befreit uns von der Enge des eigenen Denkens, beschränkter Urteile und schlechter Gefühle, die wir immer wieder abschütteln müssen, um nicht bitter und traurig zu werden – eine ernstzunehmende Gefahr des Älterwerdens, wie ich fürchte. Viele glauben, dagegen helfe das Anhäufen wertiger Gegenstände, als Schmuck unseres Egos, dabei werden doch gerade die Wohlhabenden mit zunehmendem Alter ernst und humorlos. Das Reisen erleichtert uns. Wir sind Teil eines großen, faszinierenden, tragikomischen Weltenspiels, was vielleicht etwas albern klingt, aber diese Perspektive ist manchmal hilfreich, wenn wir in Schwermut und Beklemmung zu ersticken drohen. Ich habe die Erfahrung gemacht, dass mich nichts so sehr in dieser Betrachtungsweise bestärkt wie das Reisen. Und das tut verdammt gut, es hält mich wach und frisch.

Es gibt die populäre These: Lebe wie ein Reisender! Aber ich glaube, das ist etwas simpel und auch nicht ehrlich. Das Leben als Reise ist eine triviale Metapher, weil die Reise selbst eben ganz unterschiedlich ausfallen kann. Ist das Leben ein Standard-Pauschalpaket oder ein verrückter Ritt ins Unbekannte? Wenn wir auf Reisen gehen, dann meinen wir einen Zustand, in dem wir außergewöhnlich frei sind. Ewig trägt das nicht, weil das Leben nun einmal erfordert, dass wir Rechnungen bezahlen und Beziehungen pflegen, die über »Miguel und ich haben eine Woche zusammen in Nicaragua abgehangen« hinausgehen. Wir können mit dem Blick des hellsichtigen Reisenden durch den Alltag schreiten, aber immer nur für eine bestimmte Weile. Das ist normal – und überhaupt kein Problem. Wir können ja immer wieder aufbrechen.

Und so empfinde ich, wenn ich eine Weile zu Hause bin, wieder dieses Bedürfnis: mich selbst auflösen, indem ich mich einem Ort zuwende, den ich nicht kenne, abgestandene Gedanken ausmisten, meinen Horizont erfassen und mich fragen, was dahinter liegt und welcher Weg dorthin führt, mich berauschen lassen von flirrender Gegenwart, durchlässig werden, empfänglich, wach.

Auf nach Hause, hinaus in die Welt!

Nachweis

Der Verlag dankt folgenden Rechteinhabern für die Genehmigung zum Abdruck:

Evers, Horst (* 1967, Diepholz)

Zelten – ein Abenteuer in drei Triumphen. Aus: ders., *Wäre ich du, würde ich mich lieben.* Copyright © 2013, Rowohlt · Berlin Verlag GmbH, Berlin.

Fauser, Jörg (1944, Frankfurt am Main–1987, München)

Geh nicht allein durch die Kasbah. Aus: ders., *Das Weiße im Auge. Erzählungen 1980-87.* Copyright © 2021, Diogenes Verlag AG Zürich.

Groff, Lauren (* 1978, Cooperstown)

Geister und Leerstände. Aus: dies., *Florida.* Erzählungen. Copyright © 2019 Hanser Berlin in der Carl Hanser Verlag GmbH & Co. KG, München, mit freundlicher Genehmigung. Aus dem Amerikanischen von Stefanie Jacobs.

Grünberg, Arnon (* 1971, Amsterdam)

«Er neu. Ich muss alles beibringen!» Bedienen in Schweizer Zügen. Aus: ders., *Couchsurfen und andere Schlachten.* Reportagen. Originaltitel: *Kamermeisjes en soldaten. Arnon Grunberg onder de mensen.* Copyright © 2009 by Arnon Grünberg. Amsterdam, Nijgh & Van Ditmar. Copyright der deutschsprachigen Ausgabe © 2013, Diogenes Verlag AG Zürich. Aus dem Niederländischen von Rainer Kersten.

Helfer, Monika (* 1947, Au)

Wie bei einer Zugfahrt. Aus: Rafik Schami (Hrsg.)., *Reisen.* Kurzgeschichten. Erschien bei der ars vivendi verlag GmbH & Co. KG, Cadolzburg, 2015. Copyright © 2015 by Monika Helfer.

Laage, Philipp (* 1987, Hagen)

Nach Hause, hinaus in die Welt. Aus: ders., *Vom Glück zu reisen.* Copyright © 2020 Reisedepeschen Verlag, Berlin.

Lappert, Simone (* 1985, Aarau)

Goldkopfnymphen. Erstmals erschienen in: Transhelvetica, Nummer 36: *Fisch*, August/September 2016. Copyright © 2016 by Simone Lappert.

Lewitscharoff, Sibylle (* 1954, Stuttgart)

Unterwegs mit Rumen. Auszug aus: dies., *Apostoloff.* Roman. Copyright © Suhrkamp Verlag Frankfurt am Main 2009. Alle Rechte bei und vorbehalten durch Suhrkamp Verlag Berlin.

Modick, Klaus (* 1951, Oldenburg)

Das geht ja gut los. Auszug aus: ders., *Ins Blaue.* Copyright © 2019, Verlag Kiepenheuer & Witsch GmbH & Co. KG, Köln.

Rakusa, Ilma (* 1946, Rimavská Sobota)

Aufgerissene Blicke. Berlin-Journal. Auszug aus der gleichnamigen Ausgabe. Copyright © Literaturverlag Droschl Graz – Wien 2013.

Schneider, Hansjörg (* 1938, Aarau)

Unterwegs (Mattensalat; Schwimmen im Fluss) (Titel von den Herausgeberinnen). Aus: ders., *Im Café und auf der Straße.* Geschichten. Copyright © 2019, Diogenes Verlag AG Zürich.

Stamm, Peter (* 1963, Scherzingen)

Der Lauf der Dinge. Aus: ders., *Seerücken.* Erzählungen. Copyright © 2011, S. Fischer Verlag GmbH, Frankfurt am Main.

Strayed, Cheryl (* 1968, Spangler)

Ohne Stiefel unterwegs (Titel von den Herausgeberinnen). Aus: dies., *Der große Trip.* Copyright © 2013, Kailash, München, in der Penguin Random House Verlagsgruppe GmbH. Aus dem Amerikanischen von Reiner Pfleiderer.

Thoreau, Henry David (1817, Concord–1862, ebd.)

Vom Spazieren. Ausschnitt aus dem gleichnamigen Essay. Copyright der deutschsprachigen Ausgabe © 2001, 2004, Diogenes Verlag AG Zürich. Aus dem Amerikanischen von Dirk van Gunsteren.

Twain, Mark (1835, Florida–1910, Redding)

Die Besteigung der Rigi (Titel von den Herausgeberinnen). Aus: ders., *Ausgewählte Werke in zwölf Bänden.* Band 5. *Bummel durch Europa.* Erschienen als Taschenbuch bei Diogenes, Zürich, 1990. Copyright der deutschsprachigen Ausgabe © Aufbau Verlag GmbH & Co. KG, Berlin 1962, 2008. Aus dem Amerikanischen von Ana Maria Brock.